涉外警务法律基础

主编　陆　晶

中国人民公安大学出版社
·北京·

图书在版编目（CIP）数据

涉外警务法律基础/陆晶主编. —北京：中国人民公安大学出版社，2021. 7
ISBN 978-7-5653-4246-2

Ⅰ. ①涉… Ⅱ. ①陆… Ⅲ. ①外事管理-治安管理-法规-中国 Ⅳ. ①D922. 14

中国版本图书馆 CIP 数据核字（2021）第 127229 号

涉外警务法律基础

主编 陆 晶

出版发行：中国人民公安大学出版社
地　　址：北京市西城区木樨地南里
邮政编码：100038
经　　销：新华书店
印　　刷：涿州市新华印刷有限公司

版　　次：2021 年 7 月第 1 版
印　　次：2025 年 1 月第 2 次
印　　张：15. 5
开　　本：787 毫米×1092 毫米　1/16
字　　数：258 千字

书　　号：ISBN 978-7-5653-4246-2
定　　价：68. 00 元

网　　址：www. cppsup. com. cn　　www. porclub. com. cn
电子邮箱：zbs@ cppsup. com　　zbs@ cppsu. edu. cn

营销中心电话：010-83903991
读者服务部电话（门市）：010-83903257
警官读者俱乐部电话（网购、邮购）：010-83901775
公安业务分社电话：010-83906108

前　言

涉外警务是公安机关对具有涉外因素的事务行使管辖权的行为，是公安涉外管理的总和。本书论述涉外警务法律基础是以国际法和我国相关涉外法理论为依托，重点探讨公安涉外管理的理论基础与实践技能。

就理论体系而言，我国的涉外警务理论体系发端于涉外行政执法理论。在我国对外开放深入进行和国际交往日益增多的今天，涉外警务对现代警察行政执法提出了更高的要求。这就意味着我国的警察执法不仅要有完整的行政法律规范体系，而且更要与国际接轨。

回应现实发展的需要，研究涉外警务法律基础就显得十分必要了。本书编写的目的是帮助读者掌握涉外行政执法的内在规律。加强对涉外法律法规的研究，对于完善我国法治建设，提高行政执法效率，达到现代警务预期的管理目标，提高公安机关的执法水平和执法规范化不仅具有重要的理论意义而且具有迫切的现实意义。

《涉外警务法律基础》一书贯彻了理论联系实际的基本原则，既有对理论的阐释，又有对执法实践能力的规范，具有较强的应用价值。本书的出版，不仅有利于涉外警务本科教学和学科、专业建设，还能够为实战部门的执法人员和理论研究人员提供参考，因而对促进和推动我国涉外行政法治建设具有积极意义。

本书的编写得到了许多一线实战部门和国内许多专家、学者、同行的支持。本书的编写也参阅了许多同行的研究成果，在此一并表示感谢！由于本书编者水平有限，难免存在缺点和不足，欢迎大家批评指正！

编　者

2021 年 4 月

目 录

第一章　总　论

学习目标

通过本章的学习，要求学生掌握涉外警务的概念和调整对象，涉外警务法律关系、基本原则和作用以及涉外警务行政执法行为相关知识；对涉外警务行政法律规范及其制定和监督做一般掌握；对涉外警务法律规范的产生和发展做一般了解。

案例导入

2011年5月24日，马来西亚籍冯某、林某等6人分别经香港地区入境后抵杭州，当晚冯某便取走5人护照，次日赶至上海将护照交给黄某，从中非法牟利。26日，黄某和冯某安排林某等5人到灵隐寺，由黄某带林某等5人到杭州市园林警察支队灵隐大队假报护照丢失。

6月2日，冯某与两名持其所售假护照的福建人在上海浦东机场欲非法出境时被查获。6月16日，林某等5人也在向杭州市公安局出入境管理处骗取回程护照时被查获。

问题：

1. 冯某、林某等人的行为是否属于涉外警务调整的范畴？
2. 他们应承担何种法律责任？

第一节　涉外警务概述

一、涉外警务的概念

警务又称警察勤务，有广义和狭义之分。广义的警务行为，是指国家公安机关、司法机关和法律授权、委托的组织中的警察依照法定权力和程序贯彻实施法律的活动，它包括一切执行法律和适用法律的活动。狭义的警务行为，是指公安行政机关中的警察在行使行政管理权的过程中，依照法定职权和程序，贯彻实施法律的活动。

所谓涉外警务，是公安涉外管理的总和，指公安机关和人民警察在行政和刑事管辖活动中，包括对涉及外国人、外国组织、外国机构、外国国家有关事务的管理，也包括对中国公民、组织、机构所涉及的涉外事务的管理，同时对中国领域外所发生的涉及中国国家或中国公民利益或国际社会共同利益的特定事务，也负有实施管辖的职责。

二、涉外警务的性质

（一）从国内法角度分析

涉外警务是国家涉外行政管理和涉外刑事管辖权力的集中体现。公安机关代表国家对涉及人民警察职权范围的涉外事务实施行政管理和刑事管辖，是国家主权在特定领域的重要体现。

根据我国《刑法》和《治安管理处罚法》及《外国人入境出境管理条例》等法律、法规规定的属地管辖原则，凡是发生在中国领域内的违法犯罪行为，不论行为人是中国公民，还是外国人（包括外国组织、机构），公安机关都有权依照中国法律予以处罚。

按照我国法律规定的属人管辖原则，对发生在中国领域外、涉及中国公民的违法犯罪行为，不论该中国公民是受害者，还是侵害者，公安机关都有权依照我国法律进行处理，包括发生在中国籍船舶或飞机内的违法犯罪行为。

（二）从国际法角度分析

涉外警务是一种涉及国内法和国际法双重性质的执法活动。当今社会，为了适应日益开放的社会环境及维护国家主权的需要，各国的立法大都顺应了国际化趋势。以国内法的形式履行国际法的义务，特别是在惩治国际性犯罪方面，国际法和国内法日渐趋向一致。

涉外警务，无论是在本国领域内的执法活动，还是在本国领域外的执法活动，都具有国际法和国内法的双重性质，因此才使得中国警察或是外国警察在打击国际性犯罪时，可以冲破各自国界的限制，开展联合行动，共同处置有关事务。其法律依据是中国缔结或参加的国际公约、协议。

（三）从执法角度分析

涉外警务是国际警务合作的一部分。国际警务合作是各国警察机关在执法领域的一种跨国界协作。开展国际警务合作的主体是国家授权的警察机关，通过开展不同国家之间警察机关的合作，使一国警察机关的涉外管辖权在本国领域外得以行使。我国公安机关代表我国与有关国家就打击跨国犯罪和国际犯罪开展的跨国侦查、越境追捕等活动，是涉外警务的重要组成部分，也是涉外警务所具有的最新特性。

（四）从管辖对象分析

涉外警务，主要是以涉及外国人的有关事务为对象开展的执法活动，这是涉外警务具有涉外性质的主要特征，但也不排除涉及中国公民的有关事务。从法学理论来说，涉外警务关系的诸因素（主体、客体、法律事实）中有一个或几个与外国有联系时，即构成涉外事务的管辖依据。例如，对中国公民的出入边境活动的审批和检查，是具备涉外因素的警务。

涉外警务所涉及的范围是较为广泛的，不管是以人为标准划分，还是以事务为标准划分，凡在公安机关管理范围内，又具备涉外因素的，即属于涉外警务的处置范围。

三、涉外警务的特征

一个国家享有主权，这表明它享有对内高于一切和对外保持独立自主的绝对权力。警察是国家强制力的重要组成部分，一切在主权范围内的人都在警察权管辖之内，未经许可，不允许其他国家在本国范围内行使警察权。

（一）涉外性

涉外性，是指法律关系各要素中存在的外国成分。一般包括以下几种情形：一是法律关系、权利义务的主体中有外国人，含自然人、法人、国际人。权利义务主体中一方是本国人，另一方是外国人；或者权利义务主体双方均是外国人，既包括同一国籍的外国人，也包括不同国籍的外国人。二是法律关系、权利义务的客体位于国外。三是法律事实发生在外国。这种涉外因素可以是单一的，即只有一个环节上涉及外国成分，也可以是多元的，即在几个环节上都涉及外国成分。只要在某个环节上产生一个涉外因素，就可以构成涉外警务关系。

（二）法定性

法治的基本特征是，用法律来集中体现社会公众的意志，并且只有法律才是国民共同意志的体现或公益的记载。国家权力受宪法和法律的限制，政府的任何权力，都必须由法律赋予和确定。我国的许多相关法律、法规都规定了警察权力的内容和适用范围。每一项权力从设立到实施都有相关的法律、法规明文规定。警察权是国家权力中关于警察的设置和管理以及执行公务活动中的各种权力的总称，我们称之为警察权。警察的权力反映和代表了最广大人民的意志，反映和代表着国家意志。从人民意志一直到国家意志，是一个法律制定和认可的过程。因此，警察的权力必须由法律加以确定，同时法律规定的警察权力，只能由特定的警察机关和特定的行为主体——警察来行使，其他任何机关团体和个人都无权使用。

（三）单向性

公安机关与司法机关以第三者身份居间裁判不同，在执法中，公安机关与行政相对人形成行政法律关系。在行政法律关系中，行政机关既是一方当事人又是执法者。行政机关代表国家，在行政法律关系中居支配地位，其意思表示和处分行为对于该法律关系具有决定性意义。执法行为虽然是双方或多方的行为，但仅以行政机关单方面的决定而成立，不需要行政相对人的同意（行政复议、行政裁决不具有单向性）。特别是在现代社会，随着政治、经济的发展，社会事物愈加复杂，警察以国家名义对社会实行的全方位的组织和管理行为，涉及社会政治、经济的各个方面。随着行政管理的范围日益广泛，执法的范围也日益扩大，执法对社会生活的影响也越来越深刻了。

（四）主动性

警察执法既是公安机关的法定职权，又是公安机关所应当承担和履行的一种职责。因此，在执法过程中，公安机关一般都应采取积极主动的行为去履行职责，而不需要行政相对人的意思表示。在执法中，国家行政机关大多必须主动采取各种措施，选择各种方案，广泛开展工作，使法律规范在社会生活中得到普遍贯彻。有些行政行为虽然在程序启动上是被动的，需要依相对人的申请，但在决定实质性内容时，公安机关仍然是主动的。执法活动的主动性还表现在行政的能动性上，为适应复杂多变的社会需求，执法机关享有较大的自由裁量权。

（五）注重效率，兼顾公平

由于警务行为具有法定性，决定了警察的行政执法不仅要符合相应的法定程序，而且还要具有效率性。公安机关在执法活动中要依照法定程序进行，不能随心所欲、任意行政。由于执法要处理较多急迫的问题，如果拖延耽搁，就会给国家利益、社会公共利益或行政相对人的合法权益造成损害，因此，在执法的程序设计上不仅强调迅速、简便、快捷，同样要追求公正，坚持公开、公正、公平原则。如果将行政的效率简单地理解为一切从快、从简，那么将导致当事人无法有效参与行政程序，行政机关也无法充分冷静地考虑问题，不符合程序理性的原则。因此，程序的繁简应与行政所处理的事项相一致。对于不同事项，依据其所涉及利益的重要性、其所决定的事项的紧迫性和复杂性等因素衡量。当然，由于执法行为的多种多样，有些执法行为（如即时强制行为等）的程序可能更偏重效率，有些执法行为（如行政处罚行为、行政裁决行为等）的程序可能更注重保障公正。但总体上开始注重行政效率，这在警察执法中已有所体现。

四、涉外警务的法律依据

涉外警务处置是国家涉外刑事管辖的重要内容，其本身具有的涉外性质决定其法律依据的范围十分广泛。从法律依据的特征看，涉外警务处置具有非常明显的双重性，即在涉外警务处置中，不仅要严格依照我国的法律规定，而且要认真履行国际法的有关规定，同时还要考虑到有关国家的法律规定。以中国法律和国际法作为涉外案件处置的依据，是涉外警务处置的一个显著特点。涉外警务处置的法律依据，按照其表现形式可以分为国内法规范和国际法规范两种类型。

（一）国内法规范

国内法规范是我国国内有关涉外警务处置的法律规范的总称。国内法规范包括根本法、基本法律、法律解释及行政规范等。

1. 根本法

《宪法》对于涉外警务执法活动作出了三条原则性规定。《宪法》第32条第1款对外国人在中国的法律地位作出了明确规定：“中华人民共和国保护在中国境内的外国人的合法权利和利益，在中国境内的外国人必须遵守中华人民共和国的法律。”同时又规定了对外国人提供庇护的权利。

2. 基本法律

涉外警务执法活动中适用的基本法律是指全国人大及其常委会制定的，专门适用于处理涉外警务的法律，又称为全国性的法律规范。主要有：

（1）全国人民代表大会通过的《刑法》和《刑事诉讼法》中有关涉外警务的规定。《刑法》第6~11条等对我国公安机关和其他司法机关处理涉外案件的管辖权限作出了十分明确的规定。《刑事诉讼法》第17~18条对涉外案件处理和开展国际刑事司法协助作出了规定。《刑事诉讼法》第 18 条规定：“根据中华人民共和国缔结或者参加的国际条约，或者按照互惠原则，我国司法机关和外国司法机关可以相互请求刑事司法协助。”

（2）行政法律，即全国人大及其常委会通过的各种有关涉外警务行政管辖的法律。

3. 法律解释

最高人民法院对《刑法》和《刑事诉讼法》在执行中遇到的带有普遍性的问题所作出的法律解释，也是涉外警务处置的法律依据之一。例如，最高人民法院《关于严格执行〈全国人民代表大会常务委员会关于禁毒的决定〉严惩毒品犯罪分子的通知》《关于办理伪造国家货币、贩运伪造的国家货币、走私伪造的货币犯罪案件具体应用法律的若干问题的解释》《关于严厉打击偷渡犯罪活动的通知》等。

4. 行政规范

行政规范，是指国务院行政主管机关根据国家法律和国务院的行政法规，在职权范围内制定的规范性行政文件。公安部独自或与其他部委联合发布的行政规定也包括在内。发布行政规定是国家行政机关进行日常行政管理的主要方式之一。由公安部或公安部与其他部委联合发布的有关行政规定，是处理涉外警务的指导性文件，如《关于处理涉外案件若干问题的规定》《关于依法限制外国人和中国公民出境问题的若干规定》《关于会见在押犯以及案犯与外界通信的规则》，这些行政规定是公安机关处理涉外警务的具体依据。

（二）国际法规范

国际法规范包括国际公约和国际条约等。

涉外警务执法活动中适用的国际法规范，是指我国参加、签订或承认的与涉外警务有关的国际公约、国际协定以及国际惯例的总称。在处理各种涉外警务中，在依照我国法律规范办理的同时，也应遵守我国参加或签订的各种有关的国际公约、双边条约。

1. 国际公约

国际公约，是指由国际专业组织制定，参加国承认并适用于各参加国的国际性协议。作为我国涉外警务处置依据的国际公约，必须具备下列条件：第一，我国是该公约的缔结国或加入国；第二，公约中具有与涉外警务处置及国际警务合作事务相关的内容；第三，我国声明保留的条款除外。

例如，2003 年 9 月 23 日加入的《联合国打击跨国有组织犯罪公约》和 2003

年 12 月 10 日签字的《联合国反腐败公约》，这些都是我们处置涉外警务时必不可少的法律依据。

2. 双边条约

双边条约，是指我国政府和外国政府之间签订的，确定相互间权利义务的一种书面协议、协定。目前，我国已与世界许多国家签订了双边条约，其中涉及与涉外警务和国际警务合作的主要有：

（1）引渡条约，如《中华人民共和国和泰王国引渡条约》。

（2）刑事司法协助条约，如《中华人民共和国和波兰人民共和国关于民事和刑事司法协助的协定》。

（3）与外国关于警务合作的协定，如《中华人民共和国公安部与俄罗斯联邦内务部合作协定》。

（4）与外国签订的领事条约。至今已有近 40 个国家与我国签订了领事条约，这些条约也是公安机关处理涉外警务的法律依据，如《中华人民共和国和美利坚合众国领事条约》《中华人民共和国和匈牙利人民共和国领事条约》等。这类条约是双边条约中最多的一种。

（5）与外国签订的维护边境治安的协定，主要有《中越关于处理两国边境事务的临时协定》《中蒙关于边界制度和处理边境问题的条约》《中尼边境制度条约》等。

五、涉外警务处置的基本原则

涉外警务处置的基本原则，是指我国公安机关与其他司法机关在处理涉外警务过程中所必须遵循的行为准则，是正确处理各类涉外警务的基础。

（一）维护国家主权原则

国家主权是国家最重要的属性，即一个国家有权独立地处理自己的内外事务。维护国家主权原则是最重要的国际法原则，是处理各种涉外警务所必须遵循的基本原则。在涉外警务处置中，维护国家主权原则主要有以下几项具体内容：

1. 实体意义上的国家主权原则

实体意义上的国家主权原则，主要是指进入我国境内的外国人必须严格遵守我国的法律规定，依法享有各种权利和义务，不得有任何违反中国法律的行为。

2. 程序意义上的国家主权原则

程序意义上的国家主权原则，主要是指外国人违反中国法律时，必须接受中国公安机关的管辖，不得以任何借口规避法律。也就是说，基于国际法上的领土管辖原则，凡是在我国领域内发生违法犯罪行为的，无论是外国自然人还是法人，都必须接受我国公安机关对其实施的法律管辖。

国家安全、利益和国家主权是相互统一的，有了国家主权，才能从各个方面保卫国家的安全，维护国家的利益；国家安全、社会稳定，才能更好地从事经济建设；经济稳定发展，国家更加强大，又是维护主权的坚实基础。这一辩证关系在涉外警务处置中体现得较为明显。

（二）互惠原则

互惠原则是在国际关系中早已形成的国际法原则，又称对等原则，或平等互惠原则。互惠的基本含义是一方给予另一方某种待遇，另一方即应当给予同等的待遇。

《刑事诉讼法》第 18 条规定："根据中华人民共和国缔结或者参加的国际条约，或者按照互惠原则，我国司法机关和外国司法机关可以相互请求刑事司法协助。"据此，我国公安机关与外国警方开展警务合作，需要遵循两项基本原则，即双方签订条约的，按照条约的规定办理；双方没有签订条约的，按照互惠原则办理。互惠原则作为当代国际交往中一项重要原则，具体表现为两种形态：第一，是双方根据相互签订或缔结的国际条约，相互给予对方同等的待遇；第二，是双方国家之间虽然没有签订条约或者缔结有关协议，但是，双方愿意按照认可的国际惯例，本着平等互惠的精神，在某项具体合作事务中相互给予对方同等的待遇。

从国际刑事司法合作的实践来看，有的国家要求以条约作为合作的唯一依据，而有的国家则允许以互惠为基础，就个案开展合作。各国通过国际刑警组织渠道开展司法合作时，后一种方式显得尤为灵通。在国际刑事司法合作中，互惠原则的具体体现，有时又是一种保证方式、一种承诺方式。常常是一国政府向另一国政府以承诺的方式作出保证。例如，1990 年 2 月在处理张振海劫机案件时，我国政府以外交照会的方式向日本政府表示，中国政府承诺在今后同类案件中，在互惠的基础上向日本提供类似的协助。再如，1993 年 11 月在处理中国农业银行河北衡水支行 100 亿美元信用证诈骗案时，中国司法部为向加拿大提出合作请求，在请求书上作出互惠承诺，明确表示：愿意在互惠的基础上，为加拿大司法部就类似刑事案件提出的请求提供协助。

互惠原则有明确的适用对象和范围。换言之，互惠原则有明确的限定性，一方就某一类案件提供协助，另一方亦就类似案件提供类似的协助，体现出明显的对等性和互利性。

（三）保障外国人合法权益原则

外国人在我国居留期间，在法律上与中国公民享有平等地位，我国依法保护中国公民的合法权益，同时也依法保护外国人的合法权益。我国《宪法》第 18 条第 2 款规定："在中国境内的外国企业和其他经济组织以及中外合资经营的企业，都必须遵守中华人民共和国的法律。它们的合法的权利和利益受中华人民共和国法律的保护。"第 32 条第 1 款规定："中华人民共和国保护在中国境内的外国人的合法权利和利益，在中国境内的外国人必须遵守中华人民共和国的法律。"《外国人入境出境管理法》（已失效）第 4 条规定："中国政府保护在中国境内的外国人的合法权利和利益。外国人的人身自由不受侵犯，非经人民检察院批准或者人民法院决定，并由公安机关或者国家安全机关执行，不受逮捕。"此外，《外资企业法》《中外合资经营企业法》等法律都对此作出了明确的规定。特别是《中华人民共和国行政诉讼法》的颁布实施，为外国人合法权益提供了有力的司法保护。在具体实践中，居留在中国的外国人，其生命财产受到无辜伤害和损失时，中国公安机关有责任及时侦破，对肇事者或犯罪行为人给予应有的法律制裁，追回财产并退还受害者，切实保护在华外国人的合法权益，这是我国政府在处理外国人事务中始终如一地坚持并执行的一项重要原则。

（四）遵守国际条约原则

关于一国的国内法与国际法的关系，在法学理论界有三种观点：第一，是国内法优于国际条约；第二，国际条约优于国内法；第三，国内法与国际条约自成体系，互不关联。我国无论是在立法实践方面，还是在执法实践方面，都一向严格遵守"约定必须遵守"的国际法原则。凡是我国缔结或者参加的国际条约，除声明保留的条款以外，都坚决信守执行。我国《刑法》第 9 条规定："对于中华人民共和国缔结或者参加的国际条约所规定的罪行，中华人民共和国在所承担条约义务的范围内行使刑事管辖权的，适用本法。"

国际条约是世界各国之间关于政治、经济、文化等方面规定相互权利和义务的书面协议。按照条约必须遵守的国际法原则，国家对于自己缔结或加入的协议，应当认真履行条约义务。

遵守国际条约原则还具有另一层意义，即当国际条约与中国法律有不同规定的时候，应当适用国际条约的规定，但声明保留的除外。我国《外交特权与豁免条例》《领事特权与豁免条例》等对此都作出了明确规定。这种在国际条约与国内法发生抵触的条件下适用国际条约的规定，在遵守国际条约原则中具有特殊的重要意义。

到目前为止，我国已经参加了 200 多个国际公约，签订了近 40 个双边领事条约，同外国还签订了 23 个刑事司法合作条约。1986 年以来，公安部先后与朝鲜、俄罗斯、哈萨克斯坦、吉尔吉斯斯坦、越南、希腊、保加利亚等 40 多个国家的内务警察部门签署了双边合作协议，在处理国际犯罪、跨国犯罪案件方面进行相互合作。这些协议对开展合作的范围、方式都作出了明确的规定。

处理涉外警务应当依照我国法律规定，维护我国的主权，但同时也应当恪守我国缔结和加入的多边或双边条约的有关规定。当国内法以及某些内部规定同我国所承担的条约义务发生冲突时，应当适用国际条约的有关规定。根据国际法的一般原则，我国不应以国内法规定为由，拒绝承担国际条约规定的义务，这既有利于维护我国的信誉，也有利于保护我国公民在国外的合法权益。

第二节　涉外警务调整的对象
——涉外行政法律关系

一、调整对象

所谓涉外警务行政法律关系是涉外行政法律关系中的一种，是我国公安机关对在我国境内的外国组织、个人及其他事项进行行政管理时所发生的各种行政关系的总和。涉外警务行政关系具有如下特征：

第一，涉外警务行政法律关系的产生，是在社会关系国际化的过程中，随着国际政治、经济和文化相互联系的建立和发展而产生的，它是涉外行政管理的范围和对象以及与国家主权原则在国内行政管理活动中的延伸和扩大。例如，在一个闭关锁国的国家里，由于基本上不存在对外的政治、经济和文化等方面的交往，因此也就谈不上对参与这些交往活动的外国组织和个人及其他事项的行政管理；而在一个主权沦丧的国度里，也谈不上对外的各种交往活动的行政管理。

第二，涉外警务行政法律关系仍然是行政关系，但由于它具有涉外因素（如行政相对人是外国组织或个人以及其他涉外事项），而一般国内行政法律关系主要是一国对国内行政相对人为管理对象的，因而它又和一般国内行政法律关系的内容具有一定的差别。所以我国在涉外警务行政法律规范的制定、执行和涉外行政司法等方面就具有某种特殊性和复杂性，而不完全同于以国内行政相对人为管理对象而进行的立法、执法和司法活动。

第三，涉外警务行政法律关系的状况关系到我国对外开放政策的贯彻和实施，关系到我国对外政治、经济和文化的交往，因而对于我国和其他国家和地区建立、发展良好的关系具有重要意义。在这个意义上，涉外警务行政法律关系是我国一般行政法律关系中的一个不可或缺的重要组成部分。

二、涉外警务行政法律关系的概念和特征

所谓涉外警务行政法律关系，是指为涉外警务行政法律规范所确认和调整的，具有一定权利和义务关系的行政关系。当一种行政关系为涉外警务行政法律规范所调整时，这种行政关系各主体的地位和相互的权利、义务就具备了法律性质。也就是说，涉外警务行政法律关系是涉外警务行政法律规范和涉外行政关系相结合的表现和结果。

涉外警务行政法律关系是涉外行政法律关系的一种，它除了具有一般国内警察行政法律关系的特点外，还具有以下三个特征：

1. 涉外警务行政法律关系具有涉外因素特征

它包括以下几种情况：（1）主体的一方是涉外行政相对人，有下列几类：外国组织或个人；混合的涉外行政相对人，指具有中国国籍和外国国籍的行政相对人在我国登记注册，成为中国法人或组织；从事某些涉外活动的中国组织或公民，如中国籍的公民出国旅行。（2）涉外警务行政法律关系的客体在国外或者涉及跨越我国国境的活动。（3）法律事实发生在国外，如外国人在国外犯罪后进入中国。

2. 涉外警务行政法律关系的特征

涉外警务行政法律关系的权利、义务较一般国内警察行政法律关系中的权利、义务窄。由于涉外警务行政法律关系中具有涉外因素，涉外警务行政法律关系中外国公民或组织权能的取得大量表现为一般许可或特别许可行为。中国公民或组织享有的一些权利，外国公民或组织就不能依法享有，如我国公民享有的选举权与被选举权，对法律、政策的制定进行讨论、建议权等。当然，在某些情况下外国人也无须履行相应的义务。

3. 涉外警务行政法律关系的目标

涉外警务行政法律关系的目标是实现国内公共利益和利于建立国际政治、经济新秩序。这既不同于民事法律关系的目标——维护合法的财产和一定范围内的人身关系，也不完全同于国内警察行政执法的目标——实现国内社会的共同利益。

三、涉外警务行政法律关系的构成要素

（一）涉外警务行政法律关系的主体

涉外警务行政法律关系的主体，是指涉外警务行政法律关系的权利享有者和义务的承担者。

1. 涉外警务行政法律关系的主体资格

在涉外警务行政法律关系中，主体资格十分重要。涉外警务行政法律关系的主体资格是涉外行政主体的法定条件，即某一类当事人在怎样的条件下具备参与涉外行政关系的权能问题。由于涉外警务行政法律关系根据我国涉外行政法律规范产生，因此参与我国涉外行政活动主体的资格应当由我国涉外警务行政法律规范规定或确认。目前我国涉外警务行政法律关系的主体，需要具备下列条件：

第一，必须是依法建立并具有外部行政管理职权的行政机关；第二，必须是具有涉外行政管理权的行政机关。我国的国家行政机关作为涉外警务行政法律关系主体的资格，一般由宪法、组织法及有关涉外行政法律规范予以规定。

在涉外行政相对人的主体资格方面，按组织和个人分别论述。国际组织，具有国际性的、有两个以上的国家或政府、公民、团体基于特定的目的，以一定协议形式而设立的组织。国际组织形式多样，可以分为政府间的国际组织和非政府间的国际组织两类，前者如欧洲经济共同体、联合国及其分支机构等；后者如国际货币基金组织、国际红十字会、国际律师协会等。目前国际组织种类繁多，影响较大的已达四千余个。

现在国际法的理论与实践已普遍认为国际组织具有国际人格。国际组织是不同于各成员国的独立组织，具有单独的职能和任务，并具有永久性的组织机构；国际组织在其成员国和在国际范围内具有法律能力以及特权和豁免权，按其章程享有权利并承担义务。国际组织无论其地位怎样，与国家主权比较也是有限的，这是国际组织的重要法律特征。

目前我国的涉外警务行政法律规范已较普遍地承认许多国际组织具有成为我

国涉外警务行政法主体的资格，这在经济、教科文卫等方面的涉外法律规范中均有体现。这些国际组织也应当遵守我国与该国际组织签订的条约、协议，并以此取得参加相应活动的法律资格。虽然他们享有若干外交特权和豁免权，依据有关国际公约以及我国的法律，我国行政机关仍然可以依法对其进行行政管理。至于其参加涉外行政活动的权能，则须与其职责相符。

外国事业性、公益性组织等非政府组织在华的活动，必须经过我国有关行政机关的批准或认可，并依照我国有关的涉外警务行政法律规范及其章程享有权利和承担义务。

有关外国个人成为我国涉外警务行政法律关系主体的资格，我国立法上缺乏具体规定，但一般认为：首先，按照我国国籍法的规定属于外国人或无国籍人；其次，外国个人参加我国涉外行政活动的权利能力，由我国具体的涉外警务行政法律规范予以确认和规定。另外，外国个人在我国行政法上的权利能力一般小于我国公民。

2. 涉外警务行政法律关系主体的分类

依照法律地位的不同，涉外警务行政法律关系的主体可分为我国国家行政机关和涉外行政相对人两类。涉外行政相对人包括我国涉外警务行政法律规范规定须接受行政管理的所有组织和个人，其中主要是外国组织和个人。所谓组织，包括外国驻中国的外交代表机构、领事机构、商务机构、驻华国际组织、民间机构、公益事业性机构经济实体，以及其他临时性来华团体等。个人，主要指外国公民、国籍不明人和无国籍人。此外，不排除有少数中国籍组织、个人在一定条件下成为涉外行政相对人。

我国国家行政机关是涉外警务行政法律关系中规定的必要的和永久的主体，涉外警务行政法律关系的双方当事人对此都没有权利选择或抛弃。在多数涉外警务行政法律关系中，作为行政相对方的外国组织或个人，也具有不可或缺性，否则就不能构成涉外警务行政法律关系。

依据行政法律关系主体间的相互关系，由于其地位的差异性，可以分为管理与被管理、命令与服从的关系。这是行政法律关系的根本特征，涉外警务行政法律关系中主体间的关系也是如此。

（二）涉外警务行政法律关系的内容

涉外警务行政法律关系的内容是涉外行政法律关系的主体所享有的行政法上的权力和应履行的义务。

1. 涉外警务行政法律关系中的权力

涉外警务行政法律关系中行政机关的权力是法律赋予的，是涉外行政法律关系的主体依法应为某种行为的可能性，是实现国家行政管理目标而必需的各种手段、方法，即强制力量的总和。具体表现为：

（1）为抽象性行政行为，主要指法定的行政机关制定涉外行政法律规范的活动。

（2）涉外行政处理权和裁决权，如涉外行政许可、涉外行政监督检查、涉外行政处罚、涉外行政裁决和仲裁等。

（3）强制履行权，如法定行政机关对负有履行行为义务的涉外行政相对人进行强制履行之权。

2. 涉外警务行政法律关系中行政机关的义务

涉外警务行政法律关系中行政机关的义务，又称职责。

（1）涉外行政管理的义务，是为建立和维护涉外法律秩序，而在涉外行政管理方面所应履行的职责，如进行公安涉外管理、涉外文化管理、海关监管等。

（2）服务性义务，是为对外经济、文化等方面的交往服务的各种物质、精神条件的义务的总和。服务性义务，是当今我国行政机关十分重要的义务，关系到对外开放政策能否顺利实施。

（三）涉外警务行政法律关系的客体

涉外警务行政法律关系的客体，是指涉外警务行政法律关系参加者的权利、义务所指向的对象，范围十分广泛，概括来讲可以分成这三种：物、行为以及与人身相关的智力成果。所谓的物，是指进出境的人随身携带的行李物品和进出境的交通工具等。所谓行为，是指涉外警务行政法律关系主体为一定目的而实施的有意识的活动，既包括作为也包括不作为，既可以是合法行为也可以是非法行为。所谓智力成果，是指与人身相关的一定形式的智力成果，如著作、专利、发明等。

（四）涉外警务行政法律关系的产生、变更和消灭

涉外警务行政管理的过程就是涉外警务行政法律关系产生、变更和消灭的过程。涉外警务行政法律关系的产生、变更和消灭基于涉外法律事实，包括行为和事件。涉外警务行政法律关系的变更一般有两种情况：一是主体的变更，二是权利义务的变更。涉外警务行政法律关系的消灭包括主体的消灭和权利义务的消灭。

四、涉外警务行政法律规范和国内警务法律规范的关系

随着我国改革开放的深入进行，涉外警务行政法律规范的制定也将进一步地发展，规范体系将更加完善，其相对独立性将更加突出，对它的研究也将更加广泛和深化。

（一）两者的联系

从行政法律规范体系上看，我国国内警察行政法律规范和我国涉外警务行政法律规范共同构成了我国整个警察行政法律规范的有机统一体。这种有机统一一方面表现为涉外警务行政法律规范一定程度上具有独立性，某些涉外警务行政法律规范仅仅是专门适用于涉外行政相对人的；另一方面无论是规范重叠还是专门性，如果从我国警察行政法规范这个更大的系统来看，涉外警务行政法律规范仍然是我国警察行政法的一个组成部分，其独立性仍然是相对的。因此，以不同含义的行政关系为调整对象的国内警察行政法律规范和涉外警务行政法律规范共同组成了我国警察行政法律规范的有机整体。

（1）都是以行政关系为调整对象，这是涉外警务行政法律规范与国内警察行政法律规范最本质的联系。警察行政关系不论怎样分类，仍然是行政关系，而不是其他社会关系。

（2）涉外警务行政法规和国内警察行政法规都是国家行政管理在法律上的表现形式，都是对国家行政权力运行规则、程序和监督的反映。

（3）涉外警务行政法律规范从国内警察行政法律规范中演化、发展而来，是国内警务行政法律规范的延伸。从是否具有涉外因素这个角度，两者分别构成我国警察行政法律规范有机体中的两个部分。

（4）涉外警务行政法律规范和国内警察行政法律规范都必须遵从行政法的核心原则——行政合法性和行政合理性原则。

（5）涉外警务行政法律规范和国内警察行政法律规范具有基本相同的内容，它们都是由行政组织法、行政行为法、行政诉讼法等基本内容组成的。

（6）从形式上看，不少行政法律规范，既是涉外警务行政法律规范的渊源，又是国内警察行政法的渊源。

（二）两者的区别

在肯定涉外警务行政法律规范和国内警察行政法律规范的联系的同时，也必须看到两者存在的明显区别。

（1）虽然两者都以行政关系为调整对象，但涉外警务行政法律规范所调整的是涉外行政关系，而国内警察行政法律规范则调整国内行政关系。

（2）涉外警务行政法律规范中的行政相对人一般多是外国组织、个人，国内警察行政法律规范一般则以不从事涉外活动的中国组织、个人为行政相对人。

（3）涉外警务行政法律规范除坚持行政合法性和合理性原则外，还必须遵循若干重要原则，如国家主权原则、对等适用原则等。

（4）涉外警务行政法律规范与国内警察行政法律规范具有不同的适用范围，适用程序和规格也有一定区别，构成这一区别的基础是二者调整对象的相对独立性。

（5）涉外警务行政法律规范与国内警察行政法律规范在法律渊源上不尽一致。一般来说，国际条约、国际公约等不是国内行政法的渊源，而是涉外警务行政法律规范的渊源。此外，涉外警务行政法律规范的制定机关也制定了不少专门性的涉外行政法律规范，只适用于涉外行政相对人和其他涉外事项。

第三节　涉外警务行政行为

警务行为的生命力在于它在社会生活中对法律的具体贯彻实施和对社会秩序的保障。公安机关通过执法调整社会关系、干预社会生活，行政机关的执法行为使法律在社会生活的各个领域发挥作用，使国家的经济、政治、文化和社会公共事业的发展都能够依法进行、有效运作。除原有的直接实施法律和行政规范的行为以外，警察执法还具有了制定规范性文件和进行法律解释的行为。所谓准立法，就是由于行政机关制定的规范性文件在实质上仍属于行政行为，区别于立法机关的立法，因此我们称之为准立法行为。所谓准司法行为，就是指裁决行政相对人与行政主体之间或行政相对人相互之间的与行政管理有关的纠纷的行为。

一、涉外警务行政法律规范的制定主体范围及依据

在我国，根据宪法和有关法律及立法实践，享有涉外行政法制定权的主体有：全国人大及其常委会，国务院，经全国人大及其常委会、国务院授权的省级地方人大及其常委会，国务院所属部委以及地方规章的制定主体。

涉外警务行政法律规范的制定是涉外警务行政法律规范的制定主体制定涉外

警务行政法律规范的法定条件，包括依法定职权而进行的职权性立法和依授权而进行的授权立法。

（一）涉外警务行政法律规范制定权限的划分

涉外警务行政法律规范制定权限的划分，体现在国际法规范方面就只能由代表国家的机关才能享有缔约权，如全国人大常委会、国务院等。地方权力机关和地方政府除非经中央特别授权，否则不得与外国缔结条约。在国内法方面，全国人大及其常委会主要就如下方面的涉外行政法进行立法活动：

（1）有关国家政治、军事等基本制度方面的问题；

（2）有关国家经济建设方面的重要问题；

（3）有关涉外行政相对人重要权利和义务的问题；

除上述较重要的三方面内容外，国务院可以进行职权性立法。国务院各部、委也承担了相当数量法律规范的制定任务，如公安部主要是根据授权制定实施细则，或依据职权制定某方面比较具体的涉外行政法律规范。涉外警务行政法律规范的制定主要采取的是国务院进行的职权性立法，以及各级地方公安机关依据最高权力机关的授权进行的准立法活动。

（二）涉外警务行政法律规范的制定程序和应当注意的问题

（1）涉外警务行政法规范的制定必须在制定机关的职权范围内，或者有明确的授权；（2）涉外警务行政规章的制定一般要经国务院批准，并由其转发或者公布；（3）省级地方涉外警务行政法规或者地方涉外行政规章的制定，必须结合本地方的具体情况和实际需要，并及时报全国人大常委会或国务院备案；（4）涉外警务国内法律规范必须予以公布，但涉及国家安全、外交、重大经济秘密的内部文件除外。

二、涉外警务行政法律规范的执行与救济

（一）涉外警务行政执法

1. 涉外警务行政执法

涉外警务行政执法，是我国有涉外警务执法权的行政机关，把涉外警务行政法律规范适用于涉外行政相对人及有关涉外事项的具体行政行为，包括涉外行政许可、涉外检查、涉外行政处罚、涉外行政强制措施等。

2. 涉外警务行政法律规范的适用

涉外警务行政法律规范，只适用我国的国内法律规范和成为我国国内法的国际法规范，不存在适用外国法的问题。涉外警务行政法律规范的法律适用也存在法律冲突，主要是国际法律规范和国内法律规范的冲突。解决办法是：我国缔结或参加的国际条约同我国涉外行政法律的国内法律规范有不同规定的，适用国际条约的规定，但我国声明保留的条款除外。

在有的国际条约中，如果国家间的双边规定或交往惯例与该国际条约冲突时，可以使用双方协定或交往惯例。在我国的涉外警务行政执法中，不适用外国的法律规范，但它对我国涉外警务行政执法仍有一定影响，这种影响可以作为我国涉外行政执法的事实构成而存在。由于涉外警务行政违法行为的多样性，一般可以把涉外行政法律责任的方式分为惩戒性和补救性两大类。惩戒性的法律责任主要包括申诫罚、财产罚、行为罚、人身罚。补救性的涉外行政法律责任方式主要包括：赔礼道歉、履行法定义务、恢复原状、返还原物、赔偿损失。

（二）涉外警务行政司法

涉外警务行政司法根据其处理对象的性质，可以分为两大类：其一是解决某些涉外警务行政争议的行政行为，主要是涉外行政复议制度；其二是解决某些涉外民事纠纷的行政行为，主要有涉外行政调解。

【导入案例分析】

1. 上述6人作为涉外警务法律关系调整的相对人，根据国家主权原则，他们入境后的行为应纳入我国出入境管理法管辖的范畴。

2. 由于这6人的行为违反了我国法律的规定，给我国的出入境管理秩序和国家利益造成威胁。据法院调查，2001年5月，马来西亚人冯某为牟利与一名中国籍男子黄某商定，由冯某提供马来西亚护照给黄某，用于供他人非法出境。此后，冯某先后与林某等5名马来西亚人预谋，由冯某提供他们到中国的费用，并给予每人相当于1000美元的好处费。待他们到中国后将护照给冯某，并以报失手段骗得回程护照。

根据《中华人民共和国出入境管理法》的有关规定，6名马来西亚人因非法出售护照触犯中国法律，杭州市中级人民法院分别判处1至5年有期徒刑，并处以相应罚金，驱逐出境。

山西省某县出入境管理民警在受理该县某镇某村22名来办理护照的村民过程中，发现部分申请人称要去韩国打工，但无法提供公司的外派劳务资格证书及签订的劳动合同。民警遂对申请人进行了进一步询问，得知他们原在太原为一包工队打工，近期包工头称在韩国有工程，该包工头已经成功运送走了近 50 名村民赴韩，现在让他们同样以旅游名义回原籍办理护照。出入境管理部门随即对本案展开了调查。

从上面的案例我们不难发现，涉外警务执法行为中不仅包括调整一般违法行为的行政执法，还会涉及对具有涉外因素的刑事犯罪的管辖。在所有的涉外犯罪中，涉外警务只对具有专业性的妨害国（边）境犯罪的管理。关于这部分的基本理论和实践应用问题，由于篇幅所限，本书将在最后一章予以阐述。

本章小结

本章的内容主要包括对涉外警务的概念、法律依据、基本原则以及涉外警务行政法律关系的概念、构成要素以及涉外警务行政立法、执法以及涉外行政诉讼等法律行为的基本内容。

【延伸阅读】

（一）国内法规范

国内法规范是我国国内有关涉外警务行政处置的法律规范的总称。国内法规范包括根本法、基本法律、法律解释及行政规范等。

1. 根本法

《宪法》对于涉外警务行政管理活动作出了三条原则性规定。《宪法》第 32 条第 1 款对外国人在中国的法律地位作出了明确规定：“中华人民共和国保护在中国境内的外国人的合法权利和利益，在中国境内的外国人必须遵守中华人民共和国的法律。”同时又规定了对外国人提供庇护的权利。

2. 基本法律

涉外警务执法活动中依据的基本法律，是指全国人大及其常委会制定的，作为涉外警务依据的法律，又称为全国性的法律规范。主要有：

（1）全国人民代表大会通过的《刑法》和《刑事诉讼法》中有关涉外警务的规定。《刑法》第 6～11 条等对我国公安机关和其他司法机关处理涉外案件的管辖权限作出了十分明确的规定。《刑事诉讼法》第 17～18 条对涉外案件处理和开展国际刑事司法协助作出了规定。《刑事诉讼法》第 18 条规定：“根据中华人民共和国缔结或者参加的国际条约，或者按照互惠原则，我国司法机关和外国司法机关可以相互请求刑事司法协助。”

（2）行政法律，即全国人大及其常委会通过的各种有关涉外警务行政管辖的法律。

①《外国人入境出境管理法》；

②《国籍法》；

③《国家安全法》；

④《枪支管理法》；

⑤《外交特权与豁免条例》；

⑥《领事特权与豁免条例》；

⑦《文物保护法》；

⑧《野生动物保护法》；

⑨《军事设施保护法》。

3. 法律解释

最高人民法院对《刑法》和《刑事诉讼法》在执行中遇到的带有普遍性的问题所作出的法律解释，也是涉外警务处置的法律依据之一。例如，最高人民法院《关于严格执行〈全国人民代表大会常务委员会关于禁毒的决定〉严惩毒品犯罪分子的通知》《关于严厉打击偷渡犯罪活动的通知》等。

4. 行政规章

行政规章，是指国务院行政主管机关根据国家法律和国务院的行政法规，在职权范围内制定的规范性行政文件。公安部独自或与其他部委联合发布的行政规章也包括在内。发布行政规章是国家行政机关进行日常行政管理的主要方式之一。由公安部或公安部与其他部委联合发布的有关行政规章，是涉外警务行政处置指导性文件，如《关于处理涉外案件若干问题的规定》《关于依法限制外国人和中国公民出境问题的若干规定》《关于会见在押犯以及案犯与外界通信的规则》，这些行政规章是公安机关处理涉外警务的具体依据。

（二）国际法规范

国际法规范包括国际公约和国际条约等。

涉外警务行政执法活动中适用的国际法规范，是指我国参加、签订或承认的与涉外警务有关的国际公约、国际协定以及国际惯例的总称。在涉外警务行政处置中，在依照我国法律规范办理的同时，也应遵守我国参加或签订的各种有关的国际公约、双边条约。

1. 国际公约

国际公约，是指由国际专业组织制定，参加国承认并适用于各参加国的国际性协议。作为我国涉外警务处置依据的国际公约，必须具备下列条件：第一，我国是该公约的缔结国或加入国；第二，公约中具有与涉外警务处置及国际警务合作事务相关的内容；第三，我国声明保留的条款除外。我国缔结或参加的有关涉外警务处置内容的国际公约主要有：

（1）《关于在航空器内的犯罪和犯有某些其他行为的公约》（1978 年 11 月 14 日加入该公约，对其第 24 条第 1 款声明保留）。

（2）《关于制止非法劫持航空器的公约》（1980 年 9 月 1 日加入该公约，对其第 24 条第 1 款声明保留）。

（3）《关于制止危害民用航空安全的非法行为的公约》（1980 年 9 月 10 日加入，对其第 14 条第 1 款声明保留）。

（4）《联合国禁止非法贩运麻醉药品和精神药物公约》（1989 年 9 月 4 日加入，对第 32 条第 2 款声明保留）。

（5）《联合国海洋公约》（1996 年 5 月 15 日加入）。

（6）《禁止酷刑和其他残忍、不人道或有辱人格的待遇或处罚公约》（1988 年 9 月 5 日加入）。

（7）《反对劫持人质国际公约》（1992 年 12 月 28 日加入）。

（8）《关于禁止和防止非法进出口文化财产和非法转让其所有权的公约》（1989 年 10 月 25 日加入）。

（9）《关于防止和惩处侵害应受国际保护人员包括外交代表的罪行的公约》（1987 年 6 月 23 日加入）。

（10）《维也纳领事关系公约》（1979 年加入）。

（11）《维也纳外交关系公约》（1975 年 11 月 25 日加入）。

（12）《关于难民地位的公约》（1983 年 4 月 18 日加入）。

（13）《联合国特权与豁免公约》（1979 年 9 月 4 日加入）。

（14）《专门机构特权与豁免公约》（1979 年 9 月 4 日加入）。

最近的有 2003 年 9 月 23 日加入的《联合国打击跨国有组织犯罪公约》和 2003 年 12 月 10 日签字的《联合国反腐败公约》。涉及的公约较多，不能一一列举。这些都是我们处置涉外警务时必不可少的法律依据。

2. 双边条约

双边条约，是指我国政府和外国政府之间签订的，确定相互间权利义务的一种书面协议、协定。目前，我国已与世界许多国家签订了双边条约，其中涉及与涉外警务和国际警务合作有关的主要有：

（1）引渡条约，如《中华人民共和国和泰王国引渡条约》。

（2）刑事司法协助条约，如《中华人民共和国和波兰人民共和国关于民事和刑事司法协助的协定》。

（3）与外国关于警务合作的协定，如《中华人民共和国公安部与俄罗斯联邦内务部合作协定》。

（4）与外国签订的领事条约。至今有近 40 个国家与我国签订了领事条约，这些条约也是公安机关处理涉外警务的法律依据，如《中华人民共和国和美利坚合众国领事条约》《中华人民共和国和匈牙利人民共和国领事条约》等。这类条约是双边条约中最多的一种。

（5）与外国签订的维护边境治安的协定，主要有《中越关于处理两国边境事务的临时协定》《中蒙关于边界制度和处理边境问题的条约》《中尼边境制度条约》等。

【案例】

2013 年 8 月，日本大光株式会社（简称会社）成员广边功（日本籍）与珠海市某酒店联系，计划在该酒店举行会社表彰活动，后因故推迟。8 月底，广边功与该会社的高桥俊至、福永孝治（均为日本籍）到珠海与该酒店签订了接待协议，并向酒店部门副经理、被告人刘某提出届时组织“三陪女”为会社成员提供嫖宿、陪侍等服务。酒店总经理助理、被告人叶某得知后，决定借机牟利，遂联系被告人明某和被告人张某某，由其串联多处娱乐场所的“妈咪”，暗中网罗了一批“三陪女”。9 月 16 日下午，会社成员一行 200 多人从珠海入境并于当晚召开表彰会后，部分成员挑选了“三陪女”并带回酒店嫖宿。18 日上午 8 时许，会社成员全部离境。

问题：

1. 这些日本人的行为是否应纳入我国法律调整的范畴？

2. 这些日本人应承担什么法律责任？

第二章　涉外警务权力来源

学习目标

通过本章的学习，理解涉外警务行政授权制度的概念与特性、分类；了解涉外警务法律关系中几类重点行政机构以及其他社会组织的行政授权要点。

案例导入

2006年，嘉定警方破获了一起外国留学生非法就业案，涉案人员包括6名该市一所高校的外国留学生。据警方透露，这些留学生以“勤工助学”或“教学实践”的名义为一家语言培训学校提供教学活动，并获取报酬。公安机关根据有关规定，认定这6名外国留学生的行为违反了我国法律，属非法就业行为，并对他们进行了行政处罚。

问题：

1. 公安机关是否有权对这6名学生的打工行为进行行政处罚？
2. 这6名留学生所在高校有何责任？

第一节　出入境管理机关的权力来源

一、出入境管理机关

新中国的出入境管辖权经历了一个由分散管辖到集中以公安机关为主管辖的过程。新中国成立初期，出入境管辖权主要由内务部、民政部、外国专家局、外交部和公安部等多个部门行使。20世纪50年代之后，出入境管辖权逐步向公安部门移交，中国公安出入境的管辖权得以扩大，公安机关作为中国出入境管理主管部门的地位得以确认。

出入境管辖权属于国家事权，基于中国的国情和复杂的国、边境状况，公安部将部分出入境管辖权授权委托给地方公安机关或者其他机构（如中国旅行社）

代为行使；为了提高管理效率，公安部还将部分出入境管辖权授权委托给特定的地方公安机关行使。例如，历史上港澳地区居民来往内地的管辖权归属各地方公安机关；1956 年至今，港澳地区居民来往内地由广东省公安厅专属管辖。在公安机关体制内部的出入境管理机构也经历了一个由分散到集中的过程。从 20 世纪 50 年代到 70 年代，公安机关内部出入境管理工作的组织机构在治安部门与政保部门内部交替设置和转移。其间，公安机关内部于 1959 年成立了单独的外事管理机构，专门管理外国人在华事务。1983 年，公安部成立出入境管理局，将所有公安出入境管理工作集中管理。1992 年，公安部边防局和出入境管理局合署办公。1998 年，边防检查机构在经历了数十次的体制改革之后，最终成为公安出入境管理组织的一个重要构成部分。2018 年 3 月，中共中央印发《深化党和国家机构改革的方案》，合并了公安部的出入境管理局和边防局，整合了出入境管理和边防检查职责，组建统一的国家移民管理局，同时加挂中华人民共和国出入境管理局牌子，由公安部管理。国家移民管理局的组建，标志着中国移民和出入境管理工作进入一个新时代。

国家移民局成立后，在总体部门定位和主要工作职责方面有了新变化。作为国家的对外管理部门，移民管理局在综合原出入境管理、边防、边检以及外交部领事司等部门职责基础上统筹管理国家移民事务，承担国际人才竞争核心职能。具体包括：将公安部的出入境管理、边防检查职责整合；建立健全签证管理协调机制。同时也新增了如下职责：协调拟定移民政策并组织实施；负责出入境管理、口岸证件查验和边民往来管理；负责外国人停留居留和永久居留管理、难民管理、国籍管理；牵头协调“三非”外国人治理和非法移民遣返；负责中国公民因私出入国（境）服务管理；承担移民领域国际合作等。具体职责细化为：（1）受理审核移民因私入境申请；（2）受理审批外国人永久居留证；（3）受理审批外国人入籍及恢复中国国籍；（4）统一处理外国人入籍后的社保、档案及户籍等问题；（5）建设国际人才信息库；（6）设立和管理海外国家猎头并开展国际人才研究；（7）开展难民身份的甄别及安置。目前，各地方地市公安机关内部，都设有独立的出入境管理机构。

为了便于出入境管理工作的开展，公安机关除架构常设的出入境管理工作组织机构外，还成立了机动灵活的临时机构。例如，1968 年，公安部与外交部联合成立了“对外国犯人研究处理小组”；1969 年，演变为由公安部、外交部、中联部、总参等部门联合工作的“在华外国人研究处理小组”；进而发展为现行的由公安机关牵头、各地方政府多达数十个部门共同参与的“外籍人员管理联席会议”。此外，还有诸如“查处三非机动队”“打击三非专项工作组”，以及管理外国记者方面的“四方协调会”等形式。

中国公安出入境管理系统具有较强的独立性和垂直性，具体表现为：在公安部建立相对独立的专门机构，即出入境管理局，由公安部出入境管理局保留部分出入境管理的国家事权；各行政区设置较为独立的省、市、县三级出入境管理机构。省级公安机关设出入境管理处或出入境管理局，负责指导和管理全省的出入境管理工作及出入境证件的制作；地市级公安机关设立相应的出入境管理处、科，负责受理和审批本辖区中国公民的因私出境申请、外国人居留和再入境事务；县级公安机关设立的出入境管理科、股，负责受理本辖区中国公民的因私出境申请、境外人员的暂住登记管理、外国人非开放地区旅行等事务。此外，专门针对外国人的管理而言，为三级管理：局、分局和派出所或外国人管理工作站；而外国人“口岸入境”和“特区旅行”则设有专门的机构进行管理。

二、边防检查机关

出入境边防检查作为国家出入境管理活动的重要组成部分，是行使国家主权、实现行政管理职能的活动，其工作性质充分体现了国家事权。具体表现在两个方面：

第一，我国有 260 多个边防检查站，分布在遍及全国的陆地、港口、机场的对外开放口岸，在执行法律、法规和各种规章制度上是统一的；其出入境边防检查活动，均冠以国家的名义进行，如“中国边防检查”“中华人民共和国珠海出入境边防检查总站”。这些冠以国家名义的事务，只能统一由国家职能机构领导和办理，即使是明确授权地方政府主管部门代为办理的情况下，也不能改变其国家事权的属性。这是由出入境边防检查事务具有高度统一性、专属性、集权性决定的。世界各国都把出入境管理机构归属中央政府直接管理，实行垂直领导。这种管理体制是与边防检查工作的集权性相一致的，同时也恰恰说明了该行为的国家事权属性。第二，在对出入我国国（边）境人员、交通运输工具等进行出入境边防检查时，虽然由各边防检查人员具体实施，但他们的行为不是个人行为，而是以国家出入境边防检查机关的名义，对外代表国家实施检查，这也充分体现了国家事权属性。

出入境边防检查作为出入境管理中的重要组成部分，是公安行政机关行使行政权管理出入境行政事务的具体表现。因为要巩固和发展自己的国家，首先要守好国家的大门，这就离不开出入境边防检查行政机关的日常工作。出入境边防检查的对象是出入我国国（边）境的人员和交通运输工具等，这项工作不仅具有公安工作的性质，而且还具有外事工作的性质，但总的来说是一项行政事务。

根据《中华人民共和国人民警察法》（以下简称《人民警察法》）的规定，对出入国（边）境人员实施管理、检查，维护正常出入境管理秩序是出入境边防检查机关的基本职责，也就是说，在我国现阶段，出入境边防检查是属于公安（警察）行政权的组成部分。俗话说“边防是国家的安全之盾”，出入境口岸、国（边）境是国家的“大门”和“围墙”。“无手足则肢体废，无边境则内国害”。因此，作为行政权手段，出入境边防检查在公安行政事务中具有十分重要的地位。

第二节　涉外警务权力来源的理论基础

一、行政授权的概念与特性

行政授权，是指法律、法规或规章直接赋予国家行政机关以外的社会组织，特别是具有管理公共事务职能的组织，以行使职能的法律制度。

行政授权制度，是指除国家行政机关以外的具有社会管理、公共服务的社会组织，经法律、法规或其他规章的授权而具有行政职能的法律制度。它具有以下特点：

第一，行政授权的主体是立法机关。具体来说，主要是指制定法律、法规或规章的机关。

第二，行政授权的客体是完整意义上的行政职权，包括行政归属权及行政实施权。在这点上，行政授权与行政委托不同，后者的客体只包括行政实施权，不包括行政归属权。

第三，行政授权的对象是行政机关以外的社会组织。这是行政授权与行政职权设定的最大区别，因为后者赋予的对象是行政机关。

第四，行政授权的结果是确立了行政主体，即通过行政授权，被授权的社会组织即成为行政主体。

第五，行政授权的形式是法定授权，具体包括法律、法规或规章。

第六，行政授权的实质是立法行为。它是国家立法机关通过法律、法规或规章把行政职权赋予有关社会组织的行为过程。

二、行政授权的分类

（一）根据授权方式，行政授权可以分为直接行政授权与间接行政授权

直接行政授权，是指法律、法规或规章明文规定将某一行政职权授予特定社会组织，这类授权具有终局性质，被授权组织无须再通过其他授权而直接享有相应的行政职能。如《妇女权益保障法》第7条规定：“中华全国妇女联合会和地方各级妇女联合会依照法律和中华全国妇女联合会章程，代表和维护各族各界妇女的利益，做好保障妇女权益的工作。工会、共产主义青年团，应当在各自的工作范围内，做好维护妇女权益的工作。”这便直接赋予中华全国妇女联合会和地方各级妇女联合会代表和维护妇女利益的行政职能，后者也无须通过其他的法律、法规或规章进行再授权。

间接行政授权，是指法律、法规或规章规定授权之后，被授权的社会组织必须通过其他法律、法规或规章的再授权才可以享有相关行政职能。如《行政许可法》第23条规定：“法律、法规授权的具有管理公共事务职能的组织，在法定授权范围内，以自己的名义实施行政许可。被授权的组织适用本法有关行政机关的规定。”这里的“具有管理公共事务职能的组织”并不是具体的，因此这一规定属于间接授权。

有效地区分直接行政授权与间接行政授权，可以帮助被授权组织正确认识所获职能的性质，防止其在未通过“再授权”的情况下行使直接行政授权的内容。

（二）根据授权内容，行政授权可以分为概括性授权与具体性授权

根据授权内容的详细与否，行政授权可以分成概括性授权与具体性授权。

概括性授权，是指法律、法规或规章仅仅是授予某社会组织某一行政职权，但并未规定该社会组织如何行使该项行政职权的方式等内容。整体而言，概括性授权占了行政授权制度的很大比例。《教育法》规定，学校及其他教育机构有权对受教育者进行学籍管理，实施奖励或者处分，而并未就具体的学籍管理办法或奖惩规则作出规定。

具体性授权，是指除授权之外，法律、法规或规章还具体规定了被授权组织的情况，如名称、类别、职权等；除此之外，对于后者行使职权的方式、监督等

也包括在内。比如，前述《教育法》授予学校对受教育者进行学籍管理、奖惩属于概括性授权。据此，《普通高等学校学生管理规定》的第三章专门规定了普通高等学校对学生的学籍管理的主要内容。具体来说，包括入学与注册、考核与成绩记载、转专业与转学、休学与复学、退学、毕业、结业与失业；其第五章还具体规定了普通高等学校对学生的奖励与处分。这两项授权皆属于具体授权。

一般而言，具体授权大多是下位法在上位法、新法在旧法概括授权的基础上，以“再授权”的方式进行行政授权，但情况也并非完全如此。如《教育法》只是规定了我国实行学位制度，而并未明确指出学位授予单位是何类单位，应具备什么样的资质。而《学位条例》第 8 条第 1 款则明确规定：“学士学位，由国务院授权的高等学校授予；硕士学位、博士学位，由国务院授权的高等学校和科学研究机构授予。”并且对这些组织如何行使行政职权、如何对其进行监督等作出了具体的规定。

值得指出的是，概括授权与具体授权并非截然不同，它们的内容也会出现交叉的情况。即有些直接行政授权也会对授权事项的内容作出明确列举，但具体到被授权组织如何实施这些事项，却未直接规定。例如，《律师法》第 46 条虽明确列举了律师协会应当履行的职责及主管事项，包括保障律师依法执业，维护律师的合法权益，总结、交流律师工作经验，制定行业规范和惩戒规则，组织律师业务培训和职业道德、执业纪律教育，对律师的执业活动进行考核等内容。但是，律师协会若想履行其职责，还需依据该条款具体制定自身的行业规范来实现。

（三）根据授权对象，行政授权可以分为对行政机关所属机构的授权与对其他社会组织的授权

由于行政机关所属机构不具有独立行政权，因此其一般不是行政主体。而为了使一些行政机关所属机构行使某些行政机构的功能，法律法规也会授予其一定的行政权力，如《治安管理处罚法》授权派出所具有行使警告、五百元以下的罚款的权力，《植物检疫条例》授予县级以上地方各级农业主管部门、林业主管部门所属的植物检疫机构，负责执行国家的植物检疫任务。

国家行政机关以外的社会组织只有具备一定的条件后，才能成为行政授权的对象。如前所述，在专业技术类项目的授权方面，相关组织必须达到一定的专业技术水平才有资格成为被授权对象。概括起来，这些资质包括：依法成立，具有管理公共事务的能力，工作人员必须熟悉有关法律、法规或规章条款、精通业务；若相关项目需要进行技术检查、检验、检测、检疫、鉴定的，其应当有条件

组织进行相应的工作。

三、行政授权制度的历史沿革

行政授权的设立目的在于改善公共行政管理，而作为一项立法措施，也有其自身的历史发展轨迹。根据相关资料显示，其他行政授权规定主要包括以下两大类：

一类是专业技术类行政管理领域，如前述的1983年国务院发布，1992年修订的《植物检疫条例》第3条规定：县级以上地方各级农业主管部门、林业主管部门所属的植物检疫机构，负责执行国家的植物检疫任务。《专利法》对专利复审委员会的规定、《商标法》对商标评审委员会的规定。

另一类是行政机关所属机构或派出机构，如第六届全国人大常委会第十七次会议于1986年9月5日通过的《治安管理处罚条例》（已失效）第33条第2款规定，警告、50元以下罚款，可以由公安派出所裁决；在农村，没有公安派出所的地方，可以由公安机关委托乡（镇）人民政府裁决。1988年3月9日国务院颁发的《中华人民共和国道路交通管理条例》（已失效）第86条规定，警告、五十元以下罚款、吊扣两个月以下驾驶证，可以由交通警察队裁决。

随着改革开放的深入发展，我国确立了建设社会主义法治国家的战略，同时，确立法治政府、由全能政府转变为有限政府又是这一战略的重要目标。这一目标的实现要求行政机关必须在法律授予的职权范围内行使自身职权，即依法行政。这样不但可以控制行政机关权力的无限膨胀，还可以借助多元化的社会组织帮助行政机关进行社会治理。而这也是包括普通高等学校、妇女联合会、工会、行业协会等众多社会组织成为行政主体的原因所在。

四、行政授权的条件

（一）行政授权的生效条件

与很多法律行为相同，行政授权也存在合法性与有效性的问题。行政授权要具有合法性、有效性，必须同时具备以下几个条件：

1. 授权必须以法律、法规、规章的形式进行

在中国现行的行政诉讼法理论系统中，行政授权的唯一合法形式便是法律、法规或规章这一形式。除此之外，这一形式还是区别授权与委托的主要特征。后者是指那些没有通过法律、法规或规章形式与途径而进行的授权。

2. 授权的对象必须是国家行政机关以外的社会组织

这些社会组织包括行政机关的内部机构、专门机构、派出机构以及其他社会组织，且这些社会组织大多都具有管理公共事务的职能。另外，若行政授权的对象是国家行政机关，那这一行为便称为“设定”。

3. 授权的内容必须具有合法性

这一点主要包括两方面：第一，前提条件必须是上位法或专门的基本法规定有授权的条款。例如，我国《行政处罚法》第17条规定，法律、法规授权的具有管理公共事务职能的组织可以在法定授权范围内实施行政处罚。因此，其他的法律和法规必须以这一条款的存在为前提，才可以将某些行政处罚权授给其他社会组织。第二，如果上位法或基本法已就某一职权作出了排他性、禁止性规定，那么其他法规便不得进行行政授权行为。例如，《行政处罚法》第16条规定，公安机关是限制人身自由的行政处罚权的唯一主体。因此，其他法律和法规便不得将行政拘留权授予其他任何组织。

（二）授权的内容

必须明确授权关系若要成立，授权法就必须对所授职权的内容与形式进行明确的规定，同时，被授权职权还必须具有可操作性。否则，视授权关系尚未成立。

（三）授权的结果必须公开

相关社会组织被授权后，便成为新的行政主体，因而行政授权的结果必须公开。反之，即便被授权对象与行政相对人发生了行政关系，也不具有合法性。

【导入案例分析】

目前，在华外国留学生以“勤工助学”“教学实践”等名义，为校外单位提供劳务并获取报酬的情况时有发生。对此，我国法律有明确规定，根据《出境入境管理法》第41条规定：外国人在中国境内工作，应当按照规定取得工作许可和工作类居留证件。任何单位和个人不得聘用未取得工作许可和工作类居留证件的外国人。同时，外国人在中国境内工作管理办法由国务院规定。此外，该法第42条还规定，国务院教育主管部门会同国务院有关部门建立外国留学生勤工助学管理制度，对外国留学生勤工助学的岗位范围和时限作出规定。根据法律授权，留学生所在高校可以根据实际情况安排留学生在校园内进行勤工助学活动；留学生也可以在学校安排的前提下，在校外进行教学实践活动，但不得在实践活动中获取报酬。同时，学校还需对具体的工作内容和工作时间作出明确的规定。

在本案中，该高校6名外国学生留学期间，在未取得任何工作许可的情况下，从事与求学身份不相符的就业活动，私自为培训学校提供教学活动并获取报酬，已经超出了其活动许可范围，违反了我国法律的明确规定，属于非法就业，法院对6人非法就业行为的处罚是正确合理的。同时，该高校对于外国留学生在校外以“勤工助学”或“教学实践”的名义从事非法就业的活动疏于管理，对涉案人员的非法行为应当负有一定责任，在管理留学生求学活动的过程中应根据相关法律、行政规定进行有效监管及合理安排。

从行政授权的角度分析，根据《教育法》规定，学校及其教育机构享有对受教育者进行管理的权力，其权限包括：(1) 按照章程自主管理；(2) 组织实施教育教学活动；(3) 招收学生或者其他受教育者；(4) 对受教育者进行学籍管理，实施奖励或者处分；(5) 对受教育者颁发相应的学业证书；(6) 聘任教师及其他职工，实施奖励或者处分；(7) 管理、使用本单位的设施和经费；(8) 拒绝任何组织和个人对教育教学活动的非法干涉；(9) 法律、法规规定的其他权力。

五、法律救济

行政授权的结果经公开后，公民、法人或其他组织不服的，可以通过法律途径进行救济。根据我国现行法律，寻求法律救济的途径主要有抽象层面的法律救济和具体层面的法律救济。

(一) 抽象层面的法律救济

抽象层面的法律救济，是指公民、法人或其他组织要求或请求立法监督机关改变、撤销立法机关关于行政授权的规定。具体而言，全国人大常委会负责审查监督对行政法规、地方性法规授权不服的要求或请求；而对部门规章、地方政府规章行政授权的决定不服的，则由国务院或地方主管行政机关进行审查监督。

(二) 具体层面的法律救济

具体层面的法律救济，是指当公民、法人或其他组织对被授权组织的具体行政行为不服时，有权向相关机关（如信访部门、行政复议机关、人民法院）提出申请行政复议、提起行政诉讼等形式的法律救济。

第三节　行政授权理论在出入境管理中的应用

学习目标

了解和掌握出入境管理机关及几类涉外行政机构行政授权的条件、程序及职责。

案例导入

2009年7月15日，广州市一黑人因逃避公安机关对其进行的例行护照检查，从18米高楼跳下身亡。此事件发生两小时后，即有两百名黑人围攻矿泉派出所，一度造成广州市白云广园西路交通堵塞，包括防暴警察在内的增援警察增至数百名。经过三小时左右的耐心劝说与协商，聚集的黑人才逐渐散去。

问题：如果引起行政诉讼，矿泉派出所是否可以应诉？

一、对专门行政机关的授权

专门行政机关，是指政府下属的各个职能部门，通常都具有对外职能，如公安局、教育局、司法局等。一般而言，专门法律、法规或规章会授予专门行政机关独立、完整的行政职权，具体有决定、监督、处罚等环节的权力。同理，政府下属的那些不具有外部职能的部门则是内部机构，如办公厅、法制办等。专门行政法律规范由法定的专门行政执法机关执行。

二、对行政机关内部机构的授权

行政机关内部机构，是指独立行政机关的内部组织，它一般不具有独立的法律地位，不能单独以本机构名义对外行使职权的资格，而只能以其所属行政机关的名义来行使被赋予的职权。在此，本书以出入境边防检查为例予以说明。

《出境入境管理法》赋予边防检查站为维护国家安全和出入境管理秩序，依法对进出境的人员、物品、交通工具等出入境管理的对象进行检查和监督、监护的职责。边防检查站的边防检查科主要承担对出境、入境的人员及其行李物品、交通运输工具及其载运的货物实施边防检查；对于违反《出境入境管理法》的有关规定进出境的人员，危害国家安全和社会秩序的物品，边防检查站可以扣留、收缴。不准一些特定情形的人员入境、出境或登陆，限制一些特定的人员活动范围并对其进行调查或移交有关机关处理。必要时可以对一些特定人员进行人身检查，推迟或阻止一些特定的交通运输工具出境或者入境，对违反条例的人员、交通运输工具负责人进行处罚。

如果相对人认为检查员的具体行政行为侵犯了其合法权益，提起行政复议或诉讼，只能以边防检查站为应诉主体，检查科不能代表边防检查站应诉。

三、对行政机关派出机构的授权

行政机关的派出机构主要是指主管行政机关某一职能部门根据部门行政法规定设立并赋予一定行政职权的下属机构。这里简要对派出机关与派出机构进行区分：

一般来说，政府设立的下属机构称为派出机关。在我国，派出机关主要有三类：省人民政府派出的行政公署、区人民政府派出的街道办事处和县人民政府派出的区公所。派出机关和派出机构的区别主要包括：首先，派出机关的职权范围较派出机构广，涉及其所辖区域的方方面面，而派出机构往往只具有某一项行政职权；其次，两者的法律地位不同，派出机关是行政主体，具有独立的法律地位，而派出机构只有在法律、法规或规章授权的情况下，才具有独立法律地位，否则不具有独立的法律地位，因此也不能做行政诉讼中的被告。

在我国的行政管理体制中，派出机构种类较多，如公安局派出的派出所，工商局派出的工商所等。依据行政法，它们都具有相应的职权。如《治安管理处罚法》第 91 条规定，警告、500 元以下的罚款可以由公安派出所决定。公安派出所因此获得前述权限范围内的授权，从而成为行政主体。

【导入案例分析】

我国《出境入境管理法》第 38 条规定：年满 16 周岁的外国人在中国境内停留居留，应当随身携带本人的护照或者其他国际旅行证件，或者外国人停留居留证件，接受公安机关的查验。在中国境内居留的外国人，应当在规定的时间内到居留地县级以上地方人民政府公安机关交验外国人居留证件。因此，对辖区居留的外国人的护照、签证等证件进行定期查验和登记是派出所职权所在。

在本案中，公安机关依法对黑人进行护照查验，因其自身的逃避行为造成死亡的悲剧，而引发了黑人的示威活动。需要指出的是，在华居留的外国人负有遵守我国法律规定，接受有关行政主管部门管理的法定义务，对于这种扰乱社会秩序的行为，公安机关是有权对其进行阻止的。

矿泉派出所作为公安机关的派出机关，不具有诉讼主体资格，必须以上一级公安机关为被告。

四、对社会组织的授权

这里的“社会组织”主要是指那些具有公共事务管理职能的组织，如烟草公司、全国性的单项体育协会、注册会计师协会、律师协会、证券业协会等。在此，仅以学校及其他教育机构为例予以说明。

根据《教育法》规定，学校及其教育机构享有对受教育者进行管理的权力。其权限包括：(1）按照章程自主管理；(2）组织实施教育教学活动；(3）招收学生或者其他受教育者；（4）对受教育者进行学籍管理，实施奖励或者处分；(5）对受教育者颁发相应的学业证书；（6）聘任教师及其他职工，实施奖励或者处分；(7）管理、使用本单位的设施和经费；（8）拒绝任何组织和个人对教育教学活动的非法干涉；(9）法律、法规规定的其他权力。

【案例】

2010年，北京某大学韩国留学生朴某入学后从未进行相关学习，而是凭借其留学身份在五道口租赁门面经营餐馆。请利用本章知识对其行为进行分析。

【案例分析】

我国《出境入境管理法》第37条规定：“外国人在中国境内停留居留，不得从事与停留居留事由不相符的活动，并应当在规定的停留居留期限届满前离境。”

第41条规定：“外国人在中国境内工作，应当按照规定取得工作许可和工作类居留证件……”

第42条第2款规定：“国务院教育主管部门会同国务院有关部门建立外国留学生勤工助学管理制度，对外国留学生勤工助学的岗位范围和时限作出规定。”

第43条规定：“外国人有下列行为之一的，属于非法就业：

“（一）未按照规定取得工作许可和工作类居留证件在中国境内工作的；

“（二）超出工作许可限定范围在中国境内工作的；

“（三）外国留学生违反勤工助学管理规定，超出规定的岗位范围或者时限在中国境内工作的。”

本案中，朴某凭借其留学身份从事餐馆经营活动，本身已违反了我国《出境入境管理法》的相关规定。而同时，其在学校并未进行任何学习，其所属高校负有一定的管理责任。如《普通高等学校学生管理规定》的第三章专门规定了普通高等学校对学生的学籍管理的主要内容。具体来说，包括入学与注册，考核与成绩记载，转专业与转学，休学与复学，退学，毕业、结业与失业；其第五章还具体规定了普通高等学校对学生的奖励与处分。这些都是法律对高校进行的具体性行政授权，构成了其对留学生进行管理的依据。

本章小结

行政授权，是指法律、法规或规章直接赋予国家行政机关以外的社会组织（特别是具有管理公共事务职能的组织）以行政职能的法律制度。

行政授权具有下列法律特征：行政授权制度，是指除国家行政机关以外的具有社会管理、公共服务的社会组织，经法律法规或其他规章的授权而具有行政职能的法律制度。

行政授权的分类：根据授权方式，行政授权可以分为直接行政授权与间接行政授权；根据授权内容，行政授权可以分为概括性授权与具体性授权；根据授权对象，行政授权可以分为对行政机关所属机构与对其他社会组织的授权。

行政授权的法律救济途径：抽象、具体层面的法律救济。

【关键术语】

行政授权　行政机关　派出机构　权力来源

【推荐阅读与学习资料】

1.《出境入境管理法》第四章外国人停留居留

（1）第43条：外国人有下列行为之一的，属于非法就业：

①未按照规定取得工作许可和工作类居留证件在中国境内工作的；

②超出工作许可限定范围在中国境内工作的；

③外国留学生违反勤工助学管理规定，超出规定的岗位范围或者时限在中国境内工作的。

（2）第45条第1款：聘用外国人工作或者招收外国留学生的单位，应当按照规定向所在地公安机关报告有关信息。

（3）第80条：外国人非法就业的，处5000元以上20000元以下罚款；情节严重的，处 5 日以上 15 日以下拘留，并处 5000 元以上 20000 元以下罚款。

介绍外国人非法就业的，对个人处每非法介绍一人 5000 元，总额不超过 50000 元的罚款；对单位处每非法介绍一人 5000 元，总额不超过 100000 元的罚款；有违法所得的，没收违法所得。

非法聘用外国人的，处每非法聘用 1 人 10000 元，总额不超过 100000 元的罚款；有违法所得的，没收违法所得。

2. 主要法律依据

（1）《中华人民共和国学位条例》（1980 年 2 月 12 日第五届全国人民代表大会常务委员会第十三次会议通过，根据 2004 年 8 月 28 日第十届全国人民代表大会常务委员会第十一次会议《关于修改〈中华人民共和国学位条例〉的决定》修正，中华人民共和国主席令第 27 号公布，自公布之日起施行。本章简称《学位条例》）第 8 条。

（2）《中华人民共和国行政诉讼法》（1989 年 4 月 4 日第七届全国人民代表大会第二次会议通过，根据 2014 年 11 月 1 日第十二届全国人民代表大会常务委员会第十一次会议《关于修改〈中华人民共和国行政诉讼法〉的决定》第一次修正，根据 2017 年 6 月 27 日第十二届全国人民代表大会常务委员会第二十八次会议《关于修改〈中华人民共和国民事诉讼法〉和〈中华人民共和国行政诉讼法〉的决定》第二次修正。本章简称《行政诉讼法》）第 25 条。

（3）《中华人民共和国行政处罚法》（1996 年 3 月 17 日第八届全国人民代表大会第四次会议通过，根据 2009 年 8 月 27 日第十一届全国人民代表大会常务委员会第十次会议《关于修改部分法律的决定》第一次修正，根据 2017 年 9 月 1 日第十二届全国人民代表大会常务委员会第二十九次会议《关于修改〈中华人民共和国法官法〉等八部法律的决定》第二次修正。本章简称《行政处罚法》）第 16 条、第 17 条、第 19 条。

（4）《中华人民共和国行政许可法》（2003 年 8 月 27 日第十届全国人民代表大会常务委员会第四次会议通过，根据 2019 年 4 月 23 日第十三届全国人民代表大会常务委员会第十次会议《关于修改〈中华人民共和国建筑法〉等八部法律的决定》修正。本章简称《行政许可法》）第 23 条、第 28 条。

（5）《普通高等学校学生管理规定》（2016 年 12 月 16 日教育部 2016 年第 49 次部长办公会议修订通过，自 2017 年 9 月 1 日起施行）第三章、第五章。

（6）《中华人民共和国治安管理处罚法》（2005 年 8 月 28 日第十届全国人民

代表大会常务委员会第十七次会议通过，根据2012年10月26日第十一届全国人民代表大会常务委员会第二十九次会议《关于修改〈中华人民共和国治安管理处罚法〉的决定》修正）第91条。

【案例】

2015年3月，重庆市公安局出入境管理局接群众举报：位于江北区洋河北路力帆体育城的某培训机构有外国人“打黑工”当外教。民警调查后确认属实，授课的托德当场查获。任外教的2个多月来，托德共授课10多节，获取报酬1000余元。依据《出境入境管理法》第80条之规定，出入境管理局对非法就业的美国人托德处5000元罚款，并勒令其停止非法的就业行为；对非法聘用外国人的许某处10000元罚款，以示惩戒。

问题：

1. 请利用本章相关知识讨论，重庆市出入境管理局对托德在华非法就业行为是否有权处置？

2. 聘请托德的培训机构是否应承担法律责任？

第三章　出入境证件管理

学习目标

通过本章的学习，了解出入境证件的种类，出入境证件的管理，理解涉外行政许可制度的概念和特征及分类，了解涉外行政许可的设定、听证事项；掌握涉外行政许可设定的界限及权限、涉外行政许可的变更与消灭；掌握涉外行政许可一般实施程序、时空效力。

案例导入

2008年年底，江西省××市委原常委、政法委书记朱×以看望在美国读书的女儿为由，向其户籍地所在市委组织部提出出国申请，由于发现朱×与一外逃企业家关系密切，他的要求未获批准。于是从2009年年初开始，朱×策划冒名顶替骗取护照。他让人找到了一个与自己年龄、身高、相貌等相似的外地人冒名顶替办理护照，然后朱×与“替身”一同开车前往江西弋阳县公安局，用“替身”的户籍资料，以前往马来西亚、新加坡旅游为由冒名申办护照，被顺利受理。朱×觉得冒名申办护照容易，因此又伙同“替身”到弋阳县公安局办理往来港澳通行证，在上饶市公安局出入境管理处审核时被识破。

问题：

1. 申办护照是否属于涉外行政许可的范畴？
2. 公安机关是否应该发放护照给朱×？

第一节　出入境证件管理——护照

出入境法律制度是规范出入境行为和出入境管理活动的法律规范和有关制度的总称。出入境证件，是指一国主管机关颁发的在出入国（边）境及在境外旅行、居留时使用的国际身份证和入境许可证件。

出入境证件必须具有以下几个要素：一是需由一国主管部门颁发；二是证件

必须具备身份证明和入境许可两项效力；三是必须按照规定完善各项管理手续。目前中国政府承认和签发的国际旅行证件主要包括：中华人民共和国护照、中华人民共和国旅行证、中华人民共和国出入境通行证、港澳同胞回乡证、前往港澳通行证、往来港澳通行证、大陆居民往来台湾通行证、台湾居民来往大陆通行证、中华人民共和国海员证、中华人民共和国香港特别行政区护照。在此，本章仅以护照为例对我国的出入境证件管理加以说明。

一、护照的概念

护照是一国政府主管机关发给本国公民的出入国境和在国外旅行、居留使用的身份证件和国籍证明，是最基本、最正规的出入境证件。护照是一个主权国家的象征，通常被视为该国的财产，一般由主权国家政府的外交部门、移民部门或者内务部门负责颁发和管理。因此，它的颁发对象、方法和要求完全由国家制定。

二、护照的种类及其内容

我国的护照分为外交护照、公务护照和普通护照。普通护照又分因公普通护照和因私普通护照。外交护照主要发给副部长、副省长等以上的中国政府官员，党、政、军等重要代表团正、副团长以及外交官员、领事官员及其随行配偶、未成年子女、外交信使等。公务护照主要发给中国各级政府部门的工作人员、中国驻外国的外交代表机关、领事机关和驻联合国组织系统及其有关专门机构的工作人员及其随行配偶、未成年子女等。因公普通护照主要发给中国国有企业、事业单位出国从事经济、贸易、文化、体育、卫生、科学技术交流等公务活动的人员、公派留学、进修人员、访问学者及公派出国从事劳务的人员等。

因私普通护照发给定居、探亲、访友、继承遗产、自费留学、就业、旅游和其他因私人事务出国和定居国外的中国公民。护照的内容主要包括姓名、出生地、性别、发照日期、有效期等，护照均应贴有持照人的照片。

三、护照的效力和作用

（一）出入本国国境

世界各国普遍规定出入国境的本国公民必须持有有效护照（或其他代替护照的证件）。有的国家除护照外还要办理出入境手续。没有护照、证件即被视为非法出入境。

（二）证明持照人的国籍

在国外，护照是持照人所属国籍的证明，居住国一般依照其所持护照来确定他的国籍。

（三）证明持照人的身份

持照人在居住国可以得到与其身份相一致的法律地位，同时也必须进行与其身份相一致的活动。

（四）持照人向前往国申请签证必备的依据

护照一般都有时效，在有效期内发生效力。护照期满前持照人可以根据有关规定办理延期手续，未办理延期手续的护照即自然失效，不再具有上述作用。

此外，与护照具有相同法律效力的出入境替代证件还包括：海员证、旅行证、通行证、身份证和难民证等。

四、护照的审批时限

公安机关出入境管理部门对出境申请应当在20个工作日（大、中城市在15个工作日，地处偏僻、交通不便的应在40个工作日），作出批准或不批准的决定，并通知申请人。申请人在规定时间内未接到审批结果通知的，有权查询，受理部门应作出答复；申请人认为不批准出境不符合《出境入境管理法》的，有权向上一级公安机关提出申诉，上级机关应当作出处理和答复。

第二节　出入境证件管理的理论基础

一、行政许可的概念和特征

行政许可指在法律一般禁止的前提下，特定的行政主体根据行政相对方的申请，经依法审查，通过颁发许可证、执照等形式，赋予或确认行政相对人从事某种活动的法律资格或法律权利的一种具体行政行为。据此，可以将涉外行政许可理解为，行政主体根据行政相对方的申请，通过颁发许可证、执照等形式，赋予或确认行政相对人从事某种具有涉外因素的活动的法律资格或法律权利的一种具体行政行为。

行政许可具有以下几方面的特征：

第一，依法申请性。行政许可行为是依法申请的行政行为，行政相对方针对特定的事项向行政主体提出申请，是行政主体实施行政许可行为的前提条件，换言之，不经相对人申请，行政主体不得主动实施行政许可。

第二，赋权性或解禁性。行政许可是一种赋权行为，其以一般禁止为前提，以个别解禁为内容，即在国家一般禁止的前提下，对符合特定条件的行政相对方解除禁止使其享有特定的资格或者权利，能够实施某项特定的行为。

第三，法定性。行政许可是行政主体赋予行政相对方某种法律资格或法律权利的具体行政行为。同时，行政许可是针对特定的人、特定的事作出的具有授益性的一种具体行政行为。另外，行政许可必须遵循一定的法定形式，即应当是明示的书面许可，应当有正规的文书、印章等予以认可证明。实践中最常见的行政许可的形式就是许可证和执照。

第四，外部性。行政许可是一种外部行政行为。行政机关针对行政相对方的管理行为，是行政机关依法管理经济和社会事务的一种外部行为。行政机关审批其他行政机关或者直接管理的事业单位的人事、财务、外事等事项的内部管理行为不属于行政许可的范畴。

二、行政许可的分类

从行政许可的性质、功能、法律属性及社会属性的角度来看，涉外行政许可分为普通许可、特别行政许可、认可与核准、登记。

（一）普通许可与特别行政许可

普通许可是准许符合法定条件的相对人行使某种权利的行为。国家对直接关系国家安全、公共安全的活动享有严格控制并许可审查与决定程序的权力，基于高度社会信用的行业的市场准入和法定经营活动，直接关系人身健康、生命财产安全的产品、物品的人生产及销售活动，都普遍使用许可。例如，游行示威以及烟花爆竹的生产及销售的许可都属于这一类。普通许可应当具备两个显著特征：一是对相对人行使法定权利附有一定的条件；二是一般没有数量的控制。

特别行政许可是行政机关代表国家向被许可人授予某种权利或者对有限资源进行有效配置的管理方式。主要适用于有限自然资源的开发利用、有限公共资源的配置、直接关系公共利益的垄断性企业的市场准入。例如，出租车经营许可、排污许可等。特别行政许可（特许）主要有两个特征：一是相对人取得特许后，一般应依法支付一定的费用，所取得的特别许可可以转让、继承；二是特许一般有数量限制，往往通过公开招标、拍卖等公开、公平的方式决定是否授予特许。

（二）认可与核准

认可是对申请人是否具有某种资格、资质的认定。一般需通过考试方法根据考核结果决定是否认可，并以向取得资格人员颁发资格、资质证书的方式予以确认。认可具有以下几个特征：一是资格资质的认可对象是人，且与人的身份相联系，但这种身份不能转移、继承。二是许可主要适用于为公众提供服务、与公共利益直接相关的人员、法人或组织的资格、资质认定。三是认可的发放没有数量的限制。

核准是行政机关参照一定技术标准及规范，对申请人是否具有特定标准、规范的判断和认定。这种方式主要适用于直接关系公共安全、人身监控、生命财产安全的重要设备、设施的设计及直接关系人身安全健康、生命财产安全的物品的检验、核准。比如，疫苗的核准、食用油的检验。

（三）登记

登记是一种附文件许可，是指必须附加文件予以说明被许可的范围、方式、时间等的行政许可。登记一般只对申请内容的形式进行审查，是行政机关对个人、企业是否具有特定民事权利能力和主体资格、特定身份的认定。比如，法人或其他组织的设立、变更、终止；工商企业注册登记、房产所有权登记。

三、行政许可的实施机关

根据《行政许可法》第22条规定，行政许可由具有行政许可权的行政机关在其法定职权范围内实施。在我国，行政许可实施主体主要分为三类：行政许可的法定实施主体、授权实施主体和委托实施主体。同时，根据《行政许可法》建立的相关行政许可办理制度，也可以由专业技术组织通过法定、授权或者委托的途径成为行政许可的实施机关，以提高行政许可实施的科学性、合理性。

（一）法定实施机关

在我国，法定实施机关包括：国务院及各部门、省级政府及主管部门、县级以上政府及主管部门。行政机关的实施主体必须依法具有外部行政管理职能，即有权对社会上的企业、个人或者其他组织实施管理。根据职权法定原则，行政机关的行政许可权必须源于法律的明确规定，行政机关行使行政许可权必须在其法定职权范围内。

（二）经授权的实施机关

根据《行政许可法》第23条的规定，法律、法规授权的具有管理公共事务职能的组织，在法定授权范围内，以自己的名义实施行政许可，被授权的组织适用本法有关行政机关的规定。可见，授权是指特定国家机关通过法律、法规将某些行政权力授予非行政机关的组织来行使的一种法律行为。授权制度包含以下四个要素：

一是有权授权的主体是全国人大及其常委会、国务院、省级地方人大及其常委会以及较大城市的地方人大及其常委会，授权的方式必须以法律、法规的方式进行。二是被授权实施行政许可的主体应当是具有管理公共事务职能的组织，通常是指该组织承担着管理公共事务的责任。三是被授权的组织在授权范围内可以自己的名义实施行政许可。四是行政许可法对实施行政许可机关及其工作人员的规定同样适用被授权实施行政许可的具有管理公共事务职能的组织。

（三）经委托的实施机关

委托，是指行政机关将其行政职权的一部分交给其他行政机关或者组织行使的一种职能。

委托实施与授权实施在行政许可法中具有不同的体现，其区别如下：

第一，授权行政主体。授权行政主体是全国人大常委会、国务院、省级地方人大及其常委会，以及较大城市的人大及其常委会。第二，受体不同。在授权里，被授权的主体必须是具有管理公共事务的组织，而委托的主体只能是行政机关。第三，依据不同。授权的依据只能是法律、法规。委托的依据是法律、法规和规章。第四，权限不同，授权可以按照法律、法规赋予的权限实施。委托的实施范围只能在委托机关的范围内进行。第五，名义和承担的责任不同。在授权中，被授权的组织可以以自身名义实施，而委托的行政机关是以委托机关的名义，相应的法律责任归于委托机关。

四、行政许可的设定

行政许可的设定，应当遵循两个原则，即行政许可的设定范围及行政许可的设定权限。从行政许可的设定范围来看，即规定了哪些事项可以设定行政许可，哪些事项不能设定行政许可；从行政许可的设定权限来看，其意义在于规范行政许可的设定权，避免行政许可设定权的滥用。行政许可的设定主要可分为两类。

（一）长期行政许可

设定行政许可的主体及其设定方式具有一定条件，换句话说，行政许可的设定主体及其方式都是法定的。有权设定行政许可的国家机关只能用法律规定的方式才能设定行政许可。当前，除临时性行政许可外，有权设定长期行政许可的行政主体及其相应的设定方式有三种：第一，全国人大及其常委会通过法律设定行政许可；第二，国务院通过行政法规或采用颁发决定的方式设定行政许可，当国务院以颁发决定的方式设定行政许可时，除临时性行政许可事项外，国务院应当及时提请全国人民代表大会及其常务委员会制定法律，或者自行制定行政法规；第三，省、自治区、直辖市的人民代表大会及其常务委员会和较大的市人民代表大会及其常委会通过地方性法规设定行政许可。在这里，“较大的市”指的是省、自治区人民政府所在地的市、经济特区人民政府所在地的市和国务院批准的较大的市。通过地方性法规设定的行政许可，具有一定限制，其不但不能设定应当由国家统一确定的公民、法人或者其他组织的资格、资质的行政许可，也不能设定企业或者其他组织的设立登记及其前置性行政许可。

（二）临时行政许可的设定

临时行政许可，是指附期限的行政许可。其设定主体主要为国务院或省级人民政府，由其设定的临时性行政许可具有一定期限性，其中省级人民政府设定的临时行政许可实施期限不得超过一年。而国务院制定的行政许可则应在期限届满后由国务院及时提请全国人大及其常委会制定法律或者自行制定行政法规。

五、行政许可事项的设定范围

社会经济活动种类繁多，但并不是所有的社会、经济活动都需要设置行政许可。受到法律对于行政许可设定范围的明确限定，根据《行政许可法》第12条的规定，只有以下事项可以设定行政许可：

（1）直接涉及国家安全、公共安全、经济宏观调控、生态环境保护以及直接关系人身健康、生命财产安全等特定活动，需要按照法定条件予以批准的事项；

（2）有限自然资源开发利用、公共资源配置以及直接关系公共利益的特定行业的市场准入等，需要赋予特定权利的事项；

（3）提供公众服务并且直接关系公共利益的职业、行业，需要确定具备特殊信誉、特殊条件或者特殊技能等资格、资质的事项；

（4）直接关系公共安全、人身健康、生命财产安全的重要设备、设施、产品、物品，需要按照技术标准、技术规范，通过检验、检测、检疫等方式进行审定的事项；

（5）企业或者其他组织的设立等，需要确定主体资格的事项；

（6）法律、行政法规规定可以设定行政许可的其他事项。

六、行政许可的变更与消灭

（一）行政许可的变更

行政许可的变更，是指在行政许可的有效期内行政许可的内容、期限、形式等的变化。根据《行政许可法》第49条的规定，被许可人在取得行政许可后要求变更行政许可事项的，应当向作出行政许可决定的行政机关提出申请，符合法定条件、标准的，行政机关应该依法办理变更手续。根据行政行为的一般原理，对于被许可人的变更不视为行政许可的变更，其变更制度有以下内容：

1. 行政许可的变更原则

行政许可具有不得擅自变更的原则。根据《行政许可法》第8条第1款规定，公民、法人或者其他组织依法取得的行政许可受法律保护，行政机关不得擅自改变已经生效的行政许可。

2. 行政许可变更的条件

行政许可申请人拟从事的活动，依法取得另一行政许可的，公民、法人或者其他组织应当重新申请行政许可，而不能变更行政许可。行政许可的变更条件有两种类型：

一是行政机关依职权变更。行政许可所依据的法律、法规、规章修改或者废止；准予行政许可所依据的客观情况发生重大变化；为了公共利益的需要；符合其他法定要件。

二是依被许可人申请变更。被许可人要求变更行政许可事项，向作出行政许可决定的行政机关提出变更申请。

3. 行政许可变更的主体

变更行政许可的主管机关为作出行政许可决定的行政机关。

4. 行政许可变更的信赖利益保护

行政许可决定机关依职权变更行政许可的，在被许可人无过错的情况下，由此给公民、法人或者其他组织造成财产损失的，行政机关应当依法给予补偿。

（二）行政许可的消灭

行政许可的消灭，是指使行政许可的法律效力消失的制度，具体包括行政许可的撤回、撤销、注销和吊销。附有有效期的行政许可期满失效，是一种行政法律事实而非行政法律行为的结果，属于行政许可的时间效力问题，不属于行政许可的消灭制度。

1. 行政许可的撤回

所谓行政许可的撤回，是指因为行政许可所依据的法律、法规、规章修改或者废止，或者准予行政许可所依据的客观情况发生重大变化的，为了公共利益的需要，行政机关撤回已作出行政许可决定的具体行政行为。

（1）行政许可撤回的条件。行政许可所依据的法律、法规、规章修改或者废止；准予行政许可所依据的客观情况发生重大变化的；为了公共利益的需要；符合其他法定要件。以上条件具备一条即可撤回。

（2）撤回行政许可的主体。有权撤回行政许可的机关为作出行政许可决定的行政机关。

（3）行政许可撤回的法律效果。行政许可的效力归于消灭，在被许可人无过错的情况下，由此给公民、法人或者其他组织造成财产损失的，行政机关应当依法给予补偿。

2. 行政许可的撤销

行政许可撤销，是指作出行政许可的行政机关或者其上级部门，根据利害关系人的请求或者依据其职权，对因不具备行政许可条件或违法取得的行政许可，不允许被许可人再从事所许可的活动。

（1）行政许可撤销的条件。行政许可必须以行政许可机关违法许可或被许可人违法取得许可为前提。行政许可的撤销包括两种情况：一种是行政许可机关的许可行为违法。行政机关工作人员滥用职权、玩忽职守作出准予行政许可决定的；超越法定职权作出准予行政许可决定的；违反法定程序作出准予行政许可决定的；对不具备申请资格或者不符合法定条件的申请人准予行政许可的；行政许可机关及其工作人员违法作出许可；依法可以撤销行政许可的其他情形。另一种是被许可人违法，即被许可人以欺骗、贿赂等不正当手段取得行政许可的。

（2）行政许可的撤销主体。行政许可的撤销主体为行政许可机关或上级行政机关。行政许可撤销的实施是一种公权力的运用，其实际上属于行政许可权中的监督管理权。

因此对于行政许可机关的“撤销权”，是对许可申请的审查、决定及事后的监督，都是行政许可机关的法定职责；行政许可机关的上级行政机关之所以有“撤销权”，是鉴于行政上的层级关系，上级行政机关对下级行政机关拥有监督权。不过一般说来，针对行政许可机关的违法行为所作出的许可，由行政许可机关的上级行政机关撤销为多；针对被许可人违法取得许可的，由行政许可机关自己撤销为多。

3. 利害关系人的请求或者依据职权来启动撤销程序

无论行政许可机关或是其上级行政机关发动撤销程序，都可以根据利害关系人的请求或者依据职权进行。

（1）撤销行政许可，该许可行为自始无效。这就是说，行政许可被撤销以后，自该许可作出起至撤销时，均无法律效力。

（2）撤销行政许可所引起的被许可人利益的损害，视不同情况分别处理。撤销针对行政许可机关违法行为所作出的许可，被许可人的合法权益受到损害的，行政机关应当依法给予赔偿；撤销针对被许可人以不正当手段取得的许可，被许可人基于行政许可取得的利益不受保护。

（3）对行政许可撤销有一个底线，如果依照规定撤销行政许可，可能对公共利益造成重大损害的，不予撤销。这坚持了公共利益至上的原则。

（三）行政许可的注销

行政许可的注销，是指基于特定事实的出现，而由行政机关依据法定程序收回行政许可证件或者公告行政许可失去效力。为了维护正常的行政管理秩序，维护市场交易安全，在出现特定事实而使行政许可失去效力的时候，行政机关就应该办理有关手续、注销行政许可，向社会公示行政许可失去效力的事实。根据《行政许可法》第 70 条规定，应当注销行政许可的情形主要有六种：

（1）行政许可有效期届满未延续的。行政许可有效期届满后，被许可人拟继续从事有关活动的，应当依法向作出行政许可决定的行政机关提出延续行政许可的申请。行政机关应当根据《行政许可法》第 50 条的规定，结合有关法律、法规的具体规定，对被许可人的申请作出处理。被许可人未申请延续行政许可的，或者其延续行政许可的申请未被行政机关批准或者未依法被视为准予延续的，其已经取得的行政许可自有效期届满之日起失去效力。出现这种情形时，行政机关应当依法注销行政许可。

（2）赋予公民特定资格的行政许可，该公民死亡或者丧失行为能力的。赋予公民特定资格的行政许可，即对人的行政许可，是基于被许可人的自身条件而作出的，如取得律师资格是因为个人符合法律规定的条件。有关这类资格的行政许可，只能证明被许可人是否具备取得行政许可的条件。该行政许可既不能转让也不能继承，是与该公民的人身联系在一起的。公民取得特定资格，都是为了从事一定的活动，既然公民死亡或者丧失了行为能力，他就不能从事与该特定资格有关的行为了，其取得的行政许可也不再具有效力，应予注销。

（3）法人或者其他组织依法终止的。行政许可是与该法人或者组织有密切联系的，既然该法人或者组织终止了，其取得的行政许可相应失去效力。

（4）行政许可依法被撤销、撤回，或者行政许可证件依法被吊销的。一是不具备取得行政许可条件而取得行政许可的，应当依法由有关行政机关予以撤销；二是具备取得行政许可的条件但因行政许可所依据的法律、法规、规章修改或者废止，或者准予行政许可所依据的客观情况发生重大变化，基于公共利益的需要，行政机关可以依法撤回行政许可；三是被许可人取得行政许可后从事违法活动，依法需要吊销行政许可的，行政机关应当吊销行政许可。在这三种情况下，被许可人取得的行政许可均不再有法律效力。

（5）因不可抗力导致行政许可事项无法实施的。不可抗力，是指不可预见、不能避免、不能克服的客观情况。在这种情况下，被许可人不可能再实施该行政许可，维护该行政许可的效力已经毫无意义。

（6）法律、法规规定的应当注销行政许可的其他情形。例如，基于政府机构改革中政府职能事项的调整，行政许可的主管机关可能发生变化，行政许可的实施机关发生改变可能需要换证的。换证后，被许可人取得的由先前行政机关颁发的行政许可就不再有法律效力。出现依法应当注销行政许可的情形的，行政机关应当依法办理有关行政许可的注销手续，如收回颁发的行政许可证件，或者在行政许可证件上加注发还；对找不到被许可人的或者注销行政许可事项需要周知的，行政许可还应当公告注销行政许可。为保护被许可人的合法权益，规范行政机关注销行政许可的行为，行政机关注销行政许可，应当作出书面决定，告知申请人注销的理由、依据。

（四）行政许可的吊销

吊销行政许可，是在被许可人依法取得行政许可后，利用许可实施了违法行为，执法机关依法吊销其行政许可的情形。行政许可吊销属于行政处罚制度的内容，是行政处罚的手段，但也属于行政许可制度的内容，属于行政许可的消灭制度。

1. 吊销行政许可的法律依据

根据《行政许可法》的规定，法律可以设定所有种类的行政处罚，行政法规可以设定除限制人身自由外的行政处罚，地方性法规可以设定除限制人身自由和吊销企业营业执照外的行政处罚。因此，吊销企业营业执照的必须有法律和行政法规的明确依据，吊销其他行政许可的必须有法律、行政法规和地方性法规的依据。

2. 吊销行政许可的主体

一般而言，行政许可的吊销机关为作出行政许可决定的行政机关，主要是指具有行政处罚权的行政机关或者法律、法规授权的具有公共管理职能的组织。

3. 吊销行政许可的一般程序

在当事人不提出进行听证的情况下，吊销行政许可一般程序必须经过调查取证、告知、听取陈述申辩或举行听证、作出处罚、送达处罚五个步骤。

（1）调查取证。根据《行政处罚法》第 36 条规定，行政处罚主体发现行政相对人有依法应当给予行政处罚的行为的，必须全面、客观、公正地调查，收集有关证据；必要时，依照法律、法规的规定，可以进行检查。行政机关在调查或者进行检查时，执法人员不得少于两人，并应当向当事人或者有关人员出示证件。当事人或者有关人员应当如实回答询问，并协助调查或者检查，不得阻挠。询问或者检查应当制作笔录。行政机关在收集证据时，可以采取抽样取证的方法。在证据可能灭失或者以后难以取得的情况下，经行政机关负责人批准，可以先行登记保存，并应当在 7 日内及时处理决定。在此期间，当事人或者有关人员不得销毁或者转移证据。执法人员与当事人有直接利害关系的，应当回避。

（2）告知处罚事实、理由、依据和有关权利。根据《行政处罚法》第 31 条规定，行政处罚主体在作出行政处罚决定之前，必须告知当事人行政处罚的事实、理由、依据和有关权利。

（3）听取陈述、申辩或举行听证。行政处罚主体在作出行政处罚决定之前，应当听取当事人的陈述和申辩；如果当事人要求听证，并且该案符合听证条件的，还应举行听证会。

（4）作出处罚决定。《行政处罚法》第 38 条规定，调查终结，行政机关负责人应当对调查结果进行审查，根据不同情况，作出是否吊销行政许可的决定。

对情节复杂或者重大违法行为给予较重的行政处罚，行政机关的负责人应当集体讨论决定。

（5）送达处罚决定书。《行政处罚法》第40条规定，行政处罚决定书应当在宣告后当场交付当事人；当事人不在场的，行政机关应当在7日内依照民事诉讼法的有关规定，将行政处罚决定书送达当事人。

4. 吊销行政许可的听证程序

（1）告知。行政机关吊销许可证或者执照的行政处罚决定之前，应当告知当事人有要求举行听证的权利；行政机关应当在举行听证7日前，通知当事人举行听证的时间、地点。

（2）当事人请求权。当事人要求听证的，行政机关应当组织听证。要求行政处罚机关就吊销行政许可证照组织听证是当事人的权利。当事人要求听证的，应当在行政机关告知后3日内提出。

（3）听证免费。当事人不承担行政机关组织听证的费用。

（4）公开原则。除涉及国家秘密、商业秘密或者个人隐私外，听证公开举行。

（5）中立原则（回避原则）。听证由行政机关指定的非本案调查人员主持，当事人认为主持人与本案有直接利害关系的，有权申请回避。

（6）当事人可以亲自参加听证，也可以委托1~2人代理。

（7）辩论原则。举行听证时，调查人员提出当事人违法的事实、证据和行政处罚建议，当事人进行申辩和质证。

（8）听证应当制作笔录，笔录应当交当事人审核无误后签字或者盖章。

（9）听证结束后，行政机关应当依照《行政处罚法》第38条规定作出决定。

【导入案例分析】

行政许可是行政机关对行政相对人提出的申请依法进行审查，并作出是否准予其从事特定活动的行为，是一种依申请的要式行政行为。在本案中，行政机关通过对朱×申请护照的资格或条件进行审查、核准，然后作出是否发证的决定，直接关系到国家安全和公民迁徙自由权的实现，属于行政许可的范畴。

本案中，由于朱×在办理出入境证件时让他人冒名顶替，多次实施了弄虚作假骗取证件的行为。根据《中华人民共和国护照法》第17条的规定，本案行为人已经实施了提交虚假的或通过非法途径获取的材料，或者冒用他人身份证件的行为。其目的是获取护照，且已经获取了护照。根据《出境入境管理法》第 73 条第 1 款之规定，涉嫌弄虚作假骗取出入境证件，其违法行为应承担相应法律责任。

第三节　行政许可在出入境管理中的应用

出入境，是指一国公民经本国政府主管机关批准和前往国家或地区以及途经国家或地区的许可，持规定有效的证件和签证，通过对外开放或指定的口岸从本国出境进入其他国家或地区，或者从其他国家或地区返回本国境内。出入境的概念包括两个方面：一是指一国公民经本国政府批准，持用合法证件出入本国国（边）境；二是指外国人持用合法的证件，经一国政府批准入出该国国境。

对于大多数国家，“出入境”就是指出入国境，而在中国有着较为广泛的含义，因为特殊历史原因而存在的香港、澳门、台湾问题，决定了中国公民往来香港、澳门、台湾地区应属于国内旅行，但根据目前的实际情况，往来香港、澳门、台湾地区仍要按照出入境来办理手续。出入境管理是在现代国家体系逐渐完善的基础上建立起来的一种法律制度，它实际上也是现代国际关系的一种体现。可以认为，出入境管理就是国家行政机关根据国际法、国内法的有关规定，对出入本国国境的本国公民或外国人行使主权的行政行为。中国的出入境管理，是指国家主管机关依据法律法规，对中国公民和外国人出入境活动及与之相关的事务行使管辖权的一种法律行为，是国家涉外管辖的一个重要组成部分。作为公安机关一项重要的行政职能，在保障中外公民合法权益、维护国家利益等方面发挥着重要作用。根据《行政许可法》的规定，行政许可一般实施程序主要由四个部分构成：申请、受理、审查、决定。

一、申请

公民、法人或者其他组织从事特定活动，依法向出入境管理部门提出申请的过程。申请主要包含以下要素：申请书、代理人申请、申请的对象、申请的方式、行政许可实施机关的义务。

申请书需要采用格式文本的，出入境管理机关应当向申请人提供行政许可申请书格式文本。在申请过程中，一般应由申请人本人提出申请，但非依法应当由申请人到行政机关办公场所提出行政许可申请的，可以委托代理人提出行政许可申请。比如，在公安行政许可（如护照）中，对申请人委托代理人提出行政许可申请的，公安机关应当要求当事人出具授权委托书或者在申请表上委托栏中载明委托人和代理人的简要情况，并签名或者盖章，出示委托人身份证件。

公民、法人或者其他组织具体向哪个行政部门申请行政许可，应当根据特定的行政许可事项、设定该行政许可的法律、行政法规和其他有关规定确定。申请方式可以通过信函、电报、电传、传真、电子数据交换和电子邮件等提出。

出入境行政许可实施机关的义务主要包括：公开义务、解释说明义务、不附带法外条件的义务、推行电子政务的义务、申请人的诚信义务。公开义务，是指行政机关应当将法律、法规、规章规定的有关行政许可的事项、依据、条件、数量、程序、期限以及需要提交的全部材料的目录和申请书示范文本等在办公场所公示。解释说明义务，是指申请人要求行政机关对公示内容予以说明、解释的，行政机关应当说明、解释，提供准确、可靠的信息。不附带法外条件的义务，是指行政机关不得要求申请人提交与其申请的行政许可事项无关的技术资料和其他材料。推行电子政务的义务，是指行政机关应当建立和完善有关制度，推行电子政务，在行政机关的网站上公布行政许可事项，方便申请人采取数据电文等方式提出行政许可申请；应当与其他行政机关共享有关行政许可信息，提高办事效率。

二、受理

出入境行政许可机关接到出入境许可申请后，应当对行政许可申请进行初审，以决定是否受理。出入境管理是公安机关的一项专门业务，一方面要维护国家主权、安全和社会秩序，在出入境管理中打击出入境违法犯罪活动；另一方面要保护中外公民的合法权益，适应国家对外开放形势。根据出入境管理法律、法规，公安机关对出入境管理的任务主要有中国公民出境、入境（包括往来港澳台地区），外国人入境以及入境后在中国的居留、旅行，都必须事先申请。无论是中国人还是外国人，都要按照法定的程序和要求提出出境或入境申请。主管机关对他们提交的申请材料首先进行审查，甚至进行必要的调查，然后按照法律规定的条件和各级权限进行审批。

（1）申请事项是否依法需要取得行政许可；

（2）申请事项是否属于本机关职权范围；

(3) 申请人是否具有不得提出行政许可申请的情形;

(4) 申请人是否提交了法律、法规、规章规定的申请材料;

(5) 申请材料是否齐全和符合法定形式,内容填写是否正确。

经过初审,行政许可机关可申请根据下列情况分别作出处理:一是申请事项依法不需要取得行政许可的,应当即时告知申请人不受理。二是申请事项依法不属于本行政机关职权范围的,应当即时作出不予受理的决定,并告知申请人向有关行政机关申请。三是申请材料存在可以当场更正的错误的,应当允许申请人当场更正;申请人更正申请书的,受理机关应当要求申请人在更正处签名、盖章或者捺指印确认。申请人提交的申请材料不齐全、不符合法定形式,不一次告知申请人必须补正的全部内容的,由其上级行政机关或者监察机关责令改正;情节严重的,对直接负责的主管人员和其他直接责任人员依法给予行政处分。四是申请材料不齐全或者不符合法定形式的,应当当场或者在五日内一次告知申请人需要补正的全部内容,逾期不告知的,自收到申请材料之日起即为受理。五是申请事项属于本行政机关职权范围,申请材料齐全、符合法定形式,或者申请人按照本行政机关的要求提交全部补正申请材料的,应当受理行政许可申请。六是行政机关受理或者不予受理行政许可申请,应当出具加盖本行政机关专用印章和注明日期的书面凭证。七是对符合法定条件的行政许可申请不予受理的,由其上级行政机关或者监察机关责令改正;情节严重的,对直接负责的主管人员和其他直接责任人员依法给予行政处分。

三、审查

审查主要有四个阶段:初审、核查、涉他行政许可、上下级审查机关之间的资料共享。

初审属于实施行政许可的一般程序要求。对于某些行政许可需要经过一级行政机关或者行政部门初审的,行政许可依法须经下级行政机关或者管理公共事务的组织初步审查并上报,当事人对不予初步审查或者不予上报不服提起诉讼的,可以下级行政机关或者管理公共事务的组织为被告。根据《行政许可法》第 34 条第 3 款规定,需要对申请材料的实质内容进行核实的,行政机关应当指派两名以上工作人员进行核查。行政机关对行政许可申请进行审查时,发现行政许可事项直接关系他人重大利益的,应当告知该利害关系人。申请人、利害关系人有权进行陈述和申辩。行政机关应当听取申请人、利害关系人的意见。对于审查中涉及的上下级审查机关之间的资料共享，先经下级行政机关审查后报上级行政机关决定的行政许可，下级行政机关应当在法定期限内将初步审查意见和全部申请材料直接报送上级行政机关。上级行政机关不得要求申请人重复提供申请材料。

四、决定

行政许可的受理审查，应根据不同的情况作出相应的决定。首先，申请人的申请符合法定条件、标准的，行政机关应当依法作出准予行政许可的书面决定。需要颁发行政许可证件的，应当向申请人颁发加盖本行政机关印章的行政许可证件。其次，如果行政机关依法作出不予行政许可的书面决定的，应当说明理由，并告知申请人享有依法申请行政复议或者提起行政诉讼的权利。在受理、审查、决定行政许可过程中，未向申请人、利害关系人履行法定告知义务的，由其上级行政机关或者监察机关责令改正；情节严重的，对直接负责的主管人员和其他直接责任人员依法给予行政处分。行政机关在作出准予行政许可决定的时候，应当遵循公开的原则，根据有关法律、法规的规定，公众有权查阅。

最后，行政机关实施行政许可，不得向申请人提出购买指定商品、接受有偿服务的不正当要求。行政机关办理行政许可时，不得索取或者收取申请人的财物，不得谋取其他利益。如果行政机关工作人员办理行政许可、实施监督检查，索取或者收受他人财物或者谋取其他利益，构成犯罪的，依法追究刑事责任；尚不构成犯罪的，依法给予行政处分。

五、出入境证件管理

（一）护照的延期

期满但仍有空白页，应在护照期满前 6 个月内办理，每本护照最多可延期两次。

1. 所需材料及证明文件

（1）申请人护照（原件和复印件）；

（2）在当地的有效居留证件或其他合法身份证明（原件和复印件）；

（3）填写好的“护照、旅行证、海员证延期申请表”一份；

（4）护照照片 1 张。

2. 换发所需材料

若因私护照到期无法延期或签证页已用完，需换发护照，则应提交如下材料：

（1）现持护照（原件和复印件）；

（2）在当地的有效居留证件或其他合法身份证明（原件和复印件）；

（3）填写好的“护照、旅行证、海员证申请表”一份；

（4）护照照片3张。

（二）护照的换发与补发

具有下列三种情形之一可申请补发：一是因护照损坏申请补发的，需提交损毁的证件及损毁原因说明。二是因护照丢失或者被盗申请补发的，需提交遗失地公安机关的报失证明或者被盗的情况说明。三是定居国外的中国公民短期回国申请补发普通护照的，其暂住地的受理机构应当要求其提交上述两项材料、定居国外的证明和暂住地公安机关出具的暂住证明及复印件。为进一步加强护照签发管理工作，防范不法分子以补发为由弄虚作假骗取护照，在护照补发时对申请人出入境记录进行核查。如发现申请人存在下列情形，应做进一步调查，并按相关规定决定是否签发：一是出入境记录不完整的；二是持外国护照出入境的；三是持有两本以上我国有效普通护照的；四是持我驻外机构签发的《回国证明》入境的。

（三）护照的变更和加注

领取护照后首次出境前变更前往国的，凭前往国的入境签证换发出境登记卡，无须提交其他证明材料。未获得前往国入境签证而要求变更前往国的，须依照有关规定重新办理申请手续。办理上述各项手续者，除已在国外居留的中国公民申请护照延期、换发或补发手续可在驻外使、领馆办理外，其他手续均由持照人向户口所在地、市级公安机关出入境管理部门申办。

世界上一些国家的犯罪分子和犯罪集团经常买卖护照，甚至和国内的犯罪团伙和个人相勾结，伪造、涂改、转让、买卖、冒用他人的护照、证件，以牟取暴利。这是一种违法行为，是要受到法律制裁的。

第四节　出入境证件管理的特例

学习目标

了解签证的概念、种类和内容，掌握签证制度的作用和法律属性。

案例导入

华侨张女士与其美国丈夫带着一岁半的美籍儿子 Lucas（化名）欲从北京首都机场返回美国。Lucas 出生在北京，此前从未离开过中国。父母为其选择了美国国籍，并托人在美国为其办理了合法的美国护照，寄回中国。张女士与美国移民机关联系后，得知 Lucas 持空白美国护照可以入境美国，于是准备直接乘飞机离境。但是一家三口在首都机场接受边检时，被依法阻止出境。

问题： Lucas 被阻止出境合理吗？理由是什么？

一、签证制度概述

（一）概念

签证（Visa）是一个国家的外交部或授权其驻外使领馆，在本国和外国公民所持的护照或其他旅行证件上签注盖印，证明其护照有效，并核准该护照持有人可以进入其领土以及允许停留的时间，或通过其领土前往其他国家的“通行证”。

（二）签证的种类

各国签证种类有所不同，依据入境事由可分为外交、公务、礼遇、旅游、过境、入境、居留签证等；依据入境次数可分为一次入境和多次入境签证；依据使用人数可分为个人签证和团体签证；依据为持有人提供的方便，有另纸签证、落地签证等。

一般发何种签证，均是根据申请者的身份和入境目的发给不同的入境签证，如旅游、探亲、移民、留学、工作等签证，并限制入境后的居留时间。因签证种类不同，要求提供的有关材料也不一样。一般对以短期居留为目的的申请限制较少，等待批准的时间也较短。对以谋职和长期居留为目的，申请则限制较多，待批的时间也较长，这已成为各国的普遍做法。

中国发放的签证主要有以下几类：旅游签证、访问签证、职业签证、学习签证、定居签证、过境签证、乘务签证、记者签证。

1. 旅游签证（L）

旅游签证主要发给前往中国旅游、探亲或者因其他私人事务入境的人员。

2. 访问签证（F）

访问签证主要颁发给应邀到中国访问、考察、讲学、经商、进行学术交流、短期进修实习不超过六个月的人员，须提供中方的邀请函电。

3. 职业签证（Z）

发给赴华任职、就业人员及其随行家属。申请人须提供《外国人在华就业许可证》或《聘请外国专家确认件》、中国被授权单位的邀请函及本人体检证明。

4. 学习签证（X）

发给前往中国留学、进修、实习六个月以上的人员。申请人须提供入学通知书、中国被授权单位邀请函，或被授权单位签发的相关资料。

（三）签证的作用

签证是主权国家准许外国公民或本国公民出入境或经过国境的一种许可证明。一个公民如果想出国旅行、移居或者留学、结婚等，除需要持有护照以外，还必须持有相应的签证。护照是持有者的国籍和身份证明，签证则是主权国家准许外国公民或者本国公民出入境或者经过国境的许可证明。签证一般都签注在护照上，即在出国旅行者的护照上或者在其他有效的旅行证件上盖印签注的手续，表示准许其出入或经过该国境。也有的签注在代替护照的其他旅行证件上，有的还颁发另纸签证。

签证制度是国家主权的象征，是国家对于外国人的入境实施有效控制和管理的具体表现，并以此达到维护国家安全及国内社会秩序的目的。通常情况下，一个国家发给外国人的签证，是以外国给其本国国民的待遇是否平等互惠为原则，为两国国民彼此往来给予同等的优惠和便利。

二、签证行为的法律属性

签证是一种国家行为。所谓国家行为，是指国务院、外交部等根据宪法和法律的授权，以国家的名义实施的有关国防和外交事务的行为。它区别于一般行政行为的突出特点如下：

（一）政治性

国家行为涉及国家的整体利益和重大利益，往往是中央政府协调各种冲突，对国家重大利益和整体利益作出选择和安排的行为。在这里重要的不是法律问题，而是国家的政治的、整体的利益问题。另外，国家行为往往涉及国家的政治制度，如三权分立的制度、人民代表大会制度、职能分工制度等，国家行为针对的问题往往是国家政治制度的整体问题，而不是某一个具体的法律规范的问题。因此，政治性是国家行为与一般的行政行为的根本区别所在。

（二）灵活性

国家行为主权性和政治性决定了它必须具有灵活性。为了确保国家的安定和利益，中央国家机关必须根据具体情况作出具体的判断，不能也没有必要事先设定可供选择的方案。

三、签证行为的法律效力

（一）对外意义上的签证行为

对外意义上的签证行为指国务院、外交部等中央国家机关，在国际事务中，代表整个国家行使国际法权力和履行国际法义务的国防、外交行为。

（1）以中华人民共和国的名义实施。

（2）签证行为的对象是另一个国家、国际组织或外国公民等国际法主体，针对国际关系事项。

（3）签证行为的依据包括宪法、国际惯例、国际条约。

（二）对内意义上的签证行为

对内意义上的签证行为，是指经宪法和法律授权的特定国家机关，在对国内全局性、重大性的国家事务中，代表整个国家对内实施的管理行为，具有全局性。

一个国家没有允许外国人无条件入境的义务（有条约者除外），一个外国人也没有要求一国政府允许他入境的权利。外国人入境是有条件限制的。近年来，随着国际贸易、国际政治关系的发展，旅游业的兴旺，许多国家的签证规定趋于简化。各国之间也有互免签证或简化签证手续的协议。

【导入案例分析】

Lucas 出生在北京，此前从未离开过中国。父母为其选择了美国国籍，并托人在美国为其办理了合法的美国护照，寄回中国。根据我国《国籍法》的有关规定，这个孩子的国籍应确认为美国国籍。根据我国《出境入境管理法》的有关规定，外国人入境中国或在中国停留，必须持有中国签证；入境前，须在我国驻外使领馆申请办理签证；对于在中国出生、在中国丢失护照、在中国签证过期的外国人，应向地方公安机关出入境管理部门提出申请，办理中国签证。出境时，凭有效中国签证办理边防检查手续。在本案中，美国移民局虽然允许 Lucas 持空白美国护照入境美国，但是依据我国法律的规定，外国人出入中国国境需持有效签证。由于张女士没有为 Lucas 办理中国签证，因此 Lucas 被阻止出境是合理的。

本章小结

出入境法律制度是规范出入境行为和出入境管理活动的法律规范和有关制度的总称。

出入境证件，是指一国主管机关颁发的在出入国（边）境及在境外旅行、居留时使用的国际身份证和入境许可证件。出入境证件必须具备以下几个要素：一是需由一国主管部门颁发；二是证件必须具备身份证明和入境许可两项效力；三是必须按照规定完善各项管理手续。

出入境证件管理的理论基础是行政许可理论。行政许可是指在法律一般禁止的前提下，特定的行政主体根据行政相对方的申请，经依法审查，通过颁发许可证、执照等形式，赋予或确认行政相对人从事某种活动的法律资格或法律权利的一种具体行政行为。据此，可以将出入境证件管理理解为一种特殊的涉外行政许可，行政主体根据行政相对方的申请，通过颁发许可证、执照等形式，赋予或确认行政相对人从事某种具有涉外因素的活动的法律资格或法律权利的一种具体行政行为。其特点有：外部性、依法申请性、赋权性或解禁性、法定性。涉外行政许可种类可以分为普通许可、特别许可、认可与核准、登记几类。

出入境签证是一种国家行为，具有政治性和灵活性的特点。

【关键术语】

行政许可　国家行为　涉外行政许可实施机关　一般程序　听证

【推荐阅读与学习资料】

1. 姜明安. 行政法与行政诉讼［M］. 北京：北京大学出版社，1999.
2. 应松年. 涉外行政法［M］. 北京：中国政法大学出版社，1997.
3. 向党. 涉外警务［M］. 北京：中国人民公安大学出版社，2004.

【案例】

2014 年 11 月 22 日晚上，吴刚（化名）拿着从网上下载打印出来的阿联酋签证，带着 60 多岁的老父亲来到首都机场 T2 航站楼，准备乘坐 CZ331 航班前往迪拜旅游。在办理出境手续时，却被边检民警告知，父亲出境手续不齐全，需补齐手续再出境。

问题：吴刚的父亲为什么被阻止出境？

第四章　出入境行政确认

学习目标

通过本章的学习，掌握我国关于国籍管理的规定，能够熟练地解决国籍冲突情形；理解行政确认制度的概念与特性、分类；了解行政确认的原则；掌握收养确认关系及涉外婚姻确认关系的要点。

案例导入

2012年，刘丹与美国人杰克在上海举办了婚礼，婚后定居美国并加入了美国国籍，但其并没有主动申请退出中国国籍。2013年，刘丹回国探亲，被通知其签证即将到期，需申请办理相关延期申请。刘丹表示自己还是中国人，为什么在中国的停留期限会受到限制呢？

第一节　国籍事务概述

一、国籍的概念

国籍，是指一个人隶属于某国的法律资格或法律身份，特指国家与公民之间包括权力、权利、义务等内容特定的法律关系，对于国家和该公民都具有重要意义。对国家而言，国籍是其区别对于外国人与本国人管辖、实施外交保护的重要依据。此外，在国际法的意义上，国籍还是确认某人身份的重要依据。对于个人而言，国籍是其享有所属国国籍保护，以及国际法规定的有关权利义务的保证，是确认其法律地位的重要依据。由于国籍是指一个自然人属于某个国家公民的法律资格，因此准确认定当事人的国籍，无论是在国际法还是国内法领域，都具有重要意义。

二、我国的国籍管理

我国国籍的取得、丧失和恢复都由《中华人民共和国国籍法》（以下简称《国籍法》）规定，并且按照国际惯例，在国籍事由上，国内法优于国际法。关于国籍管理，我国《国籍法》规定的主要内容有：

（一）双重国籍问题

《国籍法》第 3 条规定："中华人民共和国不承认中国公民具有双重国籍。"

（二）解决国籍不明的情形

《国籍法》第 4 条规定："父母双方或一方为中国公民，本人出生在中国，具有中国国籍。"第 5 条规定："父母双方或一方为中国公民，本人出生在外国，具有中国国籍；但父母双方或一方为中国公民并定居在外国，本人出生时即具有外国国籍的，不具有中国国籍。"第 6 条规定："父母无国籍或国籍不明，定居在中国，本人出生在中国，具有中国国籍。"

（三）中国国籍的取得

根据国际通行的做法、国际公约、双边条约及各国实践等，国籍的取得一般包括因出生取得、因申请加入两种方式。具体到我国，则采取以血统主义为主、出生地主义为辅的混合主义原则。具体包括：

《国籍法》第 7 条规定："外国人或无国籍人，愿意遵守中国宪法和法律，并具有下列条件之一的，可以经申请批准加入中国国籍：

"一、中国人的近亲属；

"二、定居在中国的；

"三、有其他正当理由。"

《国籍法》第 8 条规定："申请加入中国国籍获得批准的，即取得中国国籍；被批准加入中国国籍的，不得再保留外国国籍。"

（四）中国国籍的丧失

《国籍法》第 9 条规定："定居外国的中国公民，自愿加入或取得外国国籍的，即自动丧失中国国籍。"

《国籍法》第 10 条规定："中国公民具有下列条件之一的，可以经申请批准退出中国国籍：

"一、外国人的近亲属；

“二、定居在外国的；

“三、有其他正当理由。”

《国籍法》第 11 条规定：“申请退出中国国籍获得批准的，即丧失中国国籍。”

《国籍法》第 12 条规定：“国家工作人员和现役军人，不得退出中国国籍。”

（五）中国国籍的恢复

《国籍法》第 13 条规定：“曾有过中国国籍的外国人，具有正当理由，可以申请恢复中国国籍；被批准恢复中国国籍的，不得再保留外国国籍。”

（六）国籍事务管理机构

《国籍法》第 14 条规定：“中国国籍的取得、丧失和恢复，除第九条规定的以外，必须办理申请手续。未满十八周岁的人，可由其父母或其他法定代理人代为办理申请。”

《国籍法》第 15 条规定：“受理国籍申请的机关，在国内为当地市、县公安局，在国外为中国外交代表机关和领事机关。”

《国籍法》第 16 条规定：“加入、退出和恢复中国国籍的申请，由中华人民共和国公安部审批。经批准的，由公安部发给证书。”

【导入案例分析】

《国籍法》第 9 条规定：定居外国的中国公民，自愿加入或取得外国国籍的，即自动丧失中国国籍。另外，除自动丧失中国国籍外，第 10 条还规定，中国公民具有下列条件之一的，可以经申请批准退出中国国籍：

（1）外国人的近亲属；

（2）定居在外国的；

（3）有其他正当理由。

本案中，刘丹属于第 9 条的情形。其在婚后自愿加入了美国国籍，因而便自动退出了中国国籍，对其在探亲期间的停留行为则应按照外国人在国内的相关规定进行管理。

我国《出境入境管理法》第 29 条规定，“外国人所持签证注明的停留期限不超过一百八十日的，持证人凭签证并按照签证注明的停留期限在中国境内停留。

“需要延长签证停留期限的，应当在签证注明的停留期限届满七日前向停留地县级以上地方人民政府公安机关出入境管理机构申请，按照要求提交申请事由的相关材料。经审查，延期理由合理、充分的，准予延长停留期限；不予延长停留期限的，应当按期离境。

“延长签证停留期限，累计不得超过签证原注明的停留期限。”

因此，刘丹的停留期限是受法律规定限制的，而不是无期限的。若其要延长停留期限，可携带本人护照等身份证件到其停留地相关出入境管理机构办理申请事宜。

第二节　国籍事务管理的基本理论

一、行政确认的概念与特征

行政确认是国家进行行政管理的重要手段之一，属于行政决定的一种，指行政主体在审查、认定既存的法律事实和法律关系后，宣示其法律效力的行政行为。它是其他行政主体得以作出其他行政行为的前提和依据。行政确认具有下列法律特征：

第一，既存性。如前所述，行政确认的对象是既存的法律事实和法律关系，因而这里的既存性主要是指行政确认的对象的特性。

第二，非处分性。行政确认只是单纯地对法律事实和法律关系进行审定等行为，并不直接影响相对人的权利与义务。所以说，行政确认不具有处分性。

第三，中间性。对于行政相对人来说，行政确认不是行政赋权行为，也不是行政限权行为，不会对相对人的利益产生有利或不利的影响，它是一种“中性”行为。

第四，宣示性与保护性。对世公示某种法律事实与法律关系的存在与效力，是行政确认产生的法律后果，凭借这一法律效果，可以对抗善意取得的第三人。

二、行政确认的原则

在行使行政确认时，包括行政机关及其授权或委托的组织在内的主体必须坚持以下基本原则：

（一）依法确认原则

作为行政主体的特定职权，行政主体在行使行政确认这一行为时，必须严格遵循法律、法规和规章的规定，否则就可能构成违法行为。

（二）客观公正原则

行政确认必须从客观情况出发，力争确定已有法律事实和法律关系的真实情况，再对后者予以确认。否则，很可能为其他行政主体提供错误的依据，或者不能作出正确的判断。我国很多法律，如《公安机关鉴定人登记管理办法》都强调了客观公正的原则。

（三）保密原则

行政确认的种类繁多，相对人也形形色色，因此，在对已有的法律事实或法律关系进行确认时，很有可能涉及相对人的个人隐私或者商业秘密，如不动产登记会涉及登记者的个人隐私，纳税鉴定会涉及企业的商业秘密等，这就要求行政主体在行政确认过程中必须坚持保密原则，以保护相对人的合法权益，我国《新化学物质环境管理办法》对这一原则作出了相应规定。

（四）便民原则

便民原则要求行政主体在行使行政确认行为时，应当尽量为行政相对人节省时间，提高确认行为的效率，简化确认程序，为相对人提供便利。具体体现，如行政主体必须在规定期限内完成确认行为，如我国《涉外婚姻登记条例》便对这一原则作出了明确规定。

（五）自愿原则

非出于行政相对人的自愿，行政主体不得对某些法定事项进行确认，同时也不得干预行政相对人是否申请确认的意愿，可以完全出于自愿，否则构成违法，《建筑法》即对此有明确规定。

三、行政确认制度的历史沿革

当前我国正处于战略转型期，取代传统计划经济时代高度集权行政体制的是以给付行为为核心的权利性行政，以及以确认特定法律关系和法律事实为主要内容的确认性行政。此外，经济转轨推动的领域转型还包括行政民主与行政法治。行政民主的理念主张确立行政相对人的主体地位，同时行政主体也应尊重这一主体地位；行政法治意味着行政主体与行政相对人的法律地位平等。转型时期的时代背景使得简单的命令支配型行政模式已难以适应新形势的发展，从而给行政确认制度的确立提供了契机，其中大量的行政许可方式转变为行政确认便很好地体现了这一点。当前，我国行政体制的各个领域都已基本确立行政确认制度，已成为当代行政发展趋势之一。可以肯定的是，行政确认必将成为我国行政法学未来研究的重要课题。

四、行政确认的分类

（一）以确认形式进行分类

以确认形式进行分类，可将行政确认划分为确认、认定、认证、核实、登记等种类。

1. 确认

确认，是指对某一个人或组织的法律地位、权利义务关系和法律事实的状态进行的确定。例如，对土地所有权和使用权、承包经营权的确认，对林地、海域使用权的确认，对国有资产产权的确认，对违法行政行为的确认等，都属于确认的内容。

2. 认定

由国家认证认可监督管理机构在合法性以及相关标准、技术规范等方面对产品、服务、资质、资格等的评价和承认活动，我们称之为认定。例如，相关主管机构对专业人员或机构资格、驰名商标、动物疫情等方面的认定。

3. 认证

认证是一种评定行为。具体指由认证机构对产品、服务、管理体系是否符合相关技术规范或者标准行为，如对产品质量和食品生产经营企业的认证等。

4. 核实

核实，是指对外宣示经确认与重申的法律状态，如对地震震情的核实、对客户身份信息的核实、对初步审定并经公告的商标提出异议的核实等。但并非所有类似行为都属于核实，如行政许可的前置条件是对申请材料的核实，但这一环节并不属于核实。

5. 登记

登记的内容包括对土地使用权的登记，对已成立的法律关系，如涉外婚姻关系、收养关系的登记，对公司设立的登记等。登记，是指在相对人提出申请后，行政主体将其具体情况或事实记载在政府有关登记簿册，并依法予以确认的行为。

（二）从确认内容进行的分类

概括起来，行政确认的内容可以分为两个部分：一是法律关系，二是法律事实。

1. 法律关系

从本质上来说，行政确认中的法律关系也是权利义务关系，它关系着行政相对人的法律地位或利益。值得指出的是，这一法律关系在行政确认之前就业已存在，行政确认仅仅是对其状态进行确认而已，并不会影响法律关系的产生或消灭，或变更法律关系。行政确认的法律关系包括对林木所有权和林地使用权的确认、对自然资源所有权和使用权的确认、对收养关系的登记等。

2. 法律事实

行政确认中的法律事实，是指行政主体依据相关法律法规确定行政相对人的法律地位和权利义务的法律事实，包括法律事件和法律行为。例如，对涉外婚姻登记档案真实性的确认、对自然灾害所引起的危害事实的认定等。

这里的法律事实与客观事实的不同点在于：其一，作为行政确认对象的事实需要借助证据来证明，而证据本身就蕴含着法律评价。其二，这里的法律事实必须以法律规范作为前提，缺乏法律规范便不能成立。例如，法律上的因果关系事实就不能等同于自然界的因果关系，其认定很大程度上受规范目的的影响。其三，这些事实的确认与否关系到行政相对人的法律地位或权利义务，因而是一种特定的法律事实。

从行政确认的专业领域来看，主要分为以下几类：

第一，公安行政确认。主要包括对道路交通事故的认定、居民身份证明、户口登记以及机动车辆的登记等。

第二，司法行政确认。例如，对物权权属的确认、对司法鉴定机构的核准登记、对文物的认定等。

第三，民事行政确认。主要包括房地产转让或变更登记、收养关系登记、出生或死亡证明等。

第四，劳动行政确认。主要包括对城市居民失业状况的确认、对工伤职工生活状况的确认、工伤认定等。

第五，卫生行政确认。主要包括对食品卫生的确认、对药品的确认、对卫生执法人员的资格认定、对重大动物疫情的认定等。

第六，经济行政确认。主要包括对金融机构的设立登记、对不动产物权的预告登记、对土地所有权或使用权的确认等。

第七，教育行政确认。例如，对民办学校办学权的确认，对教师资格的认定等。

第三节　行政确认在涉外警务中的应用

学习目标

通过本节的学习，掌握出入境管理领域行政确认的内容及确认方法。了解国籍确认、涉外收养和涉外婚姻关系确认的基本程序和主要制度规定。

案例导入

2012年5月9日，德国人克鲁尔与自己的中国女友结束了7年恋爱长跑，决定在中国北京结婚。同时，他们还计划在两年后在北京某福利院领养一名中国孤儿作为自己的子女进行抚养。

问题：

1. 克鲁尔与女友办理涉外婚姻登记要具备哪些条件，需要提供哪些证明材料？

2. 克鲁尔夫妇收养中国孤儿需要完成哪些法律程序？

3. 克鲁尔收养的孤儿国籍如何确认？

请用本节知识分析该案例。

一、涉外收养关系确认

收养关系确认制度，是指县级以上人民政府的民政部门对收养人与被收养人之间的收养关系进行的确认行为，它以登记为标志。按照我国法律规定，收养应坚持平等、自愿原则，维护被收养人合法权益原则以及合法原则。

（一）收养关系的当事人及其限制条件

收养关系的当事人包括送养人、收养人、被收养人与行政机关。根据《中华人民共和国收养法》（以下简称《收养法》）的相关规定，各个当事人应满足的条件具体如下：

（1）作为收养对象的被收养人，应满足下列条件：①不满14周岁的未成年人；②丧失父母的孤儿；③查找不到生父母的弃婴和儿童；④生父母有特殊困难无力抚养的子女。

(2) 送养人包括：①孤儿的监护人；②社会福利机构；③有特殊困难无力抚养子女的生父母。

而根据《中华人民共和国收养法》第6条的规定，收养人应当同时具备下列条件方能收养：(1) 无子女；(2) 有抚养教育被收养人的能力；(3) 未患有在医学上认为不应当收养子女的疾病；(4) 年满30周岁。同时，根据《中华人民共和国收养法》第9条的规定，无配偶的男性收养女性的，收养人与被收养人的年龄应当相差40周岁以上。

此外，根据《收养法》第7条的规定，收养三代以内同辈旁系血亲的子女，可以不受本法第4条第3项、第5条第3项、第9条和被收养人不满14周岁的限制。华侨收养三代以内同辈旁系血亲的子女，还可以不受收养人无子女的限制。

(二) 收养关系的管辖机关

根据《中国公民收养子女登记办法》第3条的规定，收养关系确认的管辖机关，应当按照下列情况分别处理：

(1) 收养社会福利机构抚养的查找不到生父母的弃婴、儿童和孤儿的，在社会福利机构所在地的收养登记机关办理登记；

(2) 收养非社会福利机构抚养的查找不到生父母的弃婴和儿童的，在弃婴和儿童发现地的收养登记机关办理登记；

(3) 收养生父母有特殊困难无力抚养的子女或者由监护人监护的孤儿的，在被收养人生父母或者监护人常住户口所在地（组织作监护人的，在该组织所在地）的收养登记机关办理登记；

(4) 收养三代以内同辈旁系血亲的子女，以及继父或者继母收养继子女的，在被收养人生父或者生母常住户口所在地的收养登记机关办理登记。

(三) 收养关系的确认程序

收养关系涉及人身法律关系，且比较特殊，因而必须经过严格的审查登记程序。根据《中国公民收养子女登记办法》第4条至第7条规定，收养关系的具体程序如下：

1. 提交收养申请，并进行登记

根据《中国公民收养子女登记办法》第4条，收养人、送养人与被收养人应当亲自到收养登记机关办理收养关系的登记手续。夫妻共同收养子女的，应当共同到收养登记机关办理登记手续；若一方因故不能亲自前往，应当书面委托另一方办理登记手续。其中，委托书应当经过村民委员会或者居民委员会证明或者经过公证。

2. 提交相关材料

根据《中国公民收养子女登记办法》第5条，收养人应当向收养登记机关提交收养申请书和下列证件、证明材料：

（1）收养人的居民户口簿和居民身份证；

（2）由收养人所在单位或者村民委员会、居民委员会出具的本人涉外婚姻状况、有无子女和抚养教育被收养人的能力等情况的证明；

（3）县级以上医疗机构出具的未患有在医学上认为不应当收养子女的疾病的身体健康检查证明。

具体到特殊的收养关系，需要提供的资料分别包括：

（1）收养查找不到生父母的弃婴、儿童的，应当提交收养人经常居住地计划生育部门出具的收养人生育情况证明；

（2）收养非社会福利机构抚养的查找不到生父母的弃婴、儿童的，收养人还应当提交下列证明材料：

①收养人经常居住地计划生育部门出具的收养人无子女的证明；

②公安机关出具的捡拾弃婴、儿童报案的证明。

（3）收养继子女的，可以只提交居民户口簿、居民身份证和收养人与被收养人生父或者生母结婚的证明。

根据《中国公民收养子女登记办法》第6条的规定，送养人应当向收养登记机关提交下列证件和证明材料：

（1）送养人的居民户口簿、居民身份证。监护人是组织的，应提交其负责人的身份证件。

（2）送养应当征得其他有抚养义务的人同意，并提交其他有抚养义务的人同意送养的书面意见。

另外，提交的资料因送养人的身份不同而不同，具体说来，包括：

（1）社会福利机构为送养人的，应当提交弃婴、儿童进入社会福利机构的原始记录，公安机关出具的捡拾弃婴、儿童报案的证明，或者孤儿的生父母死亡或者宣告死亡的证明。

（2）送养人为监护人的，应当提交实际承担监护责任的证明；孤儿父母死亡或者宣告死亡的证明，或者被收养人生父母无完全民事行为能力并对被收养人有严重危害的证明。

（3）生父母为送养人的，应当提交与当地计划生育部门签订的不违反计划生育规定的协议；有特殊困难无力抚养子女的，还应当提交其所在单位或者村民委员会、居民委员会出具的送养人有特殊困难的证明。其中，因丧偶或者一方下落不明由单方送养的，还应当提交配偶死亡或者下落不明的证明；子女由三代以内同辈旁系血亲收养的，还应当提交公安机关出具的或者经过公证的与收养人有亲属关系的证明。

（4）被收养人是残疾儿童的，应当提交县级以上医疗机构出具的该儿童的残疾证明。

3. 审查登记

根据《中国公民收养子女登记办法》第 7 条的规定，收养登记机关收到收养登记申请书及有关材料后，应当自次日起在 30 日内进行审查。对符合收养法规定条件的，为当事人办理收养登记，发给收养登记证。收养关系自登记之日起成立；对不符合收养法规定条件的，不予登记，并对当事人说明理由。

收养关系作为法律关系的一种，其经确认后产生的法律后果包括：自收养关系成立之日起，养父母与养子女间的权利义务关系，适用法律关于父母子女关系的规定；养子女与养父母的近亲属间的权利义务关系，适用法律关于子女与父母的近亲属关系的规定。而养子女与生父母及其他近亲属间的权利义务关系，则因收养关系的成立而消除（《收养法》第 23 条）。

4. 外国人收养中国子女的程序

外国人身份特殊，对在华外国人的各项管理都具有涉外的特殊性质，因而需单独规定。外国人在中国收养子女有其特殊的程序，包括：根据《收养法》第 21 条的规定，外国人在中华人民共和国收养子女，必须经其所在国主管机关依照该国法律审查同意。收养人应当提供由其所在国主管机关出具的有关收养人的年龄、涉外婚姻、职业、财产、健康、有无受过刑事处罚等状况的证明材料，该证明材料必须同时经其所在国的外交机关或者外交机关授权的机构，以及我国驻该国使领馆认证。若收养关系当事人各方或者一方要求办理收养公证，则应当到国务院司法行政部门认定的具有办理涉外公证资格的公证机构办理收养公证。同时，收养人必须与送养人订立书面协议，并且亲自依照《中国公民收养子女登记办法》第 4 条至第 7 条所规定的程序向省级人民政府民政部门办理相应的登记手续。

【导入案例问题】

克鲁尔夫妇收养中国孤儿需要完成哪些法律程序？

【导入案例分析】

根据《收养法》规定，外国人在中华人民共和国收养子女，必须经其所在国主管机关依照该国法律审查同意。收养人应当提供由其所在国权威机构出具并经其所在国的外交机关或外交机关授权机构，以及我国驻该国使领馆认证的有关其年龄、涉外婚姻、职业、财产、健康、有无受过刑事处罚等状况的证明材料。若收养关系当事人各方或者一方要求办理收养公证，则应当到国务院司法行政部门认定的具有办理涉外公证资格的公证机构办理收养公证。同时，收养人必须与送养人订立书面协议，并且亲自依照《中国公民收养子女登记办法》第4条至第7条所规定的程序向省级人民政府民政部门办理相应的登记手续。

通过本节知识可知，由于克鲁尔是德国人这一特殊身份，他们所涉及的收养关系因而具有涉外性质。具体的程序包括：

第一，根据我国《收养法》规定，克鲁尔应经其所在国主管机关依照该国法律审查同意。

第二，克鲁尔夫妇应共同到收养登记机关提交收养申请，并进行法律登记。

第三，提交相关材料。克鲁尔应提供由其所在国主管机关出具的有关收养人的年龄、涉外婚姻、职业、财产、健康、有无受过刑事处罚等状况的证明材料，该证明材料必须同时经其所在国的外交机关或者外交机关授权的机构，以及我国驻该国使领馆认证。其妻子应提供居民户口簿和居民身份证；由其所在单位或者村民委员会、居民委员会出具的本人涉外婚姻状况、有无子女和抚养教育被收养人的能力等情况的证明；县级以上医疗机构出具的未患有在医学上认为不应当收养子女的疾病的身体健康检查证明，以及经常居住地计划生育部门出具的收养人生育情况证明。

第四，审查登记。因为克鲁尔夫妇收养的属于社会福利机构抚养的查找不到生父母的孤儿，所以需要在社会福利机构所在地北京的收养登记机关办理登记；若他们提供的证件属实，并符合我国《收养法》的相关规定，登记机关在30日内为当事人办理收养登记，发给收养登记证。收养关系自登记之日起成立；若不符合《收养法》规定条件的，则不予登记，并对他们说明理由。

二、涉外婚姻关系确认

与收养关系相同，涉外婚姻关系的确认也以登记为标志。涉外婚姻关系确认的当事人包括：符合法定条件的男女以及涉外婚姻登记机关。

（一）涉外婚姻关系登记原则

1. 自愿原则

男女双方必须是出于完全自愿，不得强迫，坚决禁止包办涉外婚姻。

2. 一夫一妻原则

禁止重婚，任何人不得以夫妻名义取得两个以上的配偶。

3. 男女平等原则

在登记结婚的过程中，男女在是否结婚的意向上必须完全平等，不得有任何歧视。

（二）结婚双方的法定条件

涉外婚姻关系确认的对象应是符合法定条件的，自愿成立涉外婚姻关系的男女之间。这里自愿结婚的男女均必须达到法定结婚年龄（男不得早于22周岁，女不得早于20周岁）。

（三）涉外婚姻确认关系的登记机关

根据《婚姻登记条例》第2条的规定，我国涉外婚姻确认关系的登记机关为：

（1）内地居民办理涉外婚姻登记的机关是县级人民政府民政部门或者乡（镇）人民政府。同时，省、自治区、直辖市人民政府也可以按照便民原则确定农村居民办理涉外婚姻登记的具体机关。

（2）省、自治区、直辖市人民政府民政部门或者省、自治区、直辖市人民政府民政部门确定的机关负责办理中国公民同外国人，内地居民同香港特别行政区居民（以下简称香港居民）、澳门特别行政区居民（以下简称澳门居民）、台湾地区居民（以下简称台湾居民）、华侨涉外婚姻登记。

（四）涉外婚姻关系登记程序

首先，男女双方必须到相应的登记机关办理登记。根据《涉外婚姻登记条例》第4条的规定，具体办理涉外婚姻登记的机关为：

（1）内地居民结婚的，男女双方应当共同到一方当事人常住户口所在地的涉外婚姻登记机关办理结婚登记。

（2）对于中国公民同外国人在中国内地结婚的，内地居民同香港居民、澳门居民、台湾居民、华侨在中国内地结婚的，首先男女双方应当共同到内地居民常住户口所在地的涉外婚姻登记机关办理结婚登记。

其次，提交相关材料。根据《涉外婚姻登记条例》第5条的规定，办理结婚登记应当提交的材料依办理对象不同而有所区别：

（1）内地居民办理结婚登记的，应当出具下列证件和证明材料：①本人的户口簿、身份证；②本人无配偶以及与对方当事人没有直系血亲和三代以内旁系血亲关系的签字声明。

（2）香港居民、澳门居民、台湾居民办理结婚登记的，应出具的证件和证明材料为：①本人的有效通行证、身份证；②经居住地公证机构公证的本人无配偶以及与对方当事人没有直系血亲和三代以内旁系血亲关系的声明。

（3）华侨办理结婚登记的，应当出具下列证件和证明材料：①本人的有效护照；②居住国公证机构或者有权机关出具的、经中华人民共和国驻该国使（领）馆认证的本人无配偶以及与对方当事人没有直系血亲和三代以内旁系血亲关系的证明，或者中华人民共和国驻该国使（领）馆出具的本人无配偶以及与对方当事人没有直系血亲和三代以内旁系血亲关系的证明。

（4）外国人办理结婚登记的，应当出具下列证件和证明材料：①本人的有效护照或者其他有效的国际旅行证件；②所在国公证机构或者有权机关出具的、经中华人民共和国驻该国使（领）馆认证或者该国驻华使（领）馆认证的本人无配偶的证明，或者所在国驻华使（领）馆出具的本人无配偶的证明。

最后，审查登记。涉外婚姻登记机关在对结婚登记当事人出具的证件、证明材料进行审查并询问相关情况后，对符合结婚条件的，当场予以登记，发给结婚证；对不符合结婚条件的则不予登记，并向当事人说明理由。其中，不符合结婚条件的情况有：①未到法定结婚年龄的；②非双方自愿的；③一方或者双方已有配偶的；④属于直系血亲或者三代以内旁系血亲的；⑤患有医学上认为不应当结婚的疾病，婚后尚未治愈的；⑥重婚的。

（五）涉外婚姻关系确认的法律效力

男女双方经涉外婚姻机关登记后正式确立夫妻关系，适用法定夫妻关系之间相关的权利与义务。

【导入案例问题】

1. 克鲁尔与女友办理涉外婚姻登记要具备哪些条件，需要提供哪些证件？
2. 克鲁尔收养的孤儿国籍如何确认？

【导入案例分析】

根据我国现行法律规定，涉外婚姻登记归所在省民政机关管理；此外，《涉外婚姻登记条例》规定中国公民与外国人办理结婚，要求外国人出具本人的有效护照或者其他有效的国际旅行证件，所在国公证机关或有权机关出具的经我国驻该国使（领）馆认证或该国驻华使（领）馆认证的“单身”证明，所在国驻华使（领）馆单独出具的“单身”证明也同样有效。通常而言，外国留学生中的中专、大专和本科学生在校学习期间不得结婚。其他学生（进修生、研究生等）申请与中国公民结婚的，除持有上述证明外，还须持有所在院校的学业证明；离婚的外国人要申请与中国公民再婚的，需提供本人的离婚证件或配偶死亡证明。其中，离婚证件需经我国驻该国使（领）馆认证，或由该国使领馆直接认证。

与此同时，克鲁尔的女友还需出具本人户籍证明（户口簿、身份证），以及本人所在工作单位或城市街道办事处，农村乡（镇）人民政府出具的涉外婚姻状况证明。由此可知，克鲁尔需要出具的证件包括：

(1) 本人护照或其他身份、国籍证件；

(2) 我公安机关签发的《外国人居留证件》或外事部门颁发的身份证件，或临时来华的入境、居留证件；

(3) 经本国外交部（或外交部授权机关）和我驻该国使、领馆认证的由本国公证机关出具的涉外婚姻状况证明；或该国驻华使、领馆出具的涉外婚姻状况证明。

另外，他们还须提交涉外婚姻登记机关指定医院出具的婚前健康检查证明。

关于克鲁尔夫妇收养的孤儿的国籍问题，按照我国《国籍法》第4条规定：“父母双方或一方为中国公民，本人出生在中国，具有中国国籍。”第6条规定：“父母无国籍或国籍不明，定居在中国，本人出生在中国，具有中国国籍。”具体到本案中，虽然该孤儿的父母身份不明，但可以确定的是其出生在中国，因此，经克鲁尔夫妇申请，其可以取得中国国籍。

另外，《国籍法》第3条规定：“中华人民共和国不承认中国公民具有双重国籍。”若克鲁尔夫妇将来要定居在德国，并且已申请获得德国国籍，其便自动退出中国国籍。

本章小结

国籍，是指一个人隶属于某国的法律资格或法律身份，特指国家与公民之间包括权力、权利、义务等内容特定的法律关系。

行政确认是国家进行行政管理的重要手段之一，属于行政决定的一种，指行政主体在审查、认定既存的法律事实和法律关系后，宣示其法律效力的行政行为。它是其他行政主体得以作出其他行政行为的前提和依据。

收养关系确认制度，是指县级以上人民政府的民政部门对收养人与被收养人之间的收养关系进行的确认行为，它以登记为标志。按照我国法律规定，收养应坚持平等、自愿原则，维护被收养人合法权益原则以及合法原则。

【本章主要法律依据】

1.《中华人民共和国民法典》（2020 年 5 月 28 日第十三届全国人民代表大会第三次会议通过）。本章主要依据《民法典》关于涉外婚姻的条款第 1050 条、第 1052 条、第 1063 条。

2.《中华人民共和国文物保护法》（1982 年 11 月 19 日第五届全国人民代表大会常务委员会第二十五次会议通过，根据 1991 年 6 月 29 日第七届全国人民代表大会常务委员会第二十次会议《关于修改〈中华人民共和国文物保护法〉第三十条、第三十一条的决定》第一次修正，2002 年 10 月 28 日第九届全国人民代表大会常务委员会第三十次会议修订，根据 2007 年 12 月 29 日第十届全国人民代表大会常务委员会第三十一次会议《关于修改〈中华人民共和国文物保护法〉的决定》第二次修正，根据 2013 年 6 月 29 日第十二届全国人民代表大会常务委员会第三次会议《关于修改〈中华人民共和国文物保护法〉等十二部法律的决定》第三次修正，根据 2015 年 4 月 24 日第十二届全国人民代表大会常务委员会第十四次会议《关于修改〈中华人民共和国文物保护法〉的决定》第四次修正，根据 2017 年 11 月 4 日第十二届全国人民代表大会常务委员会第三十次会议《关于修改〈中华人民共和国会计法〉等十一部法律的决定》第五次修正）。本章主要依据《文物保护法》第二十七条。

3. 民政部《中国公民收养子女登记办法》（1999 年 5 月 12 日国务院批准 1999 年 5 月 25 日民政部令第 14 号发布，根据 2019 年 3 月 2 日《国务院关于修改部分行政法规的决定》修订)。本章依据《登记办法》第2~7条、第9条。

4. 海关总署《中华人民共和国海关行政赔偿办法》(2003年3月14日署务会审议通过，自2003年5月1日起施行)。本章依据《海关行政赔偿办法》第36条。

5. 司法部《司法鉴定机构登记管理办法》(根据《全国人民代表大会常务委员会关于司法鉴定管理问题的决定》第16条规定，《司法鉴定机构登记管理办法》已经国务院批准，于2005年9月30日公布施行)。本章依据《司法鉴定机构登记管理办法》第3条。

6. 公安部《公安机关鉴定机构登记管理办法》(2005年11月7日公安部部长办公会议通过，自2006年3月1日起施行，修订后的《公安机关鉴定机构登记管理办法》已经2019年11月11日公安部部务会议通过，自2020年5月1日起施行)。本章依据《公安机关鉴定机构登记管理办法》第4条。

7. 公安部《公安机关鉴定人登记管理办法》(2005年11月7日公安部部长办公会议通过，自2006年3月1日起施行)。本章依据《公安机关鉴定人登记管理办法》第4条。

8. 公安部《道路交通事故处理程序规定》(修订后的《道路交通事故处理程序规定》已经2017年6月15日公安部部长办公会议通过，自2018年5月1日起施行)。本章依据《道路交通事故处理程序规定》第24条。

9.《最高人民法院关于规范行政案件案由的通知》(法发［2004］2号)。

10.《中华人民共和国国籍法》(1980年9月10日第五届全国人民代表大会第三次会议通过)。

11.《中华人民共和国高等教育法》(1998年8月29日第九届全国人民代表大会常务委员会第四次会议通过，根据2015年12月27日第十二届全国人民代表大会常务委员会第十八次会议《关于修改〈中华人民共和国高等教育法〉的决定》一次修正，根据2018年12月29日第十三届全国人民代表大会常务委员会第七次会议《关于修改〈中华人民共和国电力法〉等四部法律的决定》第二次修正)。本章依据《高等教育法》第46条。

12.《中华人民共和国民办教育促进法》(2002年12月28日第九届全国人民代表大会常务委员会第三十一次会议通过，根据2013年6月29日第十二届全国人民代表大会常务委员会第三次会议《关于修改〈中华人民共和国文物保护法〉等十二部法律的决定》第一次修正，根据2016年11月7日第十二届全国人民代表大会常务委员会第二十四次会议《关于修改〈中华人民共和国民办教育促进法〉的决定》第二次修正，根据2018年12月29日第十三届全国人民代表大会常务委员会第七次会议《关于修改〈中华人民共和国劳动法〉等七部法律的决定》第三次修正）。本章依据《民办教育促进法》第18条。

13.《中华人民共和国民法典》（2020年5月28日第十三届全国人民代表大会第三次会议通过）。本章主要依据《民法典》关于收养的条款第1044、第1093条、第1099条、第1102条、第1104条、第1105条。

14.《中华人民共和国行政复议法》（1999年4月29日第九届全国人民代表大会常务委员会第九次会议通过，根据2009年8月27日第十一届全国人民代表大会常务委员会第十次会议《关于修改部分法律的决定》第一次修正，根据2017年9月1日第十二届全国人民代表大会常务委员会第二十九次会议《关于修改〈中华人民共和国法官法〉等八部法律的决定》第二次修正）。本章依据《行政复议法》第28条。

15.《中华人民共和国居民身份证法》（2003年6月28日第十届全国人民代表大会常务委员会第三次会议通过，2003年6月28日中华人民共和国主席令第四号公布，根据2011年10月29日第十一届全国人民代表大会常务委员会第二十三次会议《关于修改〈中华人民共和国居民身份证法〉的决定》修正）。本章依据《居民身份证法》第14条。

16.《中华人民共和国行政许可法》（2003年8月27日第十届全国人民代表大会常务委员会第四次会议通过）。本章依据《行政许可法》第34条。

17.《中华人民共和国民法典》（2020年5月28日第十三届全国人民代表大会第三次会议通过）。本章主要依据《民法典》关于涉外婚姻的条款第1046~1049条、第1051~1052条、第1054条。

【热点链接】

两年前，以越南新娘为焦点的外籍新娘、网络团购越南新娘等事件一度备受关注。而据报道，近年来，在中国的柬埔寨籍新娘的数量也超过了150个，而且还在飙升。[①] 这些国家的妇女大多数认为中国男人都很富有，迫于生活压力和对于幸福的向往，而嫁到中国，这也使得她们更易受到人贩子的拐骗。据报道，每卖出一位新娘，人贩子便可拿到10000元到15000元的利润。

---

① 根据柬埔寨人权机构报告，截至2014年，有超过150名柬埔寨新娘被困在中国。

早在1994年国务院办公厅就下发了《关于加强涉外婚姻介绍管理的通知》，明确规定未经许可任何个人或组织都不得从事涉外婚姻介绍活动，不得采取欺骗手段或以营利为目的从事或变相从事涉外婚姻介绍活动。[①]

因此，对于此类未经法定程序办理，而是经非法的涉外婚姻中介机构或个人介绍的非法涉外婚姻，双方一旦发生纠纷，都很难获得法律保护。特别是对于那些离乡背井的外籍妇女来说，更是很难争取自身的权益（2015-02-10，人民网）。

【案例】

来自柬埔寨的Khai是众多被贩卖到中国的跨国新娘之一。受其叔叔怂恿，她被所谓的优越生活所吸引，便同意嫁到中国。经人贩子介绍，她嫁到了比柬埔寨更偏远、贫穷的地方，她不懂中文，对丈夫的年龄等更是一无所知。登记结婚后，除承担繁重的家务外，还经常遭受殴打。而Khai只是被贩卖到中国的外国新娘的一个缩影（2015-02-10，人民网）。

问题：

1. 涉外婚姻的登记程序包括哪些？
2. 请结合本章内容讨论如何有效应对跨境贩卖外国新娘问题？

① http://baike.baidu.com/link?url=b6ClzDHR6QgrDHPv72Z37uOLG6eFAW 5HisUo GH Nah 3ztg6z-EP75mG 8jPmiUZ7NLQWWrPMC5rgL_vuFKGr1vZ-7y53oWoCccKR1obwlmfcu.

第五章　出入境边防检查

学习目标

通过学习出入境边防检查制度概念、特征、程序、法律责任等内容，了解出入境边防检查制度；了解出入境边防检查制度的特点和适用范围。

案例导入

英国人约翰在北京首都机场入境时，边防检查人员怀疑其持有的护照是伪造的，对其进行现场盘问，并拒绝其入境，要求其返回所属国家。约翰在限制区域内活动，却久久未离开我国国境，并提出进行行政复议，要求边防检查机关撤销禁止其入境的决定，并对这一行为赔偿损失。

问题：对于案例中阐述事项，请问边防机关是否可以对约翰进行现场盘问？边防机关针对约翰应该采取何种措施？如果经过查验证件，确定约翰是持有伪造护照入境，该如何处理？约翰被拒绝入境是否有申请复议的权利？

第一节　出入境边防检查概述

出入境边防检查，又称“边防检查”，广义的概念为，“出入境边防检查是国家通过设在对外开放口岸的出入境边防检查机关依法对出入境人员、交通运输工具及其携带、载运的行李物品、货物等实施检查、监督的一种行政管理活动。”它是维护国家主权、保卫国家安全、方便合法出入境的必要手段，是出入境管理工作的一个重要组成部分。①

一、出入境边防检查实施主体

中国现行的出入境管理办法借鉴的是苏联的经验和模式，即由公安出入境管

① 姜明安．行政法与行政诉讼法［M］．北京：法律出版社，2000.

理部门、出入境边防检查部门、地方外事部门、港务监督及中国驻外使（领）馆等部门组成我国现行的出入境管理体系和序列，从不同方面共同行使着出入境管理职能。2018 年国家移民局成立后，出入境管理局和地方各级公安机关出入境管理处负责中国公民因私出入境活动，在国内受理持普通护照的外国人入境、出境、过境的签证和居留申请；外交部或外交部授权的地方外事部门负责中国公民因公务出入境活动，在国内受理持外交、公务护照的外国人入境、出境、过境的签证和居留申请；港务监督局或其授权的港务监督负责办理海员的出入境证件；中国驻外国的使（领）馆或外交部授权的其他驻外机关负责在境外的中国公民护照、证件的申领，以及在国外受理外国人入境、过境的申请；各开放口岸的边防出入境检查部门负责中国人、外国人的出入境检查。①

由此可见，我国的出入境管理体制中，出入境证件的审批、签发与出入境证件的边防检查分别由不同部门、不同行政主体承担。

出入境证件的审批、签发主体比较多，根据公民身份的不同分别有外交部、交通运输部、公安部。实际上，由于我国人多地广，科技管理手段相对落后，中央政府未能实现完全的垂直管理，而是授权给地方政府代为办理具体事务。比如，上海地区公民非公务出国，所持护照、证件由公安部授权给上海市公安局出入境管理局审批签发，因此，上海市公安局出入境管理局是审批签发护照、证件并独立负担由此产生的权利、义务和责任的行政主体。

出入境边防检查的客体，是指出入境边防检查法律关系主体的权利义务所指向的标的或对象。

二、出入境边防检查的客体

（一）人员

人员出入境是国际交往中最基本的行为之一，对出入境的中国公民和外国人实施检查是边防检查站的一项主要任务。任何中国公民、外国人出入中国国境时必须向边防检查站出示本人的护照或其他出入境证件及签证，接受查验，经检验核准加盖验讫章后出入境。出入境人员不得拒绝查验，否则，边防检查站将有权阻止其出入境。

① 江必新．论行政许可的性质［J］．行政法学研究，2004（2）：1-5。

(二) 交通运输工具

对交通运输工具实施边防检查是边防检查站的重要职责之一。“与海关、检验检疫对交通运输工具的检查相比，边防检查站对交通运输工具的检查侧重于维护国家安全方面。”①

(三) 行李物品、货物

边防检查站可以对出入境人员所携带的行李物品和出入境交通运输工具所载运的货物进行检查。这一检查是对出入境人员和交通运输工具检查的辅助手段，所以在实际工作中，对行李物品、货物的检查不是普遍检查，而是依据需要实施的重点检查。“边防检查机关实施行李物品、货物检查，与海关有本质上的区别。海关的检查与监管为的是维护国家的经济利益，边防检查的检查则主要是为维护国家的政治利益。”②

三、出入境边防检查行政行为的法律特征

(一) 职权性

“行政行为按其启动方式，可分为依职权的行政行为和依申请的行政行为。依职权行政行为是行政主体依法定职权主动实施而无须行政相对人申请启动的行政行为，也叫主动行政行为或积极行政行为，行政检查都是行政机关积极主动采取的行为，因而具有职权性，和行政许可等相区别。”出入境边防检查是出入境边防检查主体依职权的行政行为，这有别于“出入境行政许可”行为中行政相对人的出境申请。“出入境行政许可”是依行政相对人申请而启动的，表现为相对人按照规定填写出境、入境登记卡，向边防检查站交验本人有效护照或者其他出境、入境证件的行为，但是为获悉行政相对人是否符合出境条件、是否有不准出境的情形，而启动“出入境边防检查”行为却是出入境边防检查站根据法律的规定依职权积极主动而为。

(二) 单方性

由于出入境边防检查是边防检查站依职权的行政行为，它的启动无须征得相

① 朱其良．关于出入境管理行政强制措施的探讨［J］．广西警官高等专科学校学报，2005，69（1）：10-12.

② ①柏晓明．加入 WTO 公民出入境管理制度面临的冲击及法律对策［J］．吉林公安高等专科学校学报，2002（2）：64-67.

对人同意，因而从参与行政行为意思表示的主体是单方还是双方来看，它是单方面行政行为。这一点应与行政委托、行政合同等相区别。

（三）直接性

“行政检查的对象主要是人、物、场所，不管是针对哪种对象的行政检查，都直接面对被检查的对象进行，而不是通过第三方进行。”出入境边防检查是出入境边防检查主体直接进行的检查，人证相对照是主要的检查方式，有条件的地方还通过指纹、眼角膜等方式进行人证是否相符的检查，但无论采用什么方式都是直接针对被检查对象进行的。

（四）强制性

正因为出入境边防检查具有单方性，排除相对人的意思参与，又具有直接性，是和被检查对象面对面的检查，直接限制了相对人的权利义务，极易引起相对人的反感甚至抵制，所以出入境边防检查必须具有强制性。这一点在出入境立法上也有所体现，不接受具有强制性的出入境边防检查，相对人将会承担不利的法律后果。例如，《中华人民共和国出境入境边防检查条例》第 8 条规定：“出境、入境的人员有下列情形之一的，边防检查站有权阻止其出境、入境……”

拒绝接受边防检查的，行政相对人会受到行政处罚，如《中华人民共和国出境入境边防检查条例》第 37 条规定，交通运输工具有下列情形之一的，对其负责人处以 1 万元以上 3 万元以下的罚款……未按照规定向边防检查站申报员工、旅客和货物情况的，或者拒绝协助检查的……①

【案例】

一名从韩国旅行回来的中国游客在返回国内时，因边防检查人员怀疑其与所持护照照片严重不符，要求对其进行进一步核查，遭到该游客的反对。她认为边防人员的检查侵害了其人身自由权，拒绝接受边防检查。

问题：边检机关的行为是否具有合法性？

【案例分析】

第一，出入境边防检查是行政主体依法定职权主动实施，具有职权性，不需经过对方同意。第二，行政检查的对象主要是人、物、场所，不管是针对哪种对象的行政检查，都由执法主体直接面对被检查的对象进行。出入境边防检查是出入境边防检查主体直接进行的检查，人证相对照是主要的检查方式，有条件的地

① 石磊．出入境边防检查制度研究［D］．上海：复旦大学，2008.

方还通过指纹、眼角膜等方式进行人证是否相符的检查，但无论采用什么方式都是直接针对被检查对象进行的。当执法主体发现人证不符的情况，是可以要求进一步核查的。第三，强制性。出入境边防检查对检查对象面对面的检查，虽然极易引起相对人的反感甚至抵制，但是出入境边防检查必须具有强制性，检查程序直接限制了相对人的权利义务。如果查验主体不接受具有强制性的出入境边防检查，相对人将会承担不利的法律后果。

四、法律依据

《出境入境管理法》第七章法律责任规定的行政处罚，除另有规定外，由县级以上地方人民政府公安机关或者出入境边防检查机关决定；其中警告或者5000元以下罚款；可以由县级以上地方人民政府公安机关出入境管理机构决定。

《出境入境管理法》第71条规定："有下列行为之一的，处一千元以上五千元以下罚款；情节严重的，处五日以上十日以下拘留，可以并处二千元以上一万元以下罚款：（一）持用伪造、变造、骗取的出境入境证件出境入境的；（二）冒用他人出境入境证件出境入境的；（三）逃避出境入境边防检查的；（四）以其他方式非法出境入境的。"

《出境入境管理法》第72条规定："协助他人非法出境入境的，处二千元以上一万元以下罚款；情节严重的，处十日以上十五日以下拘留，并处五千元以上二万元以下罚款，有违法所得的，没收违法所得。单位有前款行为的，处一万元以上五万元以下罚款，有违法所得的，没收违法所得，并对其直接负责的主管人员和其他直接责任人员依照前款规定予以处罚。"

《出境入境管理法》第73条规定："弄虚作假骗取签证、停留居留证件等出境入境证件的，处二千元以上五千元以下罚款；情节严重的，处十日以上十五日以下拘留，并处五千元以上二万元以下罚款。单位有前款行为的，处一万元以上五万元以下罚款，并对其直接负责的主管人员和其他直接责任人员依照前款规定予以处罚。"

《出境入境管理法》第76条规定："有下列情形之一的，给予警告，可以并处二千元以下罚款：（一）外国人拒不接受公安机关查验其出境入境证件的；（二）外国人拒不交验居留证件的；（三）未按照规定办理外国人出生登记、死亡申报的；（四）外国人居留证件登记事项发生变更，未按照规定办理变更的；（五）在中国境内的外国人冒用他人出境入境证件的；（六）未按照本法第三十九条第二款规定办理登记的。旅馆未按照规定办理外国人住宿登记的，依照《中华人民共和国治安管理处罚法》的有关规定予以处罚；未按照规定向公安机关报送外国人住宿登记信息的，给予警告；情节严重的，处一千元以上五千元以下罚款。”

交通运输工具相关处罚：《出境入境管理法》第 83 条规定：“交通运输工具有下列情形之一的，对其负责人处五千元以上五万元以下罚款：（一）未经查验准许擅自出境入境或者未经批准擅自改变出境入境口岸的；（二）未按照规定如实申报员工、旅客、货物或者物品等信息，或者拒绝协助出境入境边防检查的；（三）违反出境入境边防检查规定上下人员、装卸货物或者物品的。出境入境交通运输工具载运不准出境入境人员出境入境的，处每载运一人五千元以上一万元以下罚款。交通运输工具负责人证明其已经采取合理预防措施的，可以减轻或者免予处罚。”第 84 条规定：“交通运输工具有下列情形之一的，对其负责人处二千元以上二万元以下罚款：（一）中国或者外国船舶未经批准擅自搭靠外国船舶的；（二）外国船舶、航空器在中国境内未按照规定的路线、航线行驶的；（三）出境入境的船舶、航空器违反规定驶入对外开放口岸以外地区的。”

履行出镜入境管理职责的人员：《出境入境管理法》第 85 条规定：“履行出境入境管理职责的工作人员，有下列行为之一的，依法给予处分：（一）违反法律、行政法规，为不符合规定条件的外国人签发签证、外国人停留居留证件等出境入境证件的；（二）违反法律、行政法规，审核验放不符合规定条件的人员或者交通运输工具出境入境的；（三）泄露在出境入境管理工作中知悉的个人信息，侵害当事人合法权益的；（四）不按照规定将依法收取的费用、收缴的罚款及没收的违法所得、非法财物上缴国库的；（五）私分、侵占、挪用罚没、扣押的款物或者收取的费用的；（六）滥用职权、玩忽职守、徇私舞弊，不依法履行法定职责的其他行为。”

处罚权限：《出境入境管理法》第 86 条规定：“对违反出境入境管理行为处五百元以下罚款的，出入境边防检查机关可以当场作出处罚决定。”

罚款的收缴：《出境入境管理法》第 87 条规定：“对违反出境入境管理行为处罚款的，被处罚人应当自收到处罚决定书之日起十五日内，到指定的银行缴纳罚款。被处罚人在所在地没有固定住所，不当场收缴罚款事后难以执行或者在口岸向指定银行缴纳罚款确有困难的，可以当场收缴。”

五、边防检查基本程序

目前我国的出入境口岸对进出国境的人员、货物实施检查的机构主要是边防检查机关和海关。海关主要负责对出入境货物交纳关税情况、禁止限制进出口物品情况等进行监督管理，打击走私等严重危害国家主权和经济利益的犯罪。出入境边防检查则主要是通过对出入国边境人员、交通运输工具及其携带、载运的物品的检查，查缉偷渡、走私枪支弹药、贩毒等危害国家主权、安全和社会秩序的违法犯罪行为，维护正常的出入境秩序。

《出境入境管理法》对边防检查程序有如下规定：

1. 当场盘问

对涉嫌违反出境入境管理的人员，可以当场盘问；经当场盘问，有下列情形之一的，可以依法继续盘问：（1）有非法出境入境嫌疑的；（2）有协助他人非法出境入境嫌疑的；（3）外国人有非法居留、非法就业嫌疑的；（4）有危害国家安全和利益，破坏社会公共秩序或者从事其他违法犯罪活动嫌疑的。当场盘问和继续盘问应当依据《中华人民共和国人民警察法》规定的程序进行。

2. 传唤

县级以上地方人民政府公安机关或者出入境边防检查机关需要传唤涉嫌违反出境入境管理的人员的，依照《中华人民共和国治安管理处罚法》的有关规定执行。

3. 拘留审查

《出境入境管理法》第60条规定："外国人有本法第五十九条第一款规定情形之一的，经当场盘问或者继续盘问后仍不能排除嫌疑，需要作进一步调查的，可以拘留审查。实施拘留审查，应当出示拘留审查决定书，并在二十四小时内进行询问。发现不应当拘留审查的，应当立即解除拘留审查。拘留审查的期限不得超过三十日；案情复杂的，经上一级地方人民政府公安机关或者出入境边防检查机关批准可以延长至六十日。对国籍、身份不明的外国人，拘留审查期限自查清其国籍、身份之日起计算。"第61条第1款规定："外国人有下列情形之一的，不适用拘留审查，可以限制其活动范围：（一）患有严重疾病的；（二）怀孕或者哺乳自己不满一周岁婴儿的；（三）未满十六周岁或者已满七十周岁的；（四）不宜适用拘留审查的其他情形。"

4. 限制活动

被限制活动范围的外国人，应当按照要求接受审查，未经公安机关批准，不得离开限定的区域。限制活动范围的期限不得超过 60 日。对国籍、身份不明的外国人，限制活动范围期限自查清其国籍、身份之日起计算。

5. 遣送出境

《出境入境管理法》第 62 条规定：“外国人有下列情形之一的，可以遣送出境：（一）被处限期出境，未在规定期限内离境的；（二）有不准入境情形的；（三）非法居留、非法就业的；（四）违反本法或者其他法律、行政法规需要遣送出境的。其他境外人员有前款所列情形之一的，可以依法遣送出境。被遣送出境的人员，自被遣送出境之日起一至五年内不准入境。”

6. 羁押

《出境入境管理法》第 63 条规定：“被拘留审查或者被决定遣送出境但不能立即执行的人员，应当羁押在拘留所或者遣返场所。”

7. 法律救济

《出境入境管理法》第 64 条规定：“外国人对依照本法规定对其实施的继续盘问、拘留审查、限制活动范围、遣送出境措施不服的，可以依法申请行政复议，该行政复议决定为最终决定。其他境外人员对依照本法规定对其实施的遣送出境措施不服，申请行政复议的，适用前款规定。”

8. 人身检查

《出境入境管理法》第 66 条规定：“根据维护国家安全和出境入境管理秩序的需要，必要时，出入境边防检查机关可以对出境入境的人员进行人身检查。人身检查应当由两名与受检查人同性别的边防检查人员进行。”

9. 证件检查

《出境入境管理法》第 67 条规定：“签证、外国人停留居留证件等出境入境证件发生损毁、遗失、被盗抢或者签发后发现持证人不符合签发条件等情形的，由签发机关宣布该出境入境证件作废。伪造、变造、骗取或者被证件签发机关宣布作废的出境入境证件无效。公安机关可以对前款规定的或被他人冒用的出境入境证件予以注销或者收缴。”

10. 扣押

《出境入境管理法》第 68 条规定：“对用于组织、运送、协助他人非法出境入境的交通运输工具，以及需要作为办案证据的物品，公安机关可以扣押。对查获的违禁物品，涉及国家秘密的文件、资料以及用于实施违反出境入境管理活动的工具等，公安机关应当予以扣押，并依照相关法律、行政法规规定处理。”第69条规定：“出境入境证件的真伪由签发机关、出入境边防检查机关或者公安机关出入境管理机构认定。”

【导入案例分析】

1. 对于案例中阐述事项，请问边防机关是否可以针对约翰进行现场盘问?

分析：可以，根据《出境入境管理法》第59条规定，对于涉嫌违反出境入境的人员可以现场盘问，经现场盘问，有第59条规定的四种情况的可继续盘问。由于约翰具有持有伪造护照的嫌疑，因此边防管理机关有对其进行当场盘问的权力（当场盘问和继续盘问应当依据《中华人民共和国人民警察法》规定的程序进行）。

2. 如果经过查验证件，确定约翰是持有伪造护照入境的，该如何处理?

分析：《出境入境管理法》第62条有明确规定，被处限期离境的，在规定期限内未离境的，可以遣送出境。执法机关认定其持有护照为伪造护照，并拒绝其入境符合我国主权规定；约翰在未被准许进入我国国境之后，出入境机关要求其限期内离境，若未离境，则可以驱逐出境。

3. 约翰被拒绝入境是否有申请复议的权利?

分析：《出境入境管理法》第64条规定：“外国人对依照本法规定对其实施的继续盘问、拘留审查、限制活动范围、遣送出境措施不服的，可以依法申请行政复议，该行政复议决定为最终决定。其他境外人员对依照本法规定对其实施的遣送出境措施不服，申请行政复议的，适用前款规定。”

然而，本导入案例中，对于我国边防机关限制其入境的决定，不需要说明理由，因为出入境管理权是我国的主权表现形式之一，边防机关不需要说明其理由。因约翰不能在限制期限内离境，所以我国公安机关可以将其遣送出境。

第二节　出入境边防检查理论基础

学习目标

通过本节的学习，了解和掌握出入境边防检查中常用的强制措施及其实施程序，加深对出入境边防检查制度的理解。

案例导入

2006年9月，深圳市公安局出入境管理处及宝安公安分局联合查处了一起外籍人士非法就业，恶意在华非法居留的案件。当事人山姆·夏普，加拿大籍，在没有办理任何注册或营业执照变更和未取得就业证或专家证的情况下，在该市宝安区租赁教室，私自成立外语培训中心，非法从社会招收女青年进行英语培训。同时，在山姆·夏普私自担任英语教师的7年中，从未到临时居住地派出所申报住宿登记，并拒绝接受辖区民警的上门走访。山姆·夏普的行为已违反《中华人民共和国外国人入境出境管理法实施细则》（已失效）第44条第1款规定和第32条规定的行为。2006年7月21日，宝安公安分局依法对山姆·夏普处以罚款1500元的决定，并注销其原有签证，取消在华居留资格，限定其于2006年8月14日前离境的决定。但是，山姆·夏普拒绝在行政处罚决定书上签名，也未按要求缴纳罚款，拒绝前来市公安局出入境管理处领取护照和新签证，并且对市公安局出入境管理处的两次传唤都拒不到案。基于山姆·夏普藐视中国法律，严重扰乱正常出入境秩序的恶劣行为，8月30日，市公安局出入境管理处及宝安分局的民警依法对其进行强制传唤，并予以拘留审查，并于10月将其遣送出境。

问题：本案应如何处置？

一、行政强制措施的概念

行政强制行为，简称行政强制，是“行政强制措施”与“行政强制执行”的合称，系指国家行政机关为了实施行政管理，维护行政秩序，预防与制止社会危害事件与违法行为的发生与存在，依照法律、法规规定，针对特定公民、法人或者其他组织的人身、行为及财产进行约束与处置，或在当事人拒不履行业已生效的行政决定的条件下，国家行政机关或人民法院，依法对负有履行义务的当事人采用有关强制手段，迫使其履行义务，或者达到与履行义务相同状态的强制性行为。行政强制的法律特征具有广泛性，这里限于阐述两个最为突出的特征，即强制性与实力性。

所谓强制性，系指行政强制行为本身含有“强迫”之特质，若当事人不容忍这种强制行为，将必然招致对其不利的后果。

所谓实力性，系指行政强制行为是物理性行为，表现为一种看得见、摸得着的动作。

二、行政强制措施的特征

行政强制措施系指国家行政机关为了维护和实施行政管理秩序，预防与制止社会危害事件与违法行为的发生与存在，依照法律、法规规定，针对特定公民、法人或者其他组织的人身、行为及财产进行临时约束或处置的限权性强制行为。

行政强制措施作为一种独立的行政行为，又作为行政强制的一个构成部分，具有下列法律特征：

第一，强制性。它意味着当行政机关实施行政强制措施时，相对人负有容忍的义务，否则要承担法律后果。

第二，非处分性。在行政强制措施中，无论作为基础性的有关强制措施的行政决定，还是对这一决定的执行，都不具有“处分性”。

第三，临时性。任何行政强制措施都是一种中间行为，而不是最终行为，因而具有临时性，如扣押、冻结、暂扣证照等，都是一种临时性的保障措施，不是最终的目的。

第四，实力性。行政强制措施以做出物理性的动作为特征，如对人身的强制约束。

三、行政强制措施的分类

根据行政强制措施的功能可以将其分成七类：检查性措施、保全性措施、处分性措施、执行性措施、惩罚性措施、即时强制措施、其他措施。但有两个问题需要说明：一是各种措施形式功能上有交叉；二是“执行性措施”大多属于“行政强制执行”类行为，而不是“行政强制措施”类行为。

所谓行政强制执行，系指行政机关或人民法院，对于拒不履行已经生效的行政行为所确定的义务的公民、法人或其他组织，实施强制手段，以达到义务被履行或与该义务被履行相同状态的各种行为。

行政强制执行应该具有下列法律特征：

第一，行政强制执行是由行政机关或人民法院实施的强制执行行为。这是执行主体上的特征，说明中国行政强制执行的实施机关是行政机关和人民法院。

第二，行政强制执行是对行政行为的执行。这是执行内容上的特征，说明执行的内容是行政行为（如行政处罚决定）所确定的义务，而不是其他行为（如司法判决）所确定的义务。行政强制执行中的“行政”性，最关键是体现在这一点上。

第三，行政强制执行是对行政相对人所实施的强制执行。这是执行对象上的特征，说明中国的行政强制执行是指管理方（行政机关）或裁判方（人民法院）对被管理方（作为行政相对人的公民、法人或其他组织）所实施的强制执行。

第四，行政强制执行以相对人逾期不履行已经生效的行政行为所确定的义务为前提。这是执行发动条件上的特征，说明在行政行为尚未生效并且相对人又未逾期不履行该行政行为所确定的义务时，行政强制执行便不能发动。

根据强制执行的主体，行政强制执行可以分为两类：一是行政机关自己实施的强制执行，包括代执行（代履行）、执行罚、直接强制。二是申请人民法院实施的强制执行。

第三节　行政强制措施在涉外警务中的法律适用

学习目标

了解边防检查中常用的行政强制措施类型及法律依据，掌握常用行政强制措施的法律适用。

案例导入

2012年2月13日凌晨，广西东兴警方根据线索成功截获33名欲取道广西防城港东兴市前往广东等地务工的非法入境外国居民。当日，东兴市公安局城区警务综合大队、出入境管理大队、治安联防大队等多警种协作，在东兴城区多处截获33名非法入境者。这33名非法入境外国人员均从中越界河北仑河沿岸便道入境，被截获时身上均未携带任何合法证件。随后东兴警方对33名非法入境外国人依法采取拘留审查措施。

问题：边防检查站的行政行为是否具有合法性？

一、涉外警务中常用行政强制措施

（一）强制传唤

强制传唤是公安机关为了查明治安案件事实，依法传唤违反治安管理行为人或嫌疑人接受调查，而违反治安管理行为人或嫌疑人无正当理由不接受传唤或者逃避传唤所采取的一种限制人身自由的强制措施。在公安机关外国人事务管理中，涉及强制传唤的依据主要来自《治安管理处罚法》《公安机关办理行政案件程序规定》《中华人民共和国出境入境管理法》《中华人民共和国出境入境边防检查条例》等法规的规定。这些法规对强制传唤作了明确规定：

1. 强制传唤主体

强制传唤的主体只能是公安机关。

2. 强制传唤对象

强制传唤的对象为违反治安管理行为人或嫌疑人，并且必须是无正当理由不接受传唤或者逃避传唤的违反治安管理的行为人或嫌疑人本人。

3. 强制传唤方式

强制传唤的方式分为口头传唤和传唤证传唤两种。口头传唤只适用于在违法现场发现的违反治安管理行为人和违法嫌疑人。

4. 强制传唤程序

强制传唤的程序根据传唤方式的不同，有不同的规定。

（1）传唤证传唤程序。需要传唤违反治安管理行为人或违法嫌疑人接受调查的，经公安派出所或县级以上公安机关办案部门负责人批准，使用传唤证传唤。公安机关应当将传唤的原因和依据告知被传唤人。对无正当理由不接受传唤或者逃避传唤的违反治安管理行为人以及法律规定可以强制传唤的其他违法行为人，可以强制传唤。强制传唤时，可以依法使用手铐、警绳等约束性警械。

（2）口头传唤程序。对现场发现的违反治安管理行为人或违法嫌疑人，人民警察经出示工作证件，可以口头传唤，并应当在询问笔录中注明违反治安管理行为人或违法嫌疑人到案经过、到案时间和离开时间。公安机关应当将传唤的原因和依据告知被传唤人。对无正当理由不接受传唤或者逃避传唤的违反治安管理行为人以及法律规定可以强制传唤的其他违法行为人，可以强制传唤。强制传唤时，可以依法使用手铐、警绳等约束性警械。

【导入案例分析】

案例中，深圳市公安局出入境管理处及宝安公安分局为了查明当事人山姆·夏普的违法案件事实，对其进行两次依法传唤，但无任何正当理由的山姆·夏普对警方的传唤均不予理睬，拒不履行业已生效的行政决定，因此市公安局出入境管理处及宝安公安分局的民警依法对其进行了强制传唤，采取了限制其人身自由的强制措施。

通过此案例，我们可以看出：涉外行政行为具有强制性，若当事人不容忍这种强制行为，将必然招致对其不利的后果。涉外行政行为具有实力性，表现为一种看得见、摸得着的动作，通过使用手铐、警绳等约束性警械，对当事人山姆·夏普采取限制其人身自由的强制措施，体现了涉外行政行为的实力性。在法律特征上，其也体现了涉外强制措施的非处分性，警方对山姆·夏普采取的限制其人身自由的强制传唤措施，不具有处分性，而且任何行政强制措施都是一种中间行为，是一种临时性措施，而不是最终的目的，对当事人山姆·夏普采取限制其人身自由的强制措施，最终目的在于查明当事人山姆·夏普的违法案件事实并依法作出处理。

（二）拘留审查

在公安机关出入境管理事务中，拘留审查是公安机关对非法入境或者非法居留的外国人进行拘禁审查的一种强制手段。适用于有非法入境、非法居留重大嫌疑，身份不明或者主要违法事实尚未查清的外国人。

1. 拘留审查的法律依据

关于拘留审查的法律依据来自《出境入境管理法》第 58 条：“本章规定的当场盘问、继续盘问、拘留审查、限制活动范围、遣送出境措施，由县级以上地方人民政府公安机关或者出入境边防检查机关实施。”

第 59 条：“对涉嫌违反出境入境管理的人员，可以当场盘问；经当场盘问，有下列情形之一的，可以依法继续盘问：

“（一）有非法出境入境嫌疑的；

“（二）有协助他人非法出境入境嫌疑的；

“（三）外国人有非法居留、非法就业嫌疑的；

“（四）有危害国家安全和利益，破坏社会公共秩序或者从事其他违法犯罪活动嫌疑的。

“当场盘问和继续盘问应当依据《中华人民共和国人民警察法》规定的程序进行。

“县级以上地方人民政府公安机关或者出入境边防检查机关需要传唤涉嫌违反出境入境管理的人员的，依照《中华人民共和国治安管理处罚法》的有关规定执行。”

第 60 条：“外国人有本法第五十九条第一款规定情形之一的，经当场盘问或者继续盘问后仍不能排除嫌疑，需要作进一步调查的，可以拘留审查。

“实施拘留审查，应当出示拘留审查决定书，并在二十四小时内进行询问。发现不应当拘留审查的，应当立即解除拘留审查。

“拘留审查的期限不得超过三十日；案情复杂的，经上一级地方人民政府公安机关或者出入境边防检查机关批准可以延长至六十日。对国籍、身份不明的外国人，拘留审查期限自查清其国籍、身份之日起计算。”

第 63 条：“被拘留审查或者被决定遣送出境但不能立即执行的人员，应当羁押在拘留所或者遣返场所。”

还有一些法律法规对拘留审查作了补充规定，如《公安部关于依法处理非法入境、非法居留外国人的通知》（公发〔1992〕39 号）、《外交部、最高人民法院、最高人民检察院、公安部、国家安全部、司法部关于处理涉外案件的若干规定》（公发〔1995〕17 号）等。

2. 拘留审查的适用对象

《出境入境管理法》第 60 条第 1 款规定，“外国人有本法第五十九条第一款规定情形，即有非法出境入境嫌疑的，经当场盘问或者继续盘问后仍不能排除嫌疑，需要作进一步调查的，可以拘留审查。”

第 59 条第 1 款第（三）项规定，“外国人有非法居留、非法就业嫌疑的，经当场盘问，可以依法继续盘问”。

3. 拘留审查的性质

拘留审查在实务部门一直被认为是一种行政强制措施。主要有如下几点理由：第一，拘留审查措施由县级以上公安机关采取，但在《刑事诉讼法》中没有相应规定，区别于国家行为和司法行为；第二，在《出境入境管理法》中，拘留审查不是规定在处罚一章中，区别于行政处罚行为；第三，拘留审查带有明显的限制性、辅助性和强制性，符合行政强制措施的一般特点。

【导入案例分析】

在第三节导入的案例中，被截获的 33 名欲前往广东等地务工的外国居民，具有非法入境重大嫌疑，根据《出境入境管理法》的规定，符合适用拘留审查的前提条件，即该外国人有非法入境、非法居留嫌疑。因此，为了实施公安涉外行政管理，维护公安涉外行政秩序，广西东兴警方依法对这 33 名非法入境外国人采取了限制人身自由的拘留审查措施。

（三）强行带离现场

强行带离现场，是指公安机关在依法履行治安管理、制止违法职责时，对危害社会治安秩序或威胁公共安全的人员，强行带离违法或突发事件现场，或者进行审查的行政强制措施。

该措施在我国主要体现在六部法律中，包括《禁毒法》《治安管理处罚法》《戒严法》《人民警察法》《铁路法》《集会游行示威法》；两部行政法规中，包括《大型群众性活动安全管理条例》和《国务院关于坚决制止各地学生冲击铁路、强行乘车进京的紧急通知》。

1. 强制主体

强行带离现场的主体是公安机关。在公安机关力量不足以维持社会秩序时，人民解放军可以协助。

2. 强制对象

强行带离现场的对象是依据《禁毒法》《治安管理处罚法》《戒严法》《人民警察法》《铁路法》《集会游行示威法》《大型群众性活动安全管理条例》和《国务院关于坚决制止各地学生冲击铁路、强行乘车进京的紧急通知》的规定，严重危害社会治安秩序、威胁公共安全（人民生命财产安全）或危及国家安全，拒不服从人民警察劝阻和制止的人员。

3. 适用情形

按照上述八部法律法规的规定，强行带离现场适用以下情形：

(1)《禁毒法》的规定。《禁毒法》第 20 条规定，未经许可，擅自进入国家确定的麻醉药品药用原植物种植企业的提取加工场所或者国家设立的麻醉药品储存仓库等警戒区域的，由警戒人员责令其立即离开，拒不离开的人员，强行带离现场。

(2)《治安管理处罚法》的规定。《治安管理处罚法》第 24 条规定，因扰乱体育比赛秩序被公安机关责令 12 个月内不得进入体育场馆观看同类比赛，违反规定进入体育场馆的人员。

(3)《戒严法》的规定。戒严地区聚众的情形：《戒严法》第 26 条规定，在戒严地区有下列违法情形，阻止无效的，戒严执勤人员可以将组织者和拒不服从的人员强行带离现场。

①非法进行集会、游行、示威以及其他聚众活动的；

②非法占据公共场所或者在公共场所煽动进行破坏活动的；

③冲击国家机关或者其他重要单位、场所的；

④扰乱交通秩序或者故意堵塞交通的；

⑤哄抢或者破坏机关、团体、企业事业组织和公民个人的财产的。

发生严重骚乱，未戒严的情形：《戒严法》第 31 条规定，在个别县、市的局部范围内突然发生严重骚乱，严重危及国家安全、社会公共安全和人民的生命财产安全，国家没有作出戒严决定时，当地省级人民政府报经国务院批准，可以决定并组织人民警察、人民武装警察实施交通管制和现场管制，限制人员进出管制区域，对进出管制区域人员的证件、车辆、物品进行检查，对参与骚乱的人可以强制执行。

(4)《人民警察法》的规定。《人民警察法》第 8 条规定，严重危害社会治安秩序或者威胁公共安全的人员。《人民警察法》第 17 条规定，发生严重危害社会治安秩序的突发事件，公安机关的人民警察依法强行驱散，拒不服从的人员。

(5)《集会游行示威法》的规定。《集会游行示威法》第 27 条规定，非法举行集会、游行、示威，或者在集会、游行、示威时，有危害公共安全或严重破坏社会秩序行为，不听制止的人员。具体包括以下情形：

第一，未依照本法规定申请或者申请未获许可的；

第二，未按照主管机关许可的目的、方式、标语、口号、起止时间、地点、路线进行的；

第三，在进行中出现危害公共安全或者严重破坏社会秩序情况的；

第四，参加集会、游行、示威的人员越过临时警戒线，进入不得举行集会、游行、示威的特定场所周边一定范围或者有其他违法犯罪行为的。

(6)《大型群众性活动安全管理条例》的规定。《大型群众性活动安全管理条例》第 23 条规定，参加大型群众性活动有危害社会治安秩序、威胁公共安全行为的人员。

(7)《国务院关于坚决制止各地学生冲击铁路、强行乘车进京的紧急通知》的规定。《国务院关于坚决制止各地学生冲击铁路、强行乘车进京的紧急通知》第 3 项规定，对无票强行乘车、冲击车站、拦截列车、卧轨断道等违法行为，劝阻无效的人员。

(四) 强行带离现场的决定

强行带离现场是在公开场合公安机关现场处置紧急事件或突发事件所采取的行政强制措施，一般情况都比较紧急。强行带离现场的决定由执勤人员或现场执法执勤的公安民警负责人作出。

（五）强行带离现场程序

法律、行政法规对于强行带离现场程序未作详细规定。一般都要求，在发生严重危害社会治安秩序、威胁公共安全（人民生命财产安全）或危及国家安全事件时，相关参与人员拒不服从人民警察劝阻和制止，拒不离开相应场所的，才可以实施强行带离现场。

（六）强行带离现场方式

强行带离现场的方式法律法规并未有明确规定。

二、法律救济

在公安涉外管理工作中，当公民、法人或其他组织认为行政机关的行政强制行为侵犯其合法权益时，现行法律针对行政强制措施和行政强制执行提供了不同的法律救济途径。

（一）行政强制措施的法律救济途径

行政强制措施作为一种独立的行政行为，当事人对由行政机关作出的行政强制措施行为不服时，适用行政复议、行政诉讼、行政赔偿救济。

1. 行政复议

《行政复议法》第 6 条规定：“有下列情形之一的，公民、法人或者其他组织可以依照本法申请行政复议：……（二）对行政机关作出的限制人身自由或者查封、扣押、冻结财产等行政强制措施决定不服的……”

2. 行政诉讼

《行政诉讼法》第 12 条规定：“人民法院受理公民、法人和其他组织提起的下列诉讼：……（二）对限制人身自由或者对财产的查封、扣押、冻结等行政强制措施执行不服的……”第 44 条规定：“对属于人民法院受案范围的行政案件，公民、法人或者其他组织可以先向行政机关申请复议，对复议不服的，再向人民法院提起诉讼；也可以直接向人民法院提起诉讼。法律、法规规定应当先向行政机关申请复议，对复议不服再向人民法院提起诉讼的，依照法律、法规的规定。”

3. 行政赔偿

《国家赔偿法》第 3 条规定：“行政机关及其工作人员在行使行政职权时有下列侵犯人身权情形之一的，受害人有取得赔偿的权利：（一）违法拘留或者违法采取限制公民人身自由的行政强制措施的……”第4条规定：“行政机关及其工作人员在行使行政职权时有下列侵犯财产权情形之一的，受害人有取得赔偿的权利：……（二）违法对财产采取查封、扣押、冻结等行政强制措施的……”《行政处罚法》第59条规定：“行政机关使用或者损毁扣押的财物，对当事人造成损失的，应当依法予以赔偿”。第60条规定：“行政机关违法实行检查措施或者执行措施，给公民人身或者财产造成损害、给法人或者其他组织造成损失的，应当依法予以赔偿”。

（二）行政强制执行的法律救济

我国现行行政强制执行方式有两种，针对两种不同的强制执行方式法律规定了不同的救济手段。

1. 行政机关自己实施的强制执行

由行政机关实施的行政强制执行行为，是否适用行政复议和行政诉讼救济，目前尚无明文法律规定。

《行政处罚法》第60条规定：“行政机关违法实行检查措施或者执行措施，给公民人身或者财产造成损害、给法人或者其他组织造成损失的，应当依法予以赔偿”。《税收征收管理法》第43条规定：“税务机关滥用职权违法采取税收保全措施、强制执行措施，或者采取税收保全措施、强制执行措施不当，使纳税人、扣缴义务人或者纳税担保人的合法权益遭受损失的，应当依法承担赔偿责任。”

可以得知，由于行政机关行政强制执行行为违法或不当，对相对人的合法权益造成损失的，行政机关要依法承担赔偿责任。在行政机关对赔偿责任的承担发生争议的情况下，必须通过复议或诉讼对税务机关行政强制执行行为是否违法或不当进行救济，才可以确定行政机关是否要对此承担赔偿责任。

2. 申请人民法院实施的强制执行

《最高人民法院关于当事人对人民法院强制执行生效具体行政行为的案件提出申诉人民法院应如何受理和处理的答复》认为：公民、法人和其他组织认为人民法院强制执行生效的具体行政行为违法，侵犯其合法权益，向人民法院提出申诉，人民法院可以作为申诉进行审查。人民法院的全部执行活动合法，而生效具体行政行为违法的，应转送作出具体行政行为的行政机关依法处理，并通知申诉人同该行政机关直接联系；人民法院采取的强制措施等违法，造成损害的，应依照《国家赔偿法》的有关规定办理。

由人民法院实施的强制执行不是具体行政行为，当然不适用行政复议和行政诉讼。

本章小结

出入境边防检查，又称“边防检查”，广义的概念为，“出入境边防检查是国家通过设在对外开放口岸的出入境边防检查机关依法对出入境人员、交通运输工具及其携带、载运的行李物品、货物等实施检查、监督的一种行政管理活动”。

出入境边防检查制度：（1）职权性；（2）单方性；（3）直接性；（4）强制性。

出入境边防检查实施主体与客体：（1）出入境边防检查实施主体：公安出入境管理部门、出入境边防检查部门、地方外事部门、港务监督及中国驻外使（领）馆等部门组成我国现行的出入境管理体系和序列，从不同方面共同行使着出入境管理职能。（2）出入境边防检查的客体：①人员；②交通运输工具；③行李物品、货物。

边防检查程序的法律规定出入境边防检查则主要是通过对出入国（边）境人员、交通运输工具及其携带、载运的物品的检查，查缉偷渡、走私枪支弹药、贩毒等危害国家主权、安全和社会秩序的违法犯罪行为，维护正常的出入境秩序。《出境入境管理法》对边防检查程序有如下规定：当场盘问、传唤、拘留审查、限制活动、遣送出境、羁押、法律救济、人身检查、证件检查、扣押。

法律责任：警告和罚款，交通运输工具相关处罚，履行出境入境管理职责的工作人员违法的处理规定，处罚权限，罚款的收缴，构成犯罪的依法追究刑事责任。

【关键术语】

出入境边防检查制度法律特征　出入境边防检查主客体　出入境边防法律规定　出入境边防检查法律责任

【推荐阅读与学习资料】

1. 姜明安. 行政法与行政诉讼法［M］. 北京：法律出版社,2000.

2. 石磊. 出入境边防检查制度研究［D］. 上海：复旦大学,2008.

3. 江必新. 论行政许可的性质［J］. 行政法学研究，2004（2）.

4. 朱其良. 关于出入境管理行政强制措施的探讨 [J]. 广西警官高等专科学校学报，2005 (18).

5. 柏晓明. 加入 WTO 公民出入境管理制度面临的冲击及法律对策 [J]. 吉林公安高等专科学校学报，2002 (2).

【案例】

7 月 29 日上午，张贵庄出入境边检站证检一队正在为由韩国首尔飞来的 OZ327 次航班旅客办理入境手续。1 号检查通道走来两名持有“回国证明”的中国籍旅客翁某和余某，检查员看到两人神情憔悴、情绪低落，便详细询问他们为什么持回国证明回国，从哪里出国的，但两人表情十分紧张，不能自如应答，检查员遂将其移交进一步审查。经查，两人均为福建福清人。为达到出国打工的目的，在“蛇头”安排下分别于 2006 年 2 月和 8 月，从东北某市乘坐小渔船再转乘货轮偷渡前往韩国，赴韩后分别付给“蛇头”人民币十余万元，此后一直非法滞留韩国打工。今年 6 月二人被韩国警方抓获并被遣返回国，7 月 29 日两人入境时被查获。

问题：按照我国法律的相关规定，我国边检机关应对其实施何种处罚？

第六章 涉外案件行政调查

学习目标

了解出入境案事件行政调查的基本原则、内容、特征和分类，掌握行政调查的方法和程序。

案例导入

2014年5月6日上午，某边防检查站当班民警在对一行4人进行出境边防检查时发现，其中一人的相貌与所持证件的照片不符。这位旅客立即掏出与证件照片一致的身份证，并一再强调民警所检查的证件就是其本人的身份证。同行的其他3人也纷纷向民警证明，该旅客与证件同属一人。对于该案的异常情况，边检民警将该案的当事人以及同行的其他3人一起移交给了审查大队。

问题：该案应如何展开调研？

第一节 涉外案件处置概述

一、涉外案件的含义

所谓涉外案件，是指具有涉外因素的案件，即案件的一方、双方或多方是境外机构或境外人员。涉外案件包括涉外刑事案件、涉外行政案件和其他涉外事件。在本章中仅指涉外行政案件。

所谓涉外因素，是指我国公安机关查处的案件，涉及外国、外国人（自然人及法人）或国际组织等国际因素。发生在中国境内的涉外案件主要有以下三种形态：一是违法主体为外国人的案件。这是较为常见的涉外案件。随着入境来华外国人的大量增加，以外国人为违法主体的涉外案件不断发生。二是侵害对象为外国人的案件。外国人在我国逗留、旅行、经商、留学、就业等，其合法权益受到我国的法律保护。发生侵害外国人合法权益的案件时，要依法追究有关人员的责任。三是违法行为地或违法结果地在中国境内的案件，以及违法行为地和违法结果地涉及案件管辖问题。凡在我国境内发生的具有涉外因素的案件，都应当置于我国法律管辖范围内。

二、涉外案件处置的基本原则

由于入境来华的外国人逐年增多，有些地方成了外国人居住、活动的聚集区，有些地方出现了中外公民混居的状况，极易发生涉外案件。由于涉外案件存在违法主体的复杂性、国家管辖的双重性、处置程序的特殊性、法律依据的多元性等特点，为了确保公安机关及时、公正、妥善查处涉外治安案件，公安机关在涉外案件的查处过程中，针对涉外治安案件的特殊性，查处时还应考虑到一系列国际法中的原则。

一是维护国家主权原则。国家的主权是一个国家独立自主处理对内、对外事务的最高权力。它表现在国家对内的一切事物均有排他的管辖权，任何国家不得以任何理由加以干涉。因此，外国人在我国必须遵守我国的法律、法令，其一切违法活动必须接受我国的司法管辖，包括对外国人无行为能力或限制行为能力的确定应当依照我国的法律，不能以当事人的本国法来确定，对具有违法行为的外国人，应坚决依法予以处理，决不姑息迁就、妥协退让。但是，也应防止不做具体分析，不讲政策，不依法办事，对外国人滥加处罚的行为，这同样会妨害我国的尊严和法律的严肃性。

二是平等原则。就是在涉外案件的查处过程中，所有在我国境内的外国人，无论其国籍国大小、强弱都一律平等。依据我国法律的规定，外国人都享有与我国公民同等的权利和义务，不得予以限制和歧视，这是国际交往中的互惠原则，目的是发展各国之间的友好往来。

三是对等原则。就是各国在处理扰乱社会治安案件中应平等对待他国在本国境内的公民，这是各国进行交涉的又一基本准则。因此，外国警察机关在处理涉及中华人民共和国公民的治安案件中，对我国公民的权利予以限制或增加义务时，我国将对我国境内的该国公民予以同样的限制或增加相应的义务。但这不是某个人或某个单位随意规定的，而是由国家权力机关统一规定的。因此，在查处涉外治安案件时，不能根据个人的感情好恶随意对外国人的权利予以限制或增加义务，否则会造成不良的国际影响和外交上的被动。

四是应遵守国际条约和国际惯例。在国内法和国际条约、协定发生矛盾时，应当适用国际公约、条约、协定的规定，绝不能以国内法已有规定为由，拒绝履行国际义务，损害国家的国际信誉。但我国声明保留的条款除外，因为声明保留的条款是我国为自身的利益或其他原因不承认的条款，因而当国内法与国际公约中我国声明保留的条款相抵触时，适用国内法。

五是司法豁免权原则。它是指一国或国际组织派驻他国的外交代表，免受驻在国的刑事、民事和行政管辖，但他仍负有遵守我国法律、法规的义务。所以，享有外交、领事特权与豁免权的外国人违反了治安管理法规，同样应当予以查证，随后将有关材料、证据和建议处理意见报地、市公安机关和政府批准后再报公安部，由公安部会同外交部作出处理决定，并由外交部出面通过外交途径处理。实践工作中，在调查取证或现场处置时，必须查验外国人的身份证件，以确定其是否享有外交、领事特权和豁免权，得到肯定后，还应确定该外国人的外交、领事等级和身份。因为不同的外交、领事等级和身份，其享受的外交、领事特权和豁免权的范围是不同的，对于拒绝出示证件或不声明身份的，可以按一般外国人对待。如果没有证件证明，而本人声明是外交人员，必须通过公安部会同外交部查明该人身份。在处理享有外交、领事特权和豁免权的外国人的违法案件时，不得扣留该外国人的身份证件，如护照、外交证件等；不得随意扣留随身携带的物品（违禁品除外）和交通工具。

总之，处置涉外治安案件时，一定要坚持实事求是，一切从实际出发，既考虑对个别案件的处理，又考虑到国家对外政策和外交工作的需要，从国家整体利益出发，在具体问题上坚持灵活性与原则性相结合，既放开手脚，又积极审慎，审时度势，抓住战机，及时迅速地查处。

第二节　涉外案件处置的理论基础

一、行政调查的概念和特征

行政调查，系指行政主体为了核实行政相对人所主张的事实，或为了获取有关事实证据，以便合法有效地作出某一行政行为，而依法采用有关强制性手段，直接影响被调查人的人身权与财产权的行政行为。行政调查的法律特征在于：

（一）辅助性与程序性

行政调查是一种辅助性和程序性的行为，是为另一种行政行为服务的，调查本身不是目的，在不少情形下被其他行政行为所吸收。

（二）限权性

行政调查不具有处分性，而具有限权性。行政主体在实施行政调查时不会直接剥夺行政相对人的权利，但会直接限制相对人的行为自由或对财产权的享用。

（三）依职权性

行政调查属于依职权的行政行为，而不是依申请的行政行为。

（四）强制性

行政调查具有强制性，有关组织与个人必须配合与协助，否则会承担不利后果。

（五）法定性

行政调查并不是任何行政机关的当然权力，它必须以有关法规的特别授权为依据。

二、行政调查的分类

行政调查按照法律意义的不同可以分为以下几类：

（一）前置性调查与独立性调查

前置性调查只不过是某一行政行为中的一个前置性、程序性的环节，没有独立的目的；独立性调查拥有独立的调查目的，能够与其他行政行为相分离。

（二）强制性调查与非强制性调查

强制性调查，是指行政机关为实现调查目的，依法实施强制手段，相对人负有服从和配合义务的行政调查；反之，就属于非强制性行政调查。

（三）对人体、行为、财物的调查

行政调查根据调查对象的不同，可分为对人体的调查（主要是检查）、对行为的调查与对财物的调查。

（四）对当事人的调查与对证人的调查

对当事人的调查，系指行政调查机关直接向当事人了解情况；对证人的调查，系指行政调查机关向当事人以外的知情人了解情况。

（五）依申请行为中的调查与依职权行为中的调查

任何行政调查都是依职权的调查，无依职权与依申请之分。但行政行为有依职权与依申请之分，因而作为行政行为前置性行为的调查也相应地划分为依申请行为中的调查与依职权行为中的调查。

（六）书面调查与实地调查

书面调查属于形式调查，而实地调查则属于实质调查。

三、行政调查的实施要遵循的法律原则

（一）依法行政原则

依法行政原则主要来源于德国公法学中的奥托·迈耶所确立的法治主义的内容，当将这一理论引入到行政法时，从而产生了依法行政的原理，也就是说，“行政活动只有在法律的范围内行使才是有效的”。该原理主要包含以下三层含义：

第一，法律中法规创制力原则。它的基本含义是，行政机关在制定法规命令时必须要在法律的范围内。

第二，法律优位的原则。它的主要含义是，法律是除宪法以外具有最高法律效力的法律规范。这就意味着行政活动不能违反法律（当然也不能违反宪法），当行政活动违反法律时，由于法律处于优越地位，违法的行政活动将无效。

第三，法律保留原则。行政机关实施行政调查时，作为其前提条件必须有法律的授权，只有在有法律授权的前提下，行政机关的行为才具有合法性。这一原则主要是依法行政原则的第一层含义所派生的。

（二）职权主义原则

职权主义原则主要要求行政机关依据职权主动地调查资料证据。这不仅是行政机关的职责，也是行政机关的义务，还是行政机关适当执法的基础。行政主体依职权主动调查的行为也应受到职权范围和程序的限制，行政机关调查和搜集的证据要做到客观、公正、不偏不倚，不受行政主体主观好恶的影响。

（三）比例原则

所谓比例原则，是指行政机关通过行政活动达到的目的与为此行政机关所选择的具体手段之间应当存在合理的比例关系，也称必要性原则、禁止过度的原则。因此，当行政权约束国民的权利、自由时，其公权力的行使要符合于其约束程度。换言之，行政机关约束国民的权利、自由时必须采用必要且最小限度的手段。

四、行政调查的制度沿革

一种合法行政行为的作出必须建立在充分的事实依据与法律依据之上。行政调查正是行政主体获得事实依据的有效手段。在我国行政调查广泛地存在各个行政领域，是公安、城管、工商等机关频繁使用的一种行政手段。行政调查作为行政主体的一项职权需要得到行政相对人的配合与协助，在实施过程中会涉及行政相对人的人身权与财产权。然而，由于我国没有专门的行政调查法，也没有统一的行政程序法对行政调查进行规范，实践中滥用行政调查权的现象比比皆是，严重影响了法治建设。20 世纪八九十年代开始有法律、法规、规章对行政调查零星作出规定，截至目前已有大量法律、法规、规章对行政调查进行规定。例如，2008 年 4 月 17 日通过的《湖南省行政程序规定》在这方面作了较为详细的尝试性规定。

第三节　行政调查在出入境案（事）件处置中的法律适用

学习目标

在了解涉外案件行政调查的基本原则、分类以及步骤和方法的基础上，掌握出入境案（事）件中行政调查的方法和步骤。

一、行政调查的基本程序

中国目前尚无法律法规对行政调查的方法作出统一规定，行政调查使用的方法种类繁多，散见在各种法规或行政机关根据需要而实际采用的事实之中。根据法律法规规定，我国行政调查的方法主要有：

第一，事先通知。事先通知是行政调查的前奏，是让当事人有准备时间；同时行政主体在对相对人进行实地调查之前，除非特殊的情况或者事先告知将会影响调查结果的以外，应当通知调查当事人。这样不仅可以防止调查机关滥用调查权，而且还可以对对象的合法权益进行保护。

第二，表明身份。行政机关在进行一定的行政调查前，调查人员必须出示相关身份证明便于相对人查验，以便表明自己具备行政调查的条件。否则，相对人有权拒绝接受其调查。而在强制性行政调查的情况下，表明身份也使相对人产生协助调查的必然义务；如果对于没有相应公务身份而要求检查的行政行为，相对人有权予以拒绝。同时也规定了执法人员如果想要进入公民住所调查的，应事先取得主管机关签发的搜查证。

第三，说明理由。向相对人说明调查理由，完全体现了对公民知情权和参与权的尊重，还可以限制行政机关对调查权的运用。

第四，调查信息。调查信息必须在一定时期内完成，这不仅仅是我国行政效率的要求，同样也是我国国情要求人权保障的重要体现。当前，我国法律并没有明确规定行政调查的时限，从而导致实践中大量的行政调查效率是极其低下的，更有一直拖着未解决的，重复的调查以及取证，特别影响了被调查对象的日常活动。

第五，制作笔录。无论最后的结果是怎样的，行政主体都必须有一份书面的行政调查的结果，并且由对象当场确认和签字。这样的要求不仅是程序上的，而且同样在证据法上也有着深远的意义。行政机关可以以此作出进一步决定，相对人可以凭此寻求法律救济。

第六，告知权利。这些权利一般由以下几个方面组成：告知当事人进行自我陈述以及意见表达的权利；对不利于自己的证据进行辩解的权利；等等。同时行政相对人还拥有要求行政机关为其保守秘密以及个人隐私等其他权利。

二、行政调查制度的功效

行政调查是作出任何行政决定的必经环节，一般不直接产生、变更、消灭行政相对人的权利、义务。但当一种行政调查的结果直接决定一个行政行为的作出，由此直接影响相对人的权利时，行政调查便发生功效。我国有不少法律规定，行政主体应当以行政调查的结果作为事实依据作出行政决定，这是行政调查的法律意义所在。坚持这一点非常重要，否则行政调查就失去了法律意义。

三、出入境管理案件中的调查方法

（一）现场检查

现场检查是公安机关在调查中对事发现场、物品进行的检查，以求发现事实真相的一种调查行为。我国目前有多部法律法规直接对现场检查作出了规定。当涉外案件发生时，应及时赶赴发案现场，进行勘查、访问和现场处置。公安机关对与本案相关的场所、物品、人身进行检查时，人民警察不得少于两人，并应当出示工作证件和县级以上人民政府公安机关开具的检查证明文件。对确有必要立即进行检查的，人民警察经出示工作证件，可以当场检查。检查的情况应当制作检查笔录，由检查人、被检查人和见证人签名或者盖章；被检查人拒绝签名的，人民警察应当在笔录上注明。鉴于涉外案件的特殊性，应选派外语能力较强的民警解决语言文字问题，认真查验外国人的身份证件，区分是一般外国人还是享有外交特权与豁免权的外国人。同时通过外管部门提供有关档案材料，获取其基本情况。对于尚未停止违法行为的，可以采取适当措施制止其行为的继续。

抓紧时间开展调查访问，及时询问报案人、知情人，详细了解案件发生的原因、时间、地点、具体经过、后果等案件情况，最后进行现场处理。公安机关对报案、控告、举报或者涉外案件的当事人主动投案，以及其他行政主管部门、司法机关移送的违反治安管理案件，应当及时受理，并进行登记。公安机关受理报案、控告、举报、投案后，认为属于违法行为的，应当立即进行调查；认为不应受理的轻微违法行为或事实行为，应当告知报案人、控告人、举报人、投案人，并说明理由。

涉外案件的发生，往往会导致围观，出现混乱，如不及时处置，很可能造成事态扩大，故应果断采取隔离措施，稳定当事人情绪，及时疏散围观群众，恢复现场秩序。同时注意及时拍照、录音和录像。

（二）询问当事人或证人，听取其陈述或申辩，获取证据

行政调查的主要目的是获取信息，询问当事人或证人，听取其陈述或申辩是行政调查获取真实信息的主要方法。《出境入境管理法》规定的当场盘问、继续盘问、拘留审查、限制活动范围、遣送出境措施，由县级以上地方人民政府公安机关或者出入境边防检查机关实施。县级以上地方人民政府公安机关或者出入境边防检查机关需要传唤涉嫌违反出境入境管理的人员的，依照《治安管理处罚法》的有关规定执行。

由于涉外案件具有复杂性和特殊性，决定了调查取证工作应当依法进行。严禁刑讯逼供或者采用威胁、引诱、欺骗等非法手段收集证据，以非法手段收集的证据不得作为处罚的根据。依照《治安管理处罚法》的有关规定，县级以上地方人民政府公安机关或者出入境边防检查机关可以传唤涉嫌违反出境入境管理的涉外案件当事人。根据《人民警察法》第9条规定，为维护社会治安秩序，公安机关的人民警察对有违法犯罪嫌疑的人员，经出示相应证件，可以当场盘问、

检查。

1. 传唤

传唤分书面传唤和口头传唤。原则上要求使用传唤证，但对当场发现的违反治安管理的人可以进行口头传唤。传唤到案后，应当在询问笔录中注明询问地点、违法嫌疑人到案经过、到案时间和离开时间。经过合法传唤，违法嫌疑人无正当理由不接受传唤或者逃避传唤的，可以实施强制传唤。传唤询问时间由不超过 24 小时缩短为不得超过 8 小时，情况复杂，可能适用行政拘留处罚的，不得超过 24 小时。

2. 盘问的主体及程序

当场盘问和继续盘问应当依据《人民警察法》规定的程序进行。《出境入境管理法》第 59 条规定，对涉嫌违反出境入境管理的人员，可以当场盘问：

（1）有非法出境入境嫌疑的；

（2）有协助他人非法出境入境嫌疑的；

（3）外国人有非法居留、非法就业嫌疑的；

（4）有危害国家安全和利益，破坏社会公共秩序或者从事其他违法犯罪活动嫌疑的。

经盘问、检查，有下列情形之一的，可以将其带至公安机关，经该公安机关批准，对其继续盘问：

（1）被指控有犯罪行为的；

（2）有现场作案嫌疑的；

（3）有作案嫌疑身份不明的；

（4）携带的物品有可能是赃物的。

对于批准继续盘问的，应当立即通知其驻华领事馆或者其接待单位。对于不批准继续盘问的，应当立即释放被盘问人。经继续盘问，公安机关认为对被盘问人需要依法采取拘留或者其他强制措施的，应当自被盘问人被带至公安机关之时起 24 小时之内作出决定。在特殊情况下，经县级以上公安机关批准，可以延长至 48 小时，并应当留有盘问记录。《出境入境管理法》第 60 条第 1 款规定：“外国人有本法第五十九条第一款规定情形之一的，经当场盘问或者继续盘问后仍不能排除嫌疑，需要作进一步调查的，可以拘留审查。”

3. 拘留审查

实施拘留审查，应当出示拘留审查决定书，并在 24 小时内进行询问。发现不应当拘留审查的，应当立即解除拘留审查。拘留审查的期限不得超过 30 日；案情复杂的，经上一级地方人民政府公安机关或者出入境边防检查机关批准可以延长至60 日。对国籍、身份不明的外国人，拘留审查期限自查清其国籍、身份之日起计算。

《出境入境管理法》第 61 条规定：“外国人有下列情形之一的，不适用拘留审查，可以限制其活动范围：

“（1）患有严重疾病的；

“（2）怀孕或者哺乳自己不满一周岁婴儿的；

“（3）未满十六周岁或者已满七十周岁的；

“（4）不宜适用拘留审查的其他情形。

“被限制活动范围的外国人，应当按照要求接受审查，未经公安机关批准，不得离开限定的区域。限制活动范围的期限不得超过六十日。对国籍、身份不明的外国人，限制活动范围期限自查清其国籍、身份之日起计算。”

进行案件调查时还应注意策略和方法，选择合理的时机、恰当的地点进行调查，尽量不扩大影响面。尊重外国人的风俗习惯和宗教信仰，否则可能造成对方的反感或误解，从而发生外交交涉，不利于迅速及时查清案件事实；多数外国人不了解我国的法律及政策，所以调查时应首先讲明我国有关的法律规定，如我国法律不仅保护中国人而且也保护在中国的外国人的合法权益，每个人都有作证的义务等，使被侵害的外国人深信我们的法律能保护其权利，使违法的外国人去掉蛮横的态度和侥幸心理；调查的同时还可利用现代的音像技术手段进行录音、录像和拍照。

（三）调查、搜集与案件有关的物品、资料

调查、搜集与案件有关的资料是行政调查的另一主要方法，几乎所有有关行政调查的法律法规都对此方法的使用作出了规定。无论最后的结果是怎样的，行政主体都必须有一份书面的行政调查的结果，并且由对象当场确认和签字。这样的要求不仅是程序上的，而且在证据法上也同样有着深远的意义。行政机关可以以此作出进一步决定，相对人可以凭此寻求法律救济。

1. 制作笔录

公安机关对于不通晓本国语言文字的涉外案件当事人应当配备翻译人员，并在笔录上注明。询问聋、哑的涉外案件当事人，应当有通晓手语的人提供帮助，并在笔录上注明。

询问笔录应当交被询问人核对；对没有阅读能力的，应当向其宣读。记载有遗漏或者有差错的，被询问人可以提出补充或者更正。被询问人确认笔录无误后，应当签名或者盖章，询问的人民警察也应当在笔录上签名。

被询问人要求就被询问事项自行提供书面材料的，应当准许；必要时人民警察也可以要求被询问人自行书写。

人民警察询问其他证人，可以到其所在单位或者住处进行；必要时，也可以通知其到公安机关提供证言。人民警察在公安机关以外询问证人，应当出示工作证件。

2. 查封、扣押涉案物品

查封、扣押只是对违法生产、经营场所或物品，确有查封、扣押必要时使用的调查方法，它不是行政调查必然使用的方法。

（1）扣押。公安机关办理涉外行政案件，对与案件有关的需要作为证据的物品，可以扣押，对与案件无关的物品，不得扣押。

（2）制作扣押清单。对扣押的物品，应当会同在场见证人和被扣押物品持有人查点清楚，当场开列清单一式两份，由调查人员、见证人和持有人签名或者盖章，一份交给持有人，另一份附卷备查。

（3）对扣押物品的保管、处理。对查获的违禁物品，涉及国家秘密的文件、资料以及用于实施违反出境入境管理活动的工具等，公安机关应当予以扣押，并依照相关法律、行政法规规定处理。《出境入境管理法》第68条规定，对用于组织、运送、协助他人非法出境入境的交通运输工具，以及需要作为办案证据的物品，公安机关可以扣押。

对扣押的物品，应当妥善保管，不得挪作他用；对不宜长期保存的物品，按照有关规定处理。经查明与案件无关的，应当及时退还；经核实属于他人合法财产的，应当登记后立即退还；满6个月无人对该财产主张权利或者无法查清权利人的，应当公开拍卖或者按照国家有关规定处理，所得款项上缴国库。

行政调查作为前置性行为，一般会被后续的行政行为所吸收，法律救济同样会被后续行政行为所附带。采取强制措施限制人身自由的行政调查行为也被后续的行政拘留处罚行为吸收。

【导入案例分析】

这是一起涉嫌冒用他人出入境证件蒙混出境的案件。本案确认条件和标准是：

(1) 行为人必须是中国公民。

(2) 行为人实施了出入我国国（边）境的行为。

(3) 持用的是冒用的他人的合法出入境证件。

本案调查取证的重点是：

(1) 行为人所持用的证件是否冒用他人的。

(2) 所冒用的证件是不是合法的出入境证件。

(3) 行为人是否出入了我国国境。

本案在案件调查阶段应遵循如下步骤和方法：

第一，事先通知。由于本案须采取强制性行政调查，事先告知将会影响调查结果，所以在开展案件调查时直接针对取证重点展开，不予事先通知。

第二，表明身份。行政机关在进行一定的行政调查前，调查人员必须出示相关身份证明以便相对人查验，以表明自己具备行政调查的条件。否则，相对人有权拒绝接受其调查。在强制性行政调查的情况下，表明身份也使相对人产生协助调查的必然义务。

第三，说明理由。向相对人说明调查的理由。

第四，调查案件信息。本案调查取证的主要证据包括：

一是询问本案的当事人。重点问明：(1) 冒用证件出境、入境行为的时间、地点；(2) 冒用证件出境、入境行为的动机和目的；(3) 冒用证件出境、入境行为的经过；(4) 所持用的证件是哪种出入境证件；(5) 证件的来源渠道；(6) 证件的持有人是谁，与持有人是什么关系；(7) 冒用证件出境、入境行为造成的危害或影响。

二是询问其他证人。应当重点问明：(1) 行为人冒用证件出境、入境行为的时间、地点；(2) 行为人冒用证件出境、入境行为的动机和目的；(3) 行为人冒用证件出境、入境行为的经过；(4) 行为人所持用的证件是哪种出入境证件；(5) 行为人冒用证件出入境的结果，是否已经达到出入境的目的；(6) 冒用证件出境、入境行为造成的危害或影响；(7) 与本案当事人是什么关系。

三是重点收集物证、书证。(1) 行为人的有效身份证明，如身份证等；(2) 冒用的出入境证件；(3) 证明行为人持用的证件为冒用他人的证件的鉴定和证明材料；(4) 记录有行为人冒用证件出境、入境的文书以及监控录像、录音等电子资料等；(5) 与案件有关的其他证据。

第五，制作笔录。无论最后的结果是怎样的，边检审查大队都必须有一份书面的行政调查的结果，并且由调查对象当场确认和签字。行政机关可以以此作出进一步决定，相对人可以凭此寻求法律救济。

第六，告知权利。这些权利包括，告知当事人进行自我陈述以及意见表达的权利；对不利于自己的证据进行辩解的权利等。同时行政相对人还拥有要求行政机关为其保守秘密以及个人隐私等其他权利。

本章小结

本章主要阐释了涉外案件调查的理论基础——行政调查的特征、基本原则和方法。行政调查，系指行政主体为了核实行政相对人所主张的事实，或为了获取有关事实证据，以便合法有效地作出某一行政行为，而依法采用有关强制性手段，直接影响被调查人的人身权与财产权的行政行为。行政调查的法律特征包括：辅助性与程序性、限权性、依职权性、强制性、法定性。行政调查的基本原则包括：依法行政原则、职权主义原则、比例原则。

根据法律法规规定，我国行政调查的方法主要有：第一，事先通知。行政主体在对相对人进行实地调查之前，应当通知调查当事人。第二，表明身份。行政机关在进行一定的行政调查前，调查人员必须出示相关身份证明以便相对人查验，以表明自己具备行政调查的条件。否则，相对人有权拒绝接受其调查。第三，说明理由。行政执法主体须向相对人说明调查理由，完全体现了对公民知情权和参与权的尊重。第四，调查信息。调查信息必须在一定时期内完成，这不仅仅是我国行政效率的要求，同样也是我国国情要求人权保障的重要体现。第五，制作笔录。行政主体必须有一份书面的行政调查的结果，并且由对象当场确认和签字。行政机关可以以此作出进一步决定，相对人可以凭此寻求法律救济。第六，告知权利。告知当事人进行自我陈述以及意见表达的权利；对不利于自己的证据进行辩解的权利等。

【关键术语】

行政调查　调查方法　涉外行政案件　出入境案件

【推荐阅读与学习资料】

1. 杨寅. 中国行政程序法治化：法理学与法文化分析［M］. 北京：中国政法大学出版社，2001.

2. 毕波．论行政调查［D］．吉林：长春理工大学，2010.
3. 皮纯协，张成福．行政法学［M］．北京：中国人民大学出版社，2002.
4. 朱新力．外国行政强制法律研究［M］．北京：法律出版社，2003.
5. 刘宗德．行政法基本原理［M］．台北：学林文化事业有限公司，1998.
6. 应松年．行政法与行政诉讼法［M］．北京：中国人民大学出版社，2009.

【案例】

某日下午4时，某国驻上海总领事馆副领事柯某某及其妻夏某（总领馆商务官员）一行4人未购买门票欲进入南京某公园，公园管理人员郭某上前阻拦，因语言不通，柯等人未予理会，郭某见状拉住柯某某的衣袖，夏某上前拉郭某的手未能拉开，便打了郭某两个耳光，因考虑到对方是外国人，郭某没有还手。当时围观人员较多，纷纷指责外国人的行为，其中，王某某（男，60岁，某工厂退休人员）上前劝拉时被柯某某等人摔倒在地，四名该国人员马上被在场人群围住。南京市公安局接报后，即派白下分局110巡逻车迅速赶到现场。

为防止事态扩大，巡逻民警迅速将四名该国人员及郭某、王某某带至瑞金路派出所进行调查。南京市公安局出入境管理处闻讯后也派员赶赴派出所，同时将情况通知省外办。此时，数十名群众和闻讯而来的多家新闻单位记者也来到派出所门外。四名外国人情绪激动，不愿配合调查，执意离开了派出所，并在派出所门外的马路上受到案件中的中方当事人及群众阻拦，王某某和夏某发生争执，致使夏某眼镜破碎，脸被划伤，柯某某朝王某某面部猛击一拳，致王某某轻伤。在场民警立即采取措施，将柯某某等人与中方当事人及群众隔离。

郭某、王某某提出：一是要求对方赔礼道歉；二是要求政府将柯某某驱逐出境；三是分别要求对方赔偿1万、10万美元；四是如12月19日前得不到满意答复，将到市政府上访。经江苏省外办和南京市公安局有关领导研究，鉴于柯某某及其妻的领事官员身份，决定公安、外事部门根据分工，分别做工作。要求外方必须向中方受害人赔礼道歉并赔偿有关费用；积极做中方当事人的工作，不要提过分要求；新闻媒体不要报道此事。经过交涉，外方同意向中方受害人道歉并愿意赔偿有关费用。

问题：本案是一起什么性质的涉外案件？应如何处置？

第七章　涉外警务行政证据

学习目标

通过本章的学习，能够理解涉外警务行政证据制度的内涵；能够熟悉涉外警务行政证据制度中的法律救济途径。

案例导入

阮某，男，22岁，越南籍侨民，13岁来华读书，后在华做生意。外国人居留证号码为×××110074110419，有效期至2007年3月31日。住东城区景山后街高卧胡同2号，该人于1999年开始吸毒。2006年5月15日13时左右，民警在抓捕吸毒人员的专项行动中，在海淀区增光路其朋友家里将其发现。在接受民警询问时，阮某神情慌张，被怀疑涉嫌吸毒。民警通过传唤将其带到辖区派出所进行审查，并提取其尿液送有关部门进行检测。检验结果显示其尿液中有吗啡成分，但阮某否认有吸毒行为，表示如果有人证明他吸毒，他情愿接受处理。派出所也没有理会其辩解，也没有做其他调查取证工作，当天便作出强制戒毒3个月的决定。此后，阮某被强制戒毒92天，缴纳戒毒费3000元。

问题：本案的处置是否正确？

第一节　涉外警务行政证据制度概述

一、概念及内容

行政证据，也可称为行政决定证据，是指行政决定据以作出的，由行政相对人提供或由行政主体依职权收集的，用以证明某一事实的物质或材料。涉外警务行政证据则是具有涉外因素的行政证据。涉外因素，又称外国因素、国际因素，主要是指法律关系各要素中存在的外国成分。依据涉外因素的不同情形，可以将涉外警务行政证据概念界定为：一是当法律关系、权利义务的主体中有外国人时相关的行政证据；二是法律关系、权利义务的客体位于外国时的行政证据；三是当法律事实发生在外国时相关的行政证据制度。

根据行政证据制度内容，涉外警务行政证据制度主要包括：证明对象、证明责任、证明标准、证据的种类及要求、证据的收集与保全、证据的审查。

二、证据种类及特征

依据我国相关法律规定可知，涉外警务行政证据主要包括以下八种：（1）书证；（2）物证；（3）视听资料；（4）电子数据；（5）证人证言；（6）当事人的陈述；（7）鉴定意见；（8）勘验笔录、现场笔录。

证据具有合法性、真实性和关联性。由此类推，涉外警务行政证据也具有行政证据的基本特性：（1）合法性，即涉外警务行政证据必须符合法定的形式，证据的收集必须符合法律、法规、规章、司法解释和行政规定的要求；（2）真实性，即涉外警务行政证据所反映的内容必须是不以主观意志为转移的客观现象；（3）关联性，即涉外警务行政证据必须与待证事实有客观联系，并能证明待证事实的真实情况。

三、法律依据

在获取涉外警务行政证据时，除需遵守相关行政法律规定外，还需考虑到涉外因素。由于涉外警务包含涉外因素，因此在处置涉外警务时具有双重性，既要严格遵守有关法律规定，又要认真履行相关国际公约。因此，涉外警务行政证据的法律依据主要包括以下三方面内容：

（一）相关行政法律法规

与行政证据相关的法律法规内容广泛，主要包括《行政诉讼法》《行政复议法》《行政处罚法》《行政许可法》《治安管理处罚法》等。

（二）涉外警务处置的国内法规范

国内法规范是涉外警务处置的法律规范总称，包括：《宪法》对涉外警务的规定；基本法律，即全国人大及其常委会制定的、专门适用于处理涉外案件的法律法规，如《出境入境管理法》《外交特权与豁免条例》《领事特权与豁免条例》《关于处理涉外案件若干问题的规定》等。

（三）涉外警务处置的国际法规范

涉外警务执法活动中适用的国际规范，是指我国参加、签订或承认的与涉外警务有关的国际条约、国际公约、国际协定以及国际惯例的总称，包括我国缔结或参加的国际公约以及与其他国家签订的双边条约，如《联合国海洋公约》《维也纳外交关系公约》《中华人民共和国和泰王国引渡条约》等。

第二节 涉外警务行政证据的基本理论

一、证明对象及证明责任

证明对象，又称行政待证事实或行政证明客体，是指行政主体或行政相对人在行政程序中需要通过证据证明或确认的事实，包括实体性事实、程序性事实及不需要证明的事实。

（一）实体性事实

行政证明对象的实体性事实，是指根据行政法律、法规、规章和行政规定中的实体规范规定，行政主体在作出行政决定时需要予以确认或证明的事实，包括主体事实、行为事实、结果事实和情节事实，是最主要的行政证明对象，具体来讲：

1. 主体事实

主体事实包含两方面因素：作出行政决定的主体是否具有相应的职权的事实，行政相对人是否具备相应的资格、能力等事实。依据涉外治安案件的种类不同，作出行政决定的主体不同。例如，在专属管辖的涉外治安案件中，公安机关是唯一的行政主体，而在协助管辖的涉外治安案件中，则需公安机关配合其他部门进行管辖，而不再作为主要的行政主体。

2. 行为事实

行为事实是行政主体和行政相对人是否实施了行政法律规范肯定或否定的行为的事实。例如，《出境入境管理法》中规定的中国公民在出入境活动中的表现形式为，“伪造、涂改或者转让、倒卖护照等出境入境证件”。

3. 结果事实

结果事实，是指行政主体和行政相对人行为所引起的结果。例如，依据《出境入境管理法》中对外国人非法居留行为的处罚：情节严重的，并处限期出境。

4. 情节事实

情节事实，是指是否具备法律规定的特定情节的事实。例如，《外国记者和外国常驻新闻机构管理条例》中对外国记者非法采访的行为作出明确规定，如“采访活动超过业务范围或商定的采访计划的”等。

(二) 程序性事实

程序性事实是行政主体实施行政行为或行政相对人参与行政行为时的形式、步骤、顺序、时限等方面的事实。具体内容包括：

1. 形式事实

形式事实，包括申请形式、行政决定形式、调查形式、听证形式等事实。

2. 步骤事实

步骤事实，是指行政法律关系主体是否完成了行政法律、法规、规章和行政规定所规定的必要步骤的事实，如是否告知权利义务、是否通知、是否听取申辩、是否送达等事实。在涉外警务行政处罚作出较大数额处罚之前，行政主体必须告知当事人其受到处罚的原因，且必须告知其有要求举行听证的权利，否则所作出的处罚决定无效。

3. 顺序事实

顺序事实，是指行政法律关系主体是否按照行政法律、法规、规章和行政规定所规定的顺序实施行为的事实，如公安机关在处置涉外治安案件时不需遵守一般程序，或者特殊程序。一般程序是指公安机关在处置涉外治安案件时采取的通常运用的处置方法：调查、传唤、取证、裁决、执行；而对某些重大涉外案件或特殊措施的适用需按照内部协调程序、外部协调程序进行处置。

4. 时限事实

时限事实，是指行政法律关系主体是否在行政法律、法规、规章和行政规定所规定的时限内完成相应行为的事实，包括提出申请的时间、提供材料的时间、补充材料的时间、作出行政决定的时间、申请复议的时间等事实。例如，在处置涉外案件过程中，相对人对处以治安拘留不服的，在接到通知 5 日内，可以向上一级公安机关提出申诉；对处以出入境管理拘留不服的，相对人须在接到通知 15 日内向上一级公安机关提出申诉。申诉期限不同，公安机关作出最后裁决的期限也不同。

(三) 不需要证明的事实

行政主体作出的行政决定必须以一定的事实为基础，这些事实一般均需要通过相应的证据来确认或证明，但有些事实由于其所具有的特性而不需要证明。因此所谓的不需要证明的事实就是指这些对行政决定有意义，而又不需要通过证据证明的事实。根据我国《最高人民法院关于行政诉讼证据若干问题的规定》第68条第1款规定，下列事实不需要证明：

（1）众所周知的事实；

（2）自然规律及定理；

（3）按照法律规定推定的事实；

（4）已经依法证明的事实；

（5）根据日常生活经验法则推定的事实。

该内容也适用于行政主体对行政事实的认定。但在使用时应注意：自然规律及定理除外，如果行政相对人有相反证据足以推翻该事实的，那么仍需要证据证明该事实。

二、行政证明责任及标准

（一）行政证明责任

行政证明责任是行政主体以经证据证明的事实为基础，作出行政决定是其履行法定职责的体现，是行政行为合法、合理的必然要求。公安机关在处理涉外行政案件时也必须以事实为基础、履行法定职责，做到合法行政、合理行政。

（二）行政证明标准

行政证明标准，是指行政主体为了作出行政决定，运用证据证明事实所必须达到的范围和程度。

行政证明标准有不同的类型，且标准的确定需符合一定的法律程序。

行政证明标准的类型如下：

1. 优势证明标准

优势证明标准，又称盖然性占优标准，是指一方当事人提供证据的证明力比另一方更强，证明的案件事实比另一方更具有可能性，足以使裁判者确信的证明标准。其属于证明程度要求较低的标准，主要适用于民事诉讼程序。

2. 排除合理怀疑标准

排除合理怀疑标准，是指承担举证责任的一方通过证据的证明，要使裁判者确信其所认定的事实排除了所有合理的怀疑。由于对事实的证明是不可能达到客观真实的程度的，因此在刑事案件中对被告人所犯事实的证明必须达到排除所有合理怀疑的程度。排除合理怀疑标准一般应用于刑事诉讼中，是一种证明程度要求较为严格的证明标准，因为由于一个错误而使一个无辜的人失去自由或生命，比因为错误而姑息一个罪犯要严重得多。

3. 清楚而有说服力标准

清楚而有说服力标准，是美国联邦最高法院对行政执法提出的证明标准，它要求承担证明责任的人提供的证据能够清楚地说明案件事实，且提供的证据有说服力。该标准要求行政主体采用的证据必须是确实的、具有一定的说服力的、证据之间具有清楚的逻辑关系、证据和认定结论之间的证明关系是清晰明了的，认定的案件事实要点必须明确清楚。该证明标准证明程度的要求高于优势证明标准，低于排除合理怀疑标准。

从目前状况来看，我国相关的法律、法规、规章的行政证明标准还不成熟，尚需要一定的时间来进一步完善我国的理论和实践。在处置涉外行政案件中，公安机关在作出行政决定前也应以这些标准为依据。

（三）基本证据的种类及要求

依据行政证据的分类，涉外警务行政证据主要包括八种：

1. 书证

书证，是指文字记载人的思想或行为，以及用符号、图表等表达一定的思想，其内容能够证明案件真实情况的物品。书证可以通过使用纸张、金属、石块、竹木、塑料、布匹等材料，利用书写、计算机打印、刻制等方式，将内容记载下来以证明案件事实。公安机关在获取书证的过程中应当注意：

（1）对一般书证的要求：一是原件遗失或毁坏、原件为他人合法持有不能转移给行政主体的；二是原件由有关部门保管，不能移交行政主体的，行政主体以复印件、照片、节录本等作为证据的，应当注明出处，必要时还应由持有人或保管人在其上签注核对意见，签名或盖章。

（2）对专业技术类书证的要求：一些专业技术类书证，如报表、图纸、会计账册、专业技术资料、科技文献等，应当附有说明材料。

（3）对笔录类书证的要求：笔录类书证，应当有行政执法人员、被询问人、陈述人、谈话人签名或者盖章。被询问人、陈述人、谈话人拒绝签名的，如有其他人在场，应当由其他人签名；如果没有其他人在场或在场的其他人也拒绝签名的，应当由两名以上执法人员签名并作出说明。

2. 物证

物证，是指以其自身的存在或者以其形状、特征、质量、规格等证明案件事实的物品和痕迹。其一般只能作为间接证据。对物证的要求主要包括以下几方面内容：

（1）物证一般应为原物，否则其证明力就会受到影响；

（2）如果原物收集确有困难，那么可以保存与原物核对无误的复制件或者证明该物证的照片、录像等其他证据；

（3）如果原物数量较多，那么行政主体可以提供一部分作为物证。

3. 视听资料

视听资料，是指以音响、图像及计算机储存的数据和材料来证明案件事实情况的一种证据，其证明效力较强。但应注意以下几方面内容：

（1）一般应收集视听资料的原始载体；

（2）应注明制作方法、制作时间、制作人和证明对象等；

（3）声音资料应当附有该声音内容的文字记录。

4. 电子数据（略）

5. 证人证言

证人证言，是指证人依法就自己所知道的案件事实所作的陈述。对涉外的见证人、当事人或者责任人进行询问取证时，应当有两名以上民警在场，依法做好调查访问、笔录制作等取证工作。

6. 当事人的陈述

当事人的陈述，即行政相对人陈述，是指在行政过程中行政相对人就自己经历的案件事实所作的陈述。因为行政相对人是事实的亲历者，所以其陈述对查明案件事实具有重要的价值。但同时由于行政相对人与行政决定具有直接的利害关系，因此需要对其陈述认真审查、核实。

7. 鉴定意见

鉴定意见，是鉴定人对案件中某一专门性问题进行鉴定后作出的书面结论。鉴定意见具有专业性、明确性和科学性的特征，主要包括法医鉴定、痕迹鉴定、书法鉴定、会计鉴定、技术鉴定等。

8. 勘验笔录、现场笔录

勘验笔录、现场笔录，是指有权的行政主体对特定场所进行实地勘验所作出的客观记录。现场笔录，应当载明时间、地点和事件等内容，并由执法人员和当事人签名。

（四）特殊证据的种类及要求

涉外行政证据的种类必然涉及一些特殊证据，如域外证据、外文文书和外语视听资料、涉及国家秘密的证据等，需谨慎对待，以免引起外交争议，损害国家利益。

1. 域外证据

公安机关在处置涉外行政案件过程中，很可能会涉及域外证据，对其相关要求如下：第一，行政相对人提供在中华人民共和国领域外形成的证据，应当说明来源，经所在国公证机关证明，并经中华人民共和国驻该国使领馆认证，或者履行中华人民共和国与证据所在国订立的有关条约中规定的证明手续；第二，行政相对人提供的在中华人民共和国香港特别行政区、澳门特别行政区和台湾地区内形成的证据，应当按规定办理证明手续，其他香港居民提供的证据可由内地司法部门委托的香港律师作为公证人出具证明并经司法部中国法律服务（香港）有限公司审核加章转递，才具有证明效力；第三，对于发生在我国澳门地区的有法律意义的事件和文书的证明，经中国法律服务（澳门）有限公司和澳门地区司法事务室下属的四个民事登记局出具的公证证明，才具有证明力；第四，行政相对人提交在我国台湾地区形成的证据，应当由台湾地区公证机构作出公证书，并将副本寄送中国公证员协会或省、自治区、直辖市公证员协会，各公证员协会收到海基会寄来的在大陆使用的公证书副本，应进行登记并根据公证书用途转寄公证书使用部门。

2. 外文文书和外语视听资料

行政相对人向行政主体提供外文书证或者外国语视听资料时，应当附有由具有翻译资质的机构翻译的或者其他翻译准确的中文译本，由翻译机构盖章或者翻译人员签名。

3. 涉及国家秘密证据

涉外行政案件作为涉外警务的一部分，必然要遵循维护国家主权原则。行政相对人提供的证据涉及国家秘密时应当作出明确标注。

第三节　涉外警务行政证据的收集及保全

学习目标

在了解行政案件证据基本理论的基础上，掌握出入境案件证据的收集和保全方法。

一、涉外警务行政证据的收集

涉外警务行政证据的收集是行政主体为了查明行政案件事实，运用必要的方法和手段，发现、采集、提取、固定证据的活动。在收集涉外行政证据时应遵循以下原则：

（一）依法收集证据原则

行政主体在收集证据时既要遵守国家法律法规，也要遵守我国所签订的国际公约；同时还应当遵循保障外国人合法权益原则，以保证外国人在我国居留期间，在法律上与我国公民享有平等地位。

（二）全面、客观、公正地收集证据原则

该原则是指行政主体应当全面、客观、公正地收集与案件相关的各类证据。只有客观公正地收集证据，才能查清事实，以避免引起涉外案件行政处罚争议，引发外交争议，影响国家利益。

（三）及时收集证据原则

该原则包含两方面内容：一是行政主体应当在作出涉外行政决定之前收集相关证据，即没有相应的证据认定案件事实，行政主体不得以该事实为基础作出行政决定，以保护行政相对人的合法权益不受侵犯；二是行政主体在行政程序中，应当及时地收集证据，以免证据因时间流逝而消灭或被破坏，致使事实无法认定。

二、涉外警务行政证据的保全

涉外警务行政证据的保全，是指在证据可能灭失或者以后难以取得的情况下，行政主体依照职权主动采取一定措施对证据予以固定和保护的活动。其保全

方式有：

（一）查封

查封是行政主体对需要保存的证据予以封存，禁止转移和处理。查封对象主要是不能移动或不易移动的物品，其方式有两种：一是在物品上贴封条；二是张贴公告。

（二）扣押

扣押是行政主体依法对需要保全的证据移到另外场所予以扣留，防止其持有人或者保管人占有、使用和处分。公安机关在对于享有外交特权和领事特权人员违法行为处置案件的取证过程中，不得扣留外交人员、领事人员的私人物品、护照、外交官证、驾驶证等，应当在查验其证件后立即退还。

（三）先行登记保存

先行登记保存，是指行政机关在收集证据时，在证据可能灭失或者以后难以取得的情况下，经行政机关负责人批准，可以先行登记保存的方法。行政机关在采取先行登记保存措施时，应注意以下几点：第一，以证据可能灭失或者以后难以取得为采取该措施的前提条件；第二，采取该措施必须经行政机关负责人批准；第三，不能对与行政案件无关的物品采取先行登记保存措施；第四，向当事人出具先行登记保存文书前，必须对需保存的物品逐一清点并登记造册；第五，在采取先行登记保存措施后，必须及时作出处理决定，否则先行登记措施将自动解除。

（四）录音

录音，是指行政主体对需要保全的证据通过录音机、录音笔等技术设备将事件发生过程中的声音记录下来的方法。对视听资料、当事人陈述、证人证言等证据类型的保全可使用录音方式。

（五）拍照

拍照，是指行政主体对需要保全的证据通过照相机等技术设备将其图像以底片形式或以电子数据形式固定，并经冲洗或打印而成照片的方法。对书证或物证的保全多适用拍照方式。

（六）录像

录像，是指行政主体通过录像机等技术设备将一定的影像记录下来的方法。

录像主要适用于对视听资料、当事人陈述、证人证言、物证等证据的保全。

（七）复制

复制，是指通过一定或者使用一定的设备，按照原物的各种特征制作仿制品的方法。复制的方法包括复印、摹写、扫描、翻拍、转录、拷贝等。该方法适用于书证、物证、视听资料等证据的保全。

（八）笔录

笔录，是指行政主体通过文字记录的方式固定证据的方法。笔录的方法主要适用于以言辞、活动、状态为内容的证据材料。证人证言、当事人陈述、现场勘验笔录、调查笔录等是常见的笔录形式。

三、涉外警务行政证据审查

（一）行政证据审查方法

行政证据的审查是行政主体对证据材料的合法性、真实性和关联性进行审查判断，确定证据材料有无证据能力及证明力大小的活动。行政证据的审查主要包括三种方法：个别审查法、比较审查法、综合审查法。

1. 个别审查法

个别审查法，是指对单个证据材料进行审查分析，确定证据是否具有证据能力以及证明力的大小。具体来讲是指通过对证据的性状、特性、来源、与待证事实之间的关系等因素进行充分的了解和分析，对单个证据材料是否符合证据的合法性、真实性和关联性进行审查，在此基础之上确定证据是否具有证据能力以及证明力的大小。该方法主要适用于确定单个证据的效力。

2. 比较审查法

比较审查法，是指对证明同一事实的不同证据材料进行对比，发现相互之间的差异和相同点，进而在分析判断的基础上，确定哪些证据具有证据能力以及证明力的大小。比较审查法以证据之间具有可比性为前提，即不同证据证明的事实应为同一事实。如果两个证据证明的事实相互矛盾，则其中一个必然存在问题，可进行鉴别排除。但需注意以下两点：第一，如果证据材料相互矛盾，不应一概排除，而应当仔细分析差异的内容和差异的来源；第二，如果证据材料对比一致，也不应当直接用来认定案件事实，而应当分析证据的特性、来源以及是否存在串供等情形，慎重确定。该方法主要用于确定多个证据的效力。

3. 综合审查法

综合审查法，是指对案件中涉及的证据材料进行综合分析、鉴别，考虑各种证据材料证明的事实以及证明力的大小，确定各种证据是否可以形成证据链来证明案件事实。综合审查的方法包含多个方面：对各种证据进行比照分析，将证据与案件事实联系起来，分析各证据证明的事实是否一致，是否符合客观规律。通过该过程明确分析出所有证据之间的矛盾、证据与事实之间的矛盾、证明的事实之间的矛盾，在此基础上确定最终定案的证据。该方法适用于通过所有证据来认定案件事实的情形。

（二）行政证据审查内容

行政证据审查的内容主要包括：行政证据合法性的审查、行政证据真实性的审查、行政证据关联性的审查。具体内容如下：

1. 行政证据合法性的审查

行政证据合法性的审查，是指审查证据的形式是否合法、证据的取得程序是否合法。

第一，行政证据的形式必须符合法律规定，否则不能作为定案根据。《行政诉讼法》第 33 条规定，证据有以下几种：书证；物证；视听资料；电子数据；证人证言；当事人的陈述；鉴定意见；勘验笔录、现场笔录。以上证据必须经法庭审查属实，才能作为认定案件事实的根据。部分行政规章也根据部门特点，规定了证据的形式。但需注意，行政证据还应当符合内在的形式要求，如鉴定结论必须有鉴定人员签名、域外证据必须经公证机关证明并由使领馆认证等。

第二，证据的取得程序必须合法。在行政证据的审查过程中，虽然由行政主体作为证据收集主体，但必须按照法定的程序进行，否则收集的证据就会因不符合法律程序而不能作为认定事实的依据。

2. 行政证据真实性的审查

行政证据真实性的审查是对证据客观性的审查。行政主体在审查证据真实性时应考虑以下几方面因素：

（1）证据形成的原因。证据形成的原因，是指证据本身形成的过程性原因。由于证据在形成的过程中受到各种主客观因素的影响，进一步影响到证据的真实性，因此应当认真分析、了解证据形成的客观原因，以保证证据的真实性。

（2）发现和收集证据时的环境。在审查证据时为了作出客观判断，应当结合发现和收集证据时的环境，以防止有些证据会因环境的变化而发生性状的变化，特别是对易腐化、变质的物品等应予以特别的注意。

(3) 证据是否属于原件、原物或者是否与原件、原物相一致。原件、原物是原始证据，其真实可靠性远高于复印件、复制品等派生证据，因此行政主体在审查证据时，要审查证据是否属于原件或原物，以提高证据审查的真实性。

(4) 提供证据的人或者证人是否具有利害关系。证据提供人或者证人作为一个社会人，或多或少会受到仇恨、亲情、友情、嫉妒等各种主观因素的干扰，影响其立场。因此，在审查证据的真实性时要充分审查提供证据的人或者证人是否具有利害关系。

3. 行政证据关联性的审查

行政证据关联性的审查主要从以下两个方面进行：

第一，审查证据是否与案件有关。行政证据必须与行政主体处理的案件存在一定的联系，否则不能被纳入证据材料中。第二，证据是否与待证事实有关，即证据与待证事实有联系，能够在一定程度上证明待证事实，两者缺一不可。

四、法律救济

法律救济，是指公民、法人或者其他组织认为自己的人身权、财产权因行政机关的行政行为或者其他单位和个人的行为而受到侵害，依照法律规定向有权受理的国家机关告诉并要求解决，予以补救，有关国家机关受理并作出具有法律效力的活动。[①] 如果行政相对人认为行政主体的行政行为侵犯了其合法权益，可以通过以下途径获得救济：

（一）行政主体作出行政决定前

在行政主体作出行政决定之前，如果行政相对人认为其行政行为存在不恰当之处，可以口头或书面的方式向行政主体提出建议。我国《宪法》第 41 条明确授予了我国公民该项权利。行政主体应当充分听取行政相对人的意见与建议，对于确实存在的不当行政行为应当予以纠正。

（二）行政主体作出行政决定后

在行政主体已经作出行政决定之后，行政相对人还可以通过申请复议或提起诉讼的途径来获得法律救济，主要适用于以下两种情形：

(1) 行政相对人认为行政决定的依据存在事实不清、证据不足的问题，可

① http：//baike. baidu. com/view/66392. htm？ fr=aladdin.

提出复议。我国《行政复议法》第 2 条规定："公民、法人或者其他组织认为具体行政行为侵犯其合法权益，向行政机关提出行政复议申请，行政机关受理行政复议申请、作出行政复议决定，适用本法。"第 6 条规定："有下列情形之一的，公民、法人或者其他组织可以依照本法申请行政复议：（一）对行政机关作出的警告、罚款、没收违法所得、没收非法财物、责令停产停业、暂扣或者吊销许可证、暂扣或者吊销执照、行政拘留等行政处罚决定不服的；（二）对行政机关作出的限制人身自由或者查封、扣押、冻结财产等行政强制措施决定不服的；（三）对行政机关作出的有关许可证、执照、资质证、资格证等证书变更、中止、撤销的决定不服的；（四）对行政机关作出的关于确认土地、矿藏、水流、森林、山岭、草原、荒地、滩涂、海域等自然资源的所有权或者使用权的决定不服的；（五）认为行政机关侵犯合法的经营自主权的；（六）认为行政机关变更或者废止农业承包合同，侵犯其合法权益的；（七）认为行政机关违法集资、征收财物、摊派费用或者违法要求履行其他义务的；（八）认为符合法定条件，申请行政机关颁发许可证、执照、资质证、资格证等证书，或者申请行政机关审批、登记有关事项，行政机关没有依法办理的；（九）申请行政机关履行保护人身权利、财产权利、受教育权利的法定职责，行政机关没有依法履行的；（十）申请行政机关依法发放抚恤金、社会保险金或者最低生活保障费，行政机关没有依法发放的；（十一）认为行政机关的其他具体行政行为侵犯其合法权益的。"第 8 条规定："不服行政机关作出的行政处分或者其他人事处理决定的，依照有关法律、行政法规的规定提出申诉。不服行政机关对民事纠纷作出的调解或者其他处理，依法申请仲裁或者向人民法院提起诉讼。"第 9 条规定："公民、法人或者其他组织认为具体行政行为侵犯其合法权益的，可以自知道该具体行政行为之日起六十日内提出行政复议申请；但是法律规定的申请期限超过六十日的除外。因不可抗力或者其他正当理由耽误法定申请期限的，申请期限自障碍消除之日起继续计算。"第 17 条规定："行政复议机关收到行政复议申请后，应当在五日内进行审查，对不符合本法规定的行政复议申请，决定不予受理，并书面告知申请人；对符合本法规定，但是不属于本机关受理的行政复议申请，应当告知申请人向有关行政复议机关提出。除前款规定外，行政复议申请自行政复议机关负责法制工作的机构收到之日起即为受理。"第 19 条规定："法律、法规规定应当先向行政复议机关申请行政复议、对行政复议决定不服再向人民法院提起行政诉讼的，行政复议机关决定不予受理或者受理后超过行政复议期限不作答复的，公民、法人或者其他组织可以自收到不予受理决定书之日起或者行政复议期满之日起十五日内，依法向人民法院提起行政诉讼。”第 23 条规定：“行政复议机关负责法制工作的机构应当自行政复议申请受理之日起七日内，将行政复议申请书副本或者行政复议申请笔录复印件发送被申请人。被申请人应当自收到申请书副本或者申请笔录复印件之日起十日内，提出书面答复，并提交当初作出具体行政行为的证据、依据和其他有关材料。申请人、第三人可以查阅被申请人提出的书面答复、作出具体行政行为的证据、依据和其他有关材料，除涉及国家秘密、商业秘密或者个人隐私外，行政复议机关不得拒绝。”第 26 条规定：“申请人在申请行政复议时，一并提出对本法第七条所列有关规定的审查申请的，行政复议机关对该规定有权处理的，应当在三十日内依法处理；无权处理的，应当在七日内按照法定程序转送有权处理的行政机关依法处理，有权处理的行政机关应当在六十日内依法处理。处理期间，中止对具体行政行为的审查。”第 27 条规定：“行政复议机关在对被申请人作出的具体行政行为进行审查时，认为其依据不合法，本机关有权处理的，应当在三十日内依法处理；无权处理的，应当在七日内按照法定程序转送有权处理的国家机关依法处理。处理期间，中止对具体行政行为的审查。”

（2）行政相对人认为行政决定的依据存在主要证据不足的情形，可依法向人民法院提起诉讼。人民法院经审查后确认确实存在该问题，应当判决行政主体撤销或部分撤销原行政决定，并重新作出具体行政行为。主要证据，是指能够证明案件基本事实的证据，包括量和质两个方面，有以下三种情形：①没有证据，即据已作出具体行政行为的事实没有相应的证据证明和支持；②证据不充分，即已有证据不能充分证明据以作出具体行政行为的事实的存在；③证据不合法，即指认定事实的证据不合法。相关规定可查阅《最高人民法院关于行政诉讼证据若干问题的规定》第 57 条。

提起行政诉讼的期限。如果行政相对人先向行政机关申请复议，不服复议决定的，可以在收到复议决定书之日起 15 日内向人民法院提起诉讼；复议机关逾期不作决定的，申请人可以在复议期满之日起 15 日内向人民法院提起诉讼。如果行政相对人直接向人民法院提起诉讼的，应当在知道作出具体行政行为之日起 3 个月内提出；行政相对人因不可抗力或者其他特殊情况耽误法定期限的，在障碍消除后的 10 日内，可以申请延长期限，由人民法院决定。

【导入案例分析】

问题一：本案是一起公安机关没有充分证据证明当事人有吸毒行为，对当事人作出强制戒毒决定的案件。强制戒毒是一种限制人身自由的强制措施，公安机关只有在事实清楚、证据确凿的情况下才能作出具体行政行为。在本案中，公安机关对阮某进行尿样检验，发现其尿液中含有吗啡成分，只获取了鉴定结论这一种证据，孤证不能定案。在阮某不承认有吸毒行为的情况下，公安机关应当尽量收集与本案相关的物证和证人证言，使所收集的证据与尿液检验结论相互印证，以此认定案件事实。例如，通过收集注射器或毒品本身，询问当事人的亲属、邻居了解有关案情，并对已收集的证据进行审查，排除虚伪证据，才能在证据充分的情况下认定当事人吸毒，并进行处罚。

问题二：在办理外籍侨民的治安案件中，首先在查获时，应当与颁发当事人《外国人居留证》（居留许可）所在地的公安出入境管理部门联系，然后根据所在地公安部门反映的实际情况和违反治安管理行为的性质，对违法行为人进行处理。依据《治安管理处罚法》第72条第1项、第3项之规定，处10日拘留。可以按《治安管理处罚法》第4条："在中华人民共和国领域内发生的违反治安管理行为，除法律有特别规定的外，适用本法。在中华人民共和国船舶和航空器内发生的违反治安管理行为，除法律有特别规定的外，适用本法。"第10条规定："治安管理处罚的种类分为：（一）警告；（二）罚款；（三）行政拘留；（四）吊销公安机关发放的许可证。对违反治安管理的外国人，可以附加适用限期出境或者驱逐出境。"第11条规定："办理治安案件所查获的毒品、淫秽物品等违禁品，赌具、赌资，吸食、注射毒品的用具以及直接用于实施违反治安管理行为的本人所有的工具，应当收缴，按照规定处理。违反治安管理所得的财物，追缴退还被侵害人；没有被侵害人的，登记造册，公开拍卖或者按照国家有关规定处理，所得款项上缴国库。"第72条规定："有下列行为之一的，处十日以上十五日以下拘留，可以并处二千元以下罚款；情节较轻的，处五日以下拘留或者五百元以下罚款：（一）非法持有鸦片不满二百克、海洛因或者甲基苯丙胺不满十克或者其他少量毒品的；（二）向他人提供毒品的；（三）吸食、注射毒品的；（四）胁迫、欺骗医务人员开具麻醉药品、精神药品的。"第73条规定："教唆、引诱、欺骗他人吸食、注射毒品的，处十日以上十五日以下拘留，并处五百元以上二千元以下罚款。"第74条规定："旅馆业、饮食服务业、文化娱乐业、出租汽车业等单位的人员，在公安机关查处吸毒、赌博、卖淫、嫖娼活动时，为违法犯罪行为人通风报信的，处十日以上十五日以下拘留。"依据《治安管理处罚法》、《公安部关于对不准入境人员审批、通报和处置办法》（公通字［2000］

116号）“可以附加适用限期出境、驱逐出境”，并列入不准入境名单。

问题三：阮某不服此行政决定，可以公安机关为被告向当地公安机关提起行政诉讼，请求法院撤销公安机关的强制戒毒决定，并赔偿相关经济损失。由于被告公安机关在阮某不承认吸毒，又没有其他证据证明其吸毒的情况下，不进行尿样复检和进一步调查取证，仅凭尿液检测报告单即对阮某实施强制戒毒，属于认定案件事实的主要证据不足。

本章小结

1. 行政证据，是指行政决定据以作出的，由行政相对人提供或由行政主体依职权收集的，用以证明某一事实的物质或材料。行政证据主要有7种，包括：书证；物证；视听资料；电子数据；证人证言；当事人的陈述；鉴定意见；勘验笔录、现场笔录。不同种类的证据，对其要求也不同。

2. 行政证据制度主要包括以下几方面内容：行政证明对象、行政证明责任、行政证明标准、行政证据的种类及要求、行政证据的收集与保全、行政证据的审查。

行政证明对象，是指行政主体或行政相对人在行政程序中需要通过证据证明或确认的事实，包括实体性事实、程序性事实及不需要证明的事实；行政证明责任，是行政主体以经证据证明的事实为基础，作出行政决定是其履行法定职责的体现，是行政行为合法、合理的必然要求；行政证明标准，是指行政主体为了作出行政决定，运用证据证明事实所必须达到的范围和程度，包括优势证明标准、排除合理怀疑标准、清楚而有说服力的标准。

【关键术语】

行政　证据　制度

【推荐阅读与学习资料】

1. 徐继敏. 行政证据通论［M］. 北京：法律出版社，2004.

2. 何家弘，刘品新. 证据法学［M］. 北京：法律出版社，2004.

3. 姬亚平，冯宪芬. 我国行政证据制度构建之研究［J］. 西安交通大学学报（社会科学版），2013（3）.

4. 裴苍龄. 论证据学的理论基础［J］. 河北法学，2012（12）.

5. 袁应武. 论我国行政证据制度［J］. 湖南公安高等专科学校学报，2010(4).

【案例】

熊某某系意大利公民，于2009年12月8日被发弥工位器具制造（上海）有限公司（以下简称发弥公司）任命为总经理。2009年12月31日，双方签订劳动合同，约定期限为2010年1月1日起至2012年12月31日，其中试用期为6个月，试用期内任何一方可随时以书面形式通知对方解除合同。

2010年6月11日，因拒绝发弥公司降低工资标准的决定，发弥公司以熊某某工作能力缺陷无法胜任总经理职务为由，单方面解除了劳动合同。于是，熊某某收到发弥公司解除劳动合同、停止支付工资的书面通知。2010年6月13日，上海市人力资源和社会保障局签发了熊某某的《外国人就业证》，有效期至2011年6月11日。熊某某遂向一审法院提起诉讼称，要求发弥公司继续履行劳动合同，并补发相应工资。

问题：

1. 未取得就业证的熊某某是否具有劳动合同主体资格？其就业权是否受法律保护？

2. 熊某某与发弥公司之间的劳动关系是否符合法律规定，为什么？

第八章　涉外警务行政处罚

学习目标

通过本章的学习，理解涉外警务行政处罚的概念、特征、分类和程序；了解涉外警务行政处罚的设定、规定、管辖和适用，掌握涉外警务行政处罚的决定、执行以及法律救济方式。

案例导入

2013年10月4日下午3时许，在江苏省苏州市苏震桃公路吴江区段苏州湾大桥南侧3.8公里处，负责流动测速的执勤民警查获一辆车牌号为"苏A6H×××"的小型轿车，该车被流动测速设备监测到驶离苏州湾大桥时瞬时速度达110千米/小时，超速37.5%（该路段全程测速，限速80千米/小时）。该车靠边停车后，摇下车窗的驾驶员竟然是一位外国人。经查，这位"老外"驾驶员名叫萨芬（英文名为Marat Mikhailovich Safin），是哈萨克斯坦人，护照上签证类型为"X1"字签证，签证有效期至2013年9月16日。萨芬持有中华人民共和国机动车驾驶证，初次领证日期是2013年1月23日，有效期为6年，准驾车型为C1。执勤民警在询问中闻到萨芬身上散发着酒气，于是当场使用呼气式酒精测试仪对其体内酒精含量进行检测，检测结果显示其体内酒精含量为36毫克/100毫升。萨芬解释说自己平常有喝酒的习惯，中午在苏州市区吃饭时喝了一小瓶自带的伏特加，休息几个小时后准备驾车前往浙江的西塘古镇游玩，没想到过了几个小时还会检测出有酒精含量，而"X1"字签证过期是因为他于2013年7月1日在南京某高校毕业了，本该回国的他想留在中国找一份工作，但"Z"字签证未申请成功。

问题：本案中萨芬将要面临哪些涉外警务行政处罚？行政机关在对萨芬实施涉外警务行政处罚时需要注意什么问题？请指出并说明理由。

第一节　涉外警务行政处罚概述

一、涉外警务行政处罚的概念和特征

涉外警务行政处罚，是指公安机关依法对尚未构成犯罪的违反涉外公安行政管理秩序的行政相对人所给予的行政制裁。作为公安机关的重要涉外警务执法行为，涉外警务行政处罚具有下列法律特征：

第一，制裁性。涉外警务行政处罚是公安机关对违反涉外公安行政管理法律规范的行政相对人的一种惩罚和制裁，其前提是当事人实施了违反涉外公安行政管理秩序的行为。

第二，处分性。涉外警务行政处罚就是处分行政相对人的特定权利与义务。如罚款决定就是剥夺行政相对人一定数量的财产权，而行政拘留决定则意味着剥夺行政相对人在一定期限内的人身自由权。

第三，不利性。涉外警务行政处罚会对行政相对人造成不利后果，对行政相对人而言是明显不利的。

第四，法定性。涉外警务行政处罚作为一种剥夺相对人权利的特定行政行为，必须依法设定。我国《行政处罚法》《出境入境管理法》对涉外警务行政处罚的机关、种类、范围、程序等都作出了明确的法定要求。

二、涉外警务行政处罚的分类

（一）涉外警务行政处罚的理论分类

（1）自由罚，亦称人身罚。此类行政处罚意味着公安机关在一定期限内剥夺违法当事人的人身自由。行政拘留是一种最典型的自由罚。

（2）能力罚，亦称行为罚。此类行政处罚意味着公安机关剥夺违法当事人某些特定行为能力和资格。责令停产停业和吊扣许可证、执照等都属于能力罚。

（3）财产罚。此类行政处罚意味着公安机关剥夺违法当事人某些财产所有权。罚款和没收违法所得、非法财物等都属于财产罚。

（4）精神罚，亦称影响声誉罚或申诫罚。此类行政处罚意味着公安机关向违法当事人发出训诫，申明其违法行为，对其名誉、荣誉、信誉等施加影响，促

使其精神上警惕重视，不再违法。警告是精神罚的主要形式。

【导入案例分析】

本案中对萨芬实施的既有财产罚（罚款），又有能力罚（扣留、注销驾驶证）以及自由罚（行政拘留）。根据我国涉外警务行政处罚的管辖原则，萨芬酒驾和超速的违法行为由公安交警部门管辖，逾期居留的违法行为则由公安出入境管理部门管辖。所以本案中交警部门处理完萨芬酒驾和超速的违法行为后，要将萨芬逾期居留的违法行为移交吴江出入境管理大队处理。

（二）涉外警务行政处罚的立法分类①

（1）警告，即公安机关向违法当事人发出训诫，申明其违法行为，对其名誉、荣誉、信誉等施加影响，促使其精神上警惕重视，不再违法。警告是最轻微的行政处罚形式。

（2）罚款，即公安机关强制违法当事人缴纳一定数额金钱。罚款是比较常用的行政处罚形式。

（3）没收违法所得、没收非法财物，即公安机关把违法当事人的违法所得和非法财物的财产所有权予以最终剥夺。

（4）责令停产停业，即公安机关强制违法当事人在一定期限内停止生产经营。

（5）暂扣或者吊销许可证、暂扣或者吊销执照，即公安机关取消违法当事人许可证或执照，或者在一定期限内扣留许可证或执照。

（6）行政拘留，即公安机关在一定期限内剥夺违法当事人的人身自由。行政拘留是最为严厉的行政处罚形式。

（7）法律、行政法规规定的其他行政处罚。

三、涉外警务行政处罚的法律依据

我国没有统一的涉外警务行政处罚法典，公安机关行使涉外警务行政处罚的依据主要是《出境入境管理法》《行政处罚法》《治安管理处罚法》《道路交通安全法》《出境入境管理法》等法律法规，范围非常广泛，包括出入境管理、边防检查、公共秩序管理、公共安全管理、消防管理、道路交通管理、涉外宗教活动管理、外国记者管理等。本节讨论的主要是指《出境入境管理法》中设定的专

① 参见《行政处罚法》第8条。

门适用于相对人的涉外警务行政处罚，适用范围主要包括四方面：中国公民出境入境管理、外国人入境出境管理、外国人在中国境内停留居留管理和交通运输工具的出境入境边防检查。

案例导入

近年，随着我国经济的快速发展，用工矛盾日益突出，越南、缅甸等毗邻国家人员非法入境务工等问题较为突出。目前，“三非”人员通常聚集一处，一旦了解环境，则相对分散，各谋出路，通过分散打工、租房，尽力藏身，客观上加大了发现难度。

2013 年 7 月 19 日，昆山出入境管理大队在工作中发现，昆山市开发区飞翼咖啡屋有 3 名泰国人 CHAICHANAMRS. SUPHIKA（女）、MAHAVANICH MISS AREEY（女）、APAIVATIMR. NATTAPAS（男），在未取得就业证的情况下从事服务员和厨师工作，涉嫌非法就业。经查实，自 2013 年 1 月起，昆山市开发区飞翼咖啡屋负责人尹某非法聘用此 3 名泰国人，在其咖啡屋从事服务员和厨师工作。目前，该 3 名非法就业的泰国籍人员分别被昆山市公安局处以 5000 元罚款，非法聘用外国人的飞翼咖啡屋负责人尹某被昆山市公安局处以 3 万元罚款。

问题：昆山市公安局对该案的处罚依据是什么？

【案例分析】

《出境入境管理法》第 43 条规定，外国人有下列行为之一的，属于非法就业：

（1）未按照规定取得工作许可和工作类居留证件在中国境内工作的；

（2）超出工作许可限定范围在中国境内工作的；

（3）外国留学生违反勤工助学管理规定，超出规定的岗位范围或者时限在中国境内工作的。

《出境入境管理法》第 80 条规定：“外国人非法就业的，处五千元以上二万元以下罚款；情节严重的，处五日以上十五日以下拘留，并处五千元以上二万元以下罚款。

“介绍外国人非法就业的，对个人处每非法介绍一人五千元，总额不超过五万元的罚款；对单位处每非法介绍一人五千元，总额不超过十万元的罚款；有违法所得的，没收违法所得。

“非法聘用外国人的，处每非法聘用一人一万元，总额不超过十万元的罚款；有违法所得的，没收违法所得。”

第二节　涉外警务行政处罚的理论基础

一、行政处罚的概念

行政处罚，是指有处分权的行政机关，对违反行政法律法规的行政相对人给予行政制裁的具体行政行为。

行政处罚的法律依据主要有以下几种：

（一）法律

法律，是由全国人民代表大会及其常委会依照立法程序制定和颁布的规范性法律文件。其法律效力仅次于宪法。法律可以分为全国人民代表大会制定的基本法律，全国人大常委会制定的基本法律之外的法律。《中华人民共和国行政处罚法》就是法律。中国许多现行法律都对行政处罚作了规定，成为行政机关和法定授权组织实施行政处罚的重要依据。

（二）行政法规

行政法规，是国务院依据宪法和法律在其职权范围内发布的有关国家行政管理活动的规范性法律文件。其法律效力次于宪法和法律。由于行政管理工作的复杂性，行政法规涉及各个方面。大多数行政法规成为行政机关和法定授权组织实施行政处罚的最广泛的法律依据。

（三）地方性法规

地方性法规，是地方各级人民代表大会根据该地区的具体情况和实际需要，制定和颁布的仅适用于本行政区域的规范性法律文件。其效力低于宪法、法律和行政法规。地方性法规是中国法律体系的重要组成部分，许多地方性法规都对行政处罚作了具体规定。因此，地方性法规也是行政处罚的重要依据。

（四）规章

规章，是特定行政机关依照行政程序制定的仅适于本部门或本行政区域的规范性法律文件。部委规章是国务院部、委员会依法制定的仅适于本部门的规范性文件；地方政府规章包括省、自治区、直辖市人民政府和省、自治区所在地的市人民政府以及经国务院批准的较大的市的人民政府依法制定的规章。规章作为行政立法的重要组成部分，也大量涉及行政处罚的内容。因此，规章也是行政处罚的重要依据。

《行政处罚法》除以专门的行政处罚法律、行政法规、地方性法规和规章的形式表现以外，大量的是以这些规范性法律文件之中的行政处罚条款和行政处罚专章的形式存在的。

《行政处罚法》对行政处罚的时效作出了明确规定，违法行为在 2 年内未被发现的，不再给予行政处罚，法律另有规定的除外。

二、行政处罚的基本原则

（一）法定原则

处罚法定原则是行政合法性原则在行政处罚行为中的集中体现。其主要内容是：

（1）处罚依据是法定的；

（2）实施处罚的主体是法定的；

（3）实施处罚的职权是法定的；

（4）处罚程序是法定的。

（二）公开、公正、公平原则

（1）处罚公开原则，是指行政处罚的依据及处罚中的有关内容必须公开。

（2）处罚公正原则，要求不能违反公正的程序。

（3）处罚公平原则，要求行政主体在行政处罚中必须依法裁判，公平地处罚违法行为人。既不能同等情况给予不同处罚，也不能不同情况给予相同处罚。

（三）适应违法行为原则

实施的行政处罚，必须与受罚人的违法行为的事实、性质、情节及社会危害程度相适应，亦即行政处罚的种类、轻重程度及其减免均应与违法行为相适应。

（四）一事不再罚原则

一事不再罚原则应在以下四个层面上运作：

（1）一事不再理。行政主体对行为人的第一个处理尚未失去效力时，不能基于同一事实和理由给予第二次处理，除非第二个处理是对第一个处理的补充、更正或者补正。如果第一个处理违法不当，行政主体应当先撤销，再重新处理。如果第一个处理合法正确但未达行政目标，行政主体应充分考虑信赖保护原则，必须撤销的，应依法给予受损失的相对人一定的补偿。

（2）一事不再罚。除法律有明确规定或者依基本法理和法律规则合理推定，如合并处罚、一事多层罚、一事罚多人、一事多行为等情形以外，行政主体应严格遵循一个事件一次处罚的原则。

（3）一事不再同种罚。对于行为人的同一个违法行为，行政主体不能给予两个以上相同种类的处罚。这主要指一个违法行为触犯几个法律条文的情形，即法理上所称法条竞合或者规范竞合。一旦出现规范竞合，应当允许各个法律条文对应的相关行政主体依据不同理由分别作出处罚。但为体现相对公平和公正，各行政主体不能对行为人采取相同种类的处罚。

（4）一事不得两次以上罚款。对于行为人的同一个违法行为，无论触犯几个法律条文，构成几个处罚理由，以及由几个行政主体实施处罚，只能给予一次罚款。如果几个行政主体对涉案违法行为都有权罚款，根据效力优先原则，应该是谁先罚款谁有效。

当然，一事不再罚也不是一个恒定的法律原则，它有以下几个例外：

（1）合并处罚。在法定并处的情况下，因可以并处的处罚种类极有可能在程序上尤其是时限上不一致，故并处的几种处罚可以在时间上有先有后，并可以采用几个不同的处罚决定书。

（2）一事多层罚。对于法人或者其他组织违法的，如果法律有明确规定，行政主体可以采用不同的处罚决定书，分别对法人或者其他组织、法定代表人或者主要负责人以及直接责任人进行处罚。

（3）一事罚多人。几个违法行为人共同违法的，行政主体可以以不同处罚决定书，对各个违法行为人分别处罚。

（4）一事多行为。当某一个违法事件涵盖多个违法行为时，如果各违法行为性质不同，在法律上应构成不同处罚理由，行政主体可以以违法行为为单位分别作出处罚；如果各个违法行为性质相同，则构成法律上的连续行为，行政主体只能以一个违法行为作出一个处罚。

（五）结合教育原则

行政处罚，是法律制裁的一种形式，但又不仅仅是一种制裁，它兼有惩戒与教育的双重功能。处罚不是目的，而是手段，通过处罚达到教育的目的。行政机关在行政处罚的适用中应当始终坚持教育与处罚相结合的原则。

三、行政处罚的种类

（一）人身罚

人身罚也称自由罚，是指特定行政主体限制和剥夺违法行为人的人身自由的行政处罚。这是最严厉的行政处罚。人身罚主要是指行政拘留。行政拘留，也称治安拘留，是特定的行政主体依法对违反行政法律规范的公民，在短期内剥夺或限制其人身自由的行政处罚。

（二）行为罚

行为罚又称能力罚，是指行政主体限制或剥夺违法行为人特定的行为能力的制裁形式。它是仅次于人身罚的一种较为严厉的行政处罚措施。

（1）责令停产、停业。这是行政主体对从事生产经营者所实施的违法行为而给予的行政处罚措施。它直接剥夺生产经营者进行生产经营活动的权利，只适用于违法行为严重的行政相对方。

（2）暂扣或者吊销许可证和营业执照。这是指行政主体依法收回或暂时扣留违法者已经获得的从事某种活动的权利或资格的证书。目的在于取消或暂时中止被处罚人的一定资格、剥夺或限制某种特许的权利。

（三）财产罚

财产罚，是指行政主体依法对违法行为人给予的剥夺财产权的处罚形式。它是运用最广泛的一种行政处罚。

（1）罚款，是指行政主体强制违法者承担一定金钱给付义务，要求违法者在一定期限内交纳一定数量货币的处罚。

（2）没收财物（没收违法所得、没收非法财物等），是指行政主体依法将违法行为人的部分或全部违法所得、非法财物（包括违禁品或实施违法行为的工具）收归国有的处罚方式。

（四）申诫罚

申诫罚又称精神罚、声誉罚，是指行政主体对违反行政法律规范的公民、法人或其他组织的谴责和警戒。它是对违法者的名誉、荣誉、信誉或精神上的利益造成一定损害的处罚方式。

（1）警告，是指行政主体对违法者提出告诫或谴责。

（2）通报批评，是对违法者在荣誉上或信誉上的惩戒措施。通报批评必须以书面形式作出，并在一定范围内公开。

四、行政处罚的实施机关

（一）实施机关

行政处罚由具有行政处罚权的行政机关在法定职权范围内实施，没有行政处罚权的行政机关或其他组织一般不能实施行政处罚。国务院或者经国务院授权的省、自治区、直辖市人民政府可以决定一个行政机关行使有关的行政处罚权，但限制人身自由的行政处罚权只能由公安机关行使。享有行政处罚权、能够实施行政处罚的机关应具备以下条件：

第一，必须是行政机关。

第二，必须具有外部管理职能。

第三，必须取得特定的行政处罚权。

第四，必须在法定的职权范围内实施。

（二）授权实施行政处罚的机关

法律、法规授权的具有管理公共事务职能的组织，可以在法定授权范围内实施行政处罚。法律、法规授权的组织若不具有管理公共事务的职能，则不能实施行政处罚。

（三）委托实施行政处罚的机关

（1）根据《行政处罚法》规定，受委托的组织必须在授权范围内，以委托行政机关名义实施行政处罚，不能再委托其他任何组织或个人实施行政处罚。

（2）委托行政机关对受委托的组织实施行政处罚的行为负责监督，并对该组织实施行政处罚行为的后果承担法律责任。

（3）根据《行政处罚法》第19条的规定，能够接受行政委托、依法行使行政处罚的组织必须符合以下条件：一是依法成立的管理公共事务的事业组织；二是具有熟悉有关法律、法规、规章和业务的工作人员；三是对违法行为需要进行技术检查或技术鉴定的，应当由有条件的组织进行相应的技术检查或者技术鉴定。

（四）行政处罚的管辖和适用

1. 行政处罚的管辖

（1）根据规定，行政处罚除法律、行政法规另有规定外，由违法行为发生地的县级以上地方人民政府具有行政处罚权的行政机关管辖。

（2）县级以下（不包括县级）的行政机关如果没有法律、行政法规的另行规定或根据县级以上地方人民政府具有行政处罚权的行政机关的依法委托，不得享有、行使行政处罚管辖权。

（3）两个以上依法享有行政处罚权的实施机关如对同一行政违法案件都有管辖权，在案件管辖上发生争议，双方又协商不成的，应报请共同的上一级行政机关指定管辖。

（4）对行政违法案件有管辖权的行政机关若发现相应违法行为构成犯罪的，行政机关必须依法及时将案件移送司法机关，依法追究刑事责任。违法行为经人民法院依法审判认定构成犯罪判处拘役或有期徒刑时，行政机关已经给予当事人行政拘留的，应当依法折抵相应刑期。违法行为构成犯罪，人民法院判处罚金时，行政机关已经处以罚款的，应当折抵相应罚金。

2. 行政处罚的适用

行政处罚适用的条件：一是必须已经实施了违法行为，且该违法行为违反了行政法规范；二是行政相对人具有责任能力；三是行政相对人的行为依法应当受到处罚；四是违法行为未超过追究时效。行政处罚的适用方式：

（1）不予处罚。根据规定，①不满 14 周岁的人有违法行为的，不予行政处罚；②精神病人在不能辨认或控制自己行为时有违法行为的，不予行政处罚；③违法行为轻微并及时纠正，没有造成危害后果的，不予行政处罚；④违法行为在两年内未被发现的，除法律另有规定外，不再给予行政处罚。

（2）从轻或减轻处罚。从轻处罚，是指在行政处罚的法定种类和法定幅度内，适用较轻的种类或者依照处罚的下限或者略高于处罚的下限给予处罚，但不能低于法定处罚幅度的最低限度。减轻处罚，是指在法定处罚幅度的最低限度以下给予处罚。

例如，税务机关责令限期改正，处 2000 元以上 2 万元以下的罚款，从轻处罚 2000 元，减轻处罚 1000 元。根据规定，依法应当从轻或减轻行政处罚的情况有：一是已满 14 周岁不满 18 周岁的人有违法行为的；二是主动消除或减轻违法行为危害后果的；三是受他人胁迫有违法行为的；四是配合行政机关查处违法行为有立功表现的；五是其他依法应从轻或减轻行政处罚的情形。

（3）从重处罚。《治安管理处罚法》第 20 条规定，违反治安管理有下列情形之一的，从重处罚：

①有较严重后果的；

②教唆、胁迫、诱骗他人违反治安管理的；

③对报案人、控告人、举报人、证人打击报复的；

④六个月内曾受过治安管理处罚的。

（五）行政处罚的追究时效

根据《行政处罚法》规定，行政处罚的追究时效为2年，在违法行为发生后2年内未被行政机关发现的，不再给予行政处罚；法律另有规定的除外。根据《治安管理处罚法》规定，违反治安管理行为在6个月内没有被公安机关发现的，不再处罚。

行政处罚的追究时效，从违法行为发生之日起计算；违法行为有连续或者继续状态的，从行为终了之日起计算。连续状态，是指行为人连续实施数个同一种类的违法行为；继续状态，是指一个违法行为在时间上的延续。

（六）适用条件限制

行政处罚适用，是指行政主体在认定相对方行为违法的基础上，依法决定对相对方是否给予行政处罚和如何科以处罚的活动。

行政处罚的适用必须具备以下条件：

（1）行政处罚适用的前提是公民、法人或其他组织的行政违法行为客观存在。

（2）行政处罚适用的主体是享有法定的行政处罚权的行政机关或法律法规授权的组织或行政机关委托的组织。

（3）行政处罚适用的对象是违反行政管理秩序的行政违法者，且具有一定的责任能力。

（4）行政处罚适用的时效，是指对行为人实施行政处罚，还需其违法行为未超过追究时效。

（七）处罚权的限定

行政处罚的设定，是指国家有权机关在行政处罚立法上的权力配置。

根据《行政处罚法》和其他法律、法规的规定，行政处罚的设定权限划分如下：

（1）全国人民代表大会及其常务委员会是国家最高权力机关和立法机关，可以设定任何种类行政处罚。限制人身自由的行政处罚，只能由法律设定。

（2）国务院是最高行政机关，可以依法设定除限制人身自由以外的行政处罚。法律对违法行为已经作出行政处罚规定的，行政法规不得超越法律规定的给予行政处罚的行为、种类和幅度的范围另行作出行政处罚规定。

（3）地方性法规可以设定除限制人身自由、吊销企业营业执照以外的行政处罚。法律、行政法规对违法行为已经作出行政处罚规定的，地方性法规不得超越法律、行政法规规定的给予行政处罚的行为、种类和幅度的范围另行作出行政处罚规定。

（4）国务院各部委制定的规章可以在法律、行政法规规定的给予行政处罚的行为、种类和幅度的范围内作出具体规定；尚未制定法律、行政法规的，部委规章可以设定警告或者一定数量罚款的行政处罚。罚款的限额由国务院规定。国务院可以授权具有行政处罚权的直属机构按照本条的情形规定行政处罚。

（5）省、自治区、直辖市人民政府和省、自治区人民政府所在地的市人民政府、经国务院批准的较大的市以及经济特区市人民政府制定的规章可以在法律、法规规定的给予行政处罚的行为、种类和幅度的范围内作出具体规定；尚未制定法律、法规的，上述人民政府制定的规章可以设定警告或者一定数量罚款的行政处罚。罚款的限额由省级人大常委会规定。

（6）除上述规定外，其他任何规范性文件不得设定行政处罚。

（八）处罚主体限定

行政处罚必须由享有法定权限的行政机关或法律、法规授权的组织实施。

在中国，只有法律、法规规定享有行政处罚权的行政机关和法律、法规授权行使行政处罚权的组织才是行政处罚的主体。限制人身自由的行政处罚权只能由公安机关行使。

在行政处罚实践中，受享有行政处罚权的行政机关委托的组织也可以行使某些行政处罚权，但它们是以委托的行政机关的名义进行活动，其行为后果也由委托的行政机关承担。因此，受委托的组织不能成为行政处罚的主体。

五、行政处罚的程序

行政处罚是对违法行为人的权利和利益的限制甚至剥夺，是一种较严厉的制裁行为，因此，行政处罚的适用必须遵守严格的程序。

（一）简易程序

行政处罚的简易程序又称当场处罚程序，是指行政处罚主体对于事实清楚、情节简单、后果轻微的行政违法行为，当场作出行政处罚决定的程序。

1. 适用简易程序的行政处罚必须符合的条件

（1）违法事实确凿；

（2）对该违法行为处以行政处罚有明确、具体的法定依据；

（3）处罚较为轻微，即对个人处以50元以下的罚款或者警告，对组织处以1000元以下的罚款或者警告。

2. 行政执法人员当场作出行政处罚决定的，应遵守的程序

（1）出示执法证件，表明执法人员身份；

（2）告知作出行政处罚决定的事实、理由和根据；

（3）听取当事人的陈述和申辩；

（4）填写预定格式、编有号码的行政处罚决定书；

（5）将行政处罚决定书当场交付当事人。

（二）一般程序

一般程序是行政机关进行行政处罚的基本程序。一般程序适用于处罚较重或情节复杂的案件以及当事人对执法人员给予当场处罚的事实认定有分歧而无法作出行政处罚决定的案件。一般程序的具体内容有：

（1）调查取证；

（2）告知处罚事实、理由、依据和有关权利；

（3）听取陈述、申辩或者举行听证会；

（4）作出行政处罚决定；

（5）作出行政处罚决定书。

根据《行政处罚法》的规定，行政机关作出责令停产停业、吊销许可证或者执照、较大数额罚款等行政处罚决定之前，应当告知当事人有要求举行听证的权利。当事人要求听证的，行政机关应当组织听证。

（三）紧急听证程序

紧急状态之下，出于公共利益的需要及效率的考虑，行政机关在作出正常状态下应举行听证的三类行政处罚决定（责令停产停业、吊销许可证或者执照、较大数额罚款）之前，是否可以不经相应的听证程序就作出处罚决定，应当由法律预先规定，授权行政机关根据紧急状态的程度并遵循比例原则予以确定，在强调保障公共目的实现的同时，应兼顾公民基本权利的保护。处于高度紧急状态中的地区，行政权力作为紧急权力的主要承担者其表现形式应为行政强制；而处于低

度紧急状态中的地区，行政机关在进行行政处罚时，应遵循行政程序，在涉及需要听证的行政处罚时，必须进行听证。

六、行政处罚的执行

行政处罚的执行应当遵守下列原则：

（1）当事人自觉履行原则；

（2）行政复议和行政诉讼期间，行政处罚决定不停止执行原则；

（3）作出罚款决定的行政机关应当与收缴罚款的机构分离；但是，依照行政处罚法的规定可以当场收缴罚款的除外。

当事人逾期不履行行政处罚决定的，作出行政处罚决定的行政机关可以采取加处罚款、拍卖查封或扣押的财物、划拨冻结的存款、申请人民法院执行等措施。

第三节　行政处罚在涉外警务中的法律适用

一、涉外警务行政处罚的管辖

涉外警务行政处罚的管辖是借此来确定对某个行政违法行为应该由哪个行政机关实施行政处罚的行政法律制度，它涵括了地域管辖、级别管辖和指定管辖三层含义。

综合《行政处罚法》第 20 条和《出境入境管理法》第 70 条的规定来看，涉外警务行政处罚由违法行为发生地的县级以上地方人民政府公安机关或者出入境边防检查机关管辖。其包含两方面意思：一方面涉外警务行政处罚的管辖权遵循属地原则，归违法行为发生地的行政机关所有；另一方面涉外警务行政处罚从级别上要求县级以上人民政府公安机关才有资格处理相应的行政违法案件。其中警告或者 5000 元以下罚款，可以由县级以上地方人民政府公安机关出入境管理机构决定。

《行政处罚法》第 21 条规定，对管辖权发生争议时，由发生争议的行政机关报请共同的上一级机关指定管辖。这是为了解决行政机关之间对管辖权的盲目争夺或者推诿扯皮的问题。此外，如果违反《出境入境管理法》构成犯罪的，不能以行政处罚来代替刑事处罚，必须移送司法机关追究其刑事责任。

二、涉外警务行政处罚的适用

涉外警务行政处罚的适用，是指公安机关或者出入境边防检查机关在认定相对人行为违法后，依据有关的法律法规规定对其实施处罚的过程。《行政处罚法》规定行政机关在适用行政处罚时必须遵守一些特定的规则，比如行政机关在实施处罚的同时必须责令当事人改正或限期改正违法行为，[①] 因为毕竟处罚的目的在于纠正违法行为、规范社会秩序，而不是为处罚而处罚。此外，《行政处罚法》还规定了许多适用行政处罚的过程中必须遵守的规则，总结如下：

（一）不处罚规则

《行政处罚法》列举了一些特殊情形，在这些情形下，即使当事人具有违法行为，也不能给予处罚：[②]

（1）违法行为人未满 14 周岁的。这种情形下只能责令监护人对其严加管教。

（2）违法行为是精神病人在不能辨认或者不能控制自己行为时实施的。这种情形下只能责令其监护人对其严格看护，防止其再次违法。若违法行为是精神病人在精神正常时实施的则应当给予处罚。

（3）违法行为轻微并及时纠正，未造成危害后果的。

（4）违法行为在两年内未被发现的。两年的期限应从违法行为发生之日起计算，违法行为有连续或者继续状态的，则从行为终了之日起计算。但法律另有规定的除外。

（二）从轻或减轻处罚规则

《行政处罚法》规定，对以下情形要从轻或减轻处罚：

（1）违法行为人已满 14 周岁不满 18 周岁的；

（2）违法行为人主动消除或者减轻违法行为危害后果的；

（3）违法行为人在他人胁迫之下作出违法行为的；

（4）违法行为人配合行政机关查处违法行为有立功表现的。

（三）不再罚规则

行政处罚的不再罚规则包括以下两种情形：

---

① 参见《行政处罚法》第 23 条。

② 参见《行政处罚法》第 25、26、27、29 条。

1. 折抵不再罚

折抵不再罚，是指如果违法行为构成犯罪，人民法院在对当事人执行刑罚时，应当将已经执行的行政处罚折抵。这包括已经执行的行政拘留与已经判处的刑事拘役或有期徒刑相折抵，以及已经执行的行政罚款与已经判处的刑事罚金相折抵。[①] 除这两种情况外，其他的行政处罚与刑事处罚之间不能相折抵。

2. 一事不再罚

《行政处罚法》第 24 条规定：对当事人的同一个违法行为，不得给予两次以上罚款的行政处罚。这一法条中明确规定是不得给予两次以上的罚款，而对罚款以外的其他行政处罚种类则没有明确限制，显得局限性较大，因为对同一违法行为给予其他行政处罚种类的重复适用显然也是不合理的。

三、涉外警务行政处罚的决定

作出决定是实施处罚的前置环节。涉外警务行政处罚专业性很强，且出入境活动特别是外国人入出境活动往往集中在城市地区，公安机关出入境管理机构在客观上需要具备一定的独立执法主体地位。《出境入境管理法》第 70 条从两个层次作了规定：县级以上地方人民政府公安机关或者边防检查机关拥有完全的执法主体资格；对于警告或者 5000 元以下罚款的案件，可以由公安机关出入境管理机构决定。这解决了出入境管理行政复议、诉讼层级过高的问题。出入境管理机关依法独立行使行政处罚权的三项前置条件：一是严格遵循《出境入境管理法》的规定，决定机关名称和决定机关印章必须含“出入境”。二是增强警力配置。一线执法勤务机构要按照职责任务相适应的执法办案必需的警力；符合办案流程，即两人办案，法制员审核，大队领导审批。三是严格落实执法办案场所的有关规定，按照《公安机关执法办案场所设置规范》，设置必要的执法办案场所，可以使用所属公安机关设置的执法办案场所，但是严禁在受理大厅和其他非办案场所办案。不具备独立行使处罚权条件的，由所属县级以上地方人民政府公安机关实施。

【案例】

2009 年 6 月 7 日上午 8 时，F 县公安局出入境管理大队民警在赵某驾驶的一辆大客车上查获 25 名未持任何有效证件、自称是 M 国的人员。在审查中，该 25

---

① 参见《行政处罚法》第 28 条。

名M国国籍人员称是由广东东莞某工厂老板姚某在M国以高额薪酬为许诺，拉拢他们到姚某的工厂打工的。赵某供述，姚某知道自己跑运输业务，6月3日晚，姚某找到他，请他将M国的25人运输到东莞，并许诺给予一定报酬。

6月7日下午，F县公安局出入境管理大队根据《治安管理处罚法》的规定，给予运送他人偷越国（边）境的赵某罚款人民币5000元处罚，并在《行政处罚决定书》上加盖了该大队的公章。当晚，F县公安局出入境管理大队组织民警将25名M国国籍人员押送至边境地区移交边防部门遣送出境。

问题：F县公安局出入境管理大队对赵某的处理是否妥当，为什么？

【案例分析】

F县公安局出入境管理大队以自己名义作出行政处罚并在《行政处罚决定书》上加盖本大队公章的做法不符合法律规定。根据《行政处罚法》及有关出入境管理法律、法规的规定，罚款5000元的行政处罚由县级以上公安机关作出，出入境管理大队是内设机构，无权以自己的名义作出行政处罚决定。因此，应以F县公安局名义作出行政处罚决定，《行政处罚决定书》应加盖F县公安局公章。

根据《行政处罚法》的要求，公安机关在作出涉外警务行政处罚决定前，必须查明事实，否则不得给予行政处罚。并且在作出处罚决定之前，应当告知当事人作出涉外警务行政处罚决定的事实、理由和依据，并告知当事人依法享有的权利。与此同时，当事人有权利进行陈述和申辩，行政机关不得因当事人申辩而加重处罚。为了促使公安机关正确履行涉外警务行政处罚权力，《行政处罚法》中还规定了涉外警务行政处罚的三种决定程序，即简易程序、一般程序和听证程序。

（一）简易程序

涉外警务行政处罚的简易程序，即当场处罚程序，是指公安机关针对一些事实清楚、情节简单、后果轻微的违法行为，当场作出处罚决定的程序。简易程序无疑提高了涉外警务行政处罚效率，但容易被滥用，于是《行政处罚法》规定了适用简易程序的条件：只有在违法事实确凿并有法定依据，对公民处以50元以下、对法人或者其他组织处以1000元以下罚款或者警告的行政处罚时，才能适用简易程序当场作出涉外警务行政处罚决定。

《出境入境管理法》第86条在《行政处罚法》第33条规定的基础上，对出入境管理违法行为人的当场处罚作出了特别规定。即对违反出境入境管理行为处500元以下罚款的，出入境边防检查机关可以当场作出处罚决定。

简易程序必须遵循如下步骤：首先执法人员应向当事人出示执法身份证件；其次填写预定格式、编有号码的行政处罚决定书，在处罚决定书中载明当事人的违法行为、行政处罚依据、罚款数额、时间、地点以及行政机关名称，并由执法人员签名或者盖章；最后除将行政处罚决定书当场交付当事人外，还必须报所属行政机关备案。① 如果当事人对当场作出的行政处罚决定不服，可以依法提起行政诉讼或申请行政复议。

（二）一般程序

涉外警务行政处罚的一般程序，是指在不适宜采用简易程序时，公安机关作出行政处罚必须遵循的程序。根据《行政处罚法》的规定，一般程序应该依次经历如下几个阶段：

1. 调查取证阶段

这是按照一般程序实施涉外警务行政处罚所经历的第一个阶段。当公安机关发现行政相对人有依法应当给予涉外警务行政处罚的违法行为时，必须全面、客观、公正地调查和收集有关证据，必要时依照法律法规的规定可以实施行政检查。公安机关在进行调查或检查时应当遵循法定的规则，即行政执法人员不得少于 2 人，并应当向当事人或有关人员出示证件，对当事人或者有关人员进行询问或检查时应制作笔录。②

在这一阶段，若公安机关需要收集证据，可以采取抽样取证的方法。如果证据有可能灭失或事后难以取得，经公安机关负责人批准可以先行登记保存，并在 7 日内作出处理决定。在此期间，当事人或者有关人员不得销毁或者转移证据。如果执法人员与当事人有直接利害关系的，应当回避。

此外，公安机关在作出行政处罚决定之前，如果不按规定向当事人告知给予行政处罚的事实、理由和依据，或者拒绝听取当事人的陈述、申辩，行政处罚决定不能成立。当然，如果当事人主动放弃陈述或者申辩权利的除外。在告知过程中，公安机关应当记录好，并请当事人签名。③

2. 作出决定阶段

经过调查取证阶段之后，公安机关负责人应当对调查结果进行审查，并根据

① 参见《行政处罚法》第 34 条。
② 参见《行政处罚法》第 37 条。
③ 参见《行政处罚法》第 32 条、第 41 条和第 42 条。

不同情况分别作出不同的行政处罚决定：①

（1）确实存在违法行为应受行政处罚的，根据情节轻重及具体情况，作出行政处罚决定；

（2）对于依法可以不予行政处罚的轻微违法行为，不予处罚；

（3）不成立违法事实的，不得给予行政处罚；

（4）对于已构成犯罪的违法行为，移送司法机关。

如果遇到情节复杂或者重大违法行为需要给予较重行政处罚的，公安机关的负责人应当集体讨论决定后再出具行政处罚决定书。处罚决定书应依据《行政处罚法》第39条的规定，载明下列格式和内容：

（1）当事人的姓名或者名称、地址；

（2）违反法律、法规或规章的事实和证据；

（3）涉外警务行政处罚的种类和依据；

（4）涉外警务行政处罚的履行方式和期限；

（5）不服涉外警务行政处罚决定，申请行政复议或者提起行政诉讼的途径和期限；

（6）作出涉外警务行政处罚决定的公安机关名称和作出决定的日期。

此外，涉外警务行政处罚决定书上必须盖有作出行政处罚决定的公安机关的印章才能生效。

3. 送达决定书阶段

涉外警务行政处罚决定书应当在宣告后当场交付当事人；当事人不在场的，公安机关应当在七日内依照《民事诉讼法》的有关规定，将行政处罚决定书送达当事人。②

（三）听证程序

根据《行政处罚法》第3条的规定，公民、法人或者其他组织违反行政管理秩序的行为，应当给予行政处罚的，依照本法由法律、法规或规章规定，并由行政机关依照本法规定的程序实施。没有法定依据或不遵守法定程序的，行政处罚无效。

《行政处罚法》第55条规定，行政机关实施行政处罚，违反法定的行政处罚

---

① 参见《行政处罚法》第38条。

② 参见《行政处罚法》第40条。

程序的，由上级行政机关或者有关部门责令改正，可以对直接负责的主管人员和其他直接责任人员依法给予行政处分。

【导入案例分析】

本案中萨芬将要面临涉外警务行政处罚包括以下几个方面：

第一，萨芬的行为违反的是我国的涉外警务行政管理秩序，尚未构成犯罪，因此只能依法予以行政处罚。萨芬饮酒后驾驶非营运小型轿车的违法行为不适宜采用简易程序，交警部门依照法律法规的规定对萨芬进行酒精呼气测试检查时执勤民警不得少于2人，并应当向萨芬出示证件。

第二，在执法中，执法民警应向萨芬出示执法身份证件，对萨芬进行询问或检查，应制作笔录，并请萨芬签名。此外，执勤民警在作出行政处罚决定之前，要按规定向萨芬告知给予行政处罚的事实、理由和依据。行政机关在对萨芬作出处罚决定之前，应当告知萨芬有权利进行陈述和申辩，行政机关不得因萨芬申辩而加重处罚。若萨芬不懂中文，行政机关有为萨芬免费提供中文翻译的义务。

从行政处罚制度的程序规则来看，行政机关在对萨芬作出处罚决定之前，应当告知萨芬作出行政处罚决定的事实、理由和依据，并告知萨芬依法享有的权利。填写预定格式、编有号码的行政处罚决定书，在处罚决定书中载明萨芬的违法行为、行政处罚依据、罚款数额、时间、地点以及行政机关名称，并由执法民警签名或者盖章。如果萨芬对当场作出的行政处罚决定不服，可以依法提起行政诉讼或申请行政复议。

第三，萨芬驾驶非营运小型轿车行驶超过规定时速20%以上未达到50%，依据《道路交通安全法》第42条第1款、第90条，《道路交通安全法实施条例》第45条、第46条以及《江苏省道路交通安全条例》第62条第（二）项的规定，将被记驾驶证6分，罚款200元。

萨芬饮酒后驾驶非营运机动车的，根据《道路交通安全法》第22条第2款、第91条第1款和《江苏省道路交通安全条例》第63条的规定，将被记驾驶证12分，并处1000元罚款，再加上萨芬的驾驶证在实习期内，依据《机动车驾驶证申领和使用规定》第69条的规定，其C1驾驶证将被注销。萨芬必须重新参加驾驶员考试才能申领驾驶证。

第四，萨芬超过“X1”字签证规定的居留期限居留，对其非法居留的违法行为依据《出境入境管理法》第78条的规定：“……处每非法居留一日五百元，总额不超过一万元的罚款或者五日以上十五日以下拘留……”

四、涉外警务行政处罚的执行

涉外警务行政处罚的执行，是指公安机关依法强制执行行政处罚决定的法律制度。涉外警务行政处罚决定作出以后，当事人应当主动在规定的期限内履行处罚决定中所确定的义务，否则公安机关可以采取特定的强制手段来迫使其履行义务，而且即使当事人对涉外警务行政处罚决定不服，提起了行政复议或行政诉讼，行政处罚决定在此期间也不停止执行。其中，对行政罚款的强制执行程序及规则是《行政处罚法》第六章规范的重点，具体如下：

（一）行政罚款的罚缴分离规则

为遏制公安机关滥罚创收的冲动，防止罚款权力被滥用，罚缴分离规则要求作出罚款决定的公安机关与收缴罚款的机构分离，[①] 作出涉外警务行政处罚决定的公安机关及其执法人员不得自行收缴罚款，受处罚的当事人应当自收到行政处罚决定书之日起 15 日内，到指定的银行缴纳罚款，银行收受罚款并将其直接上缴国库。罚缴分离规则适用于行政罚款的绝大多数情形。

（二）行政罚款的当场收缴规则

除罚缴分离规则这个一般原则之外，《行政处罚法》还规定了当场收缴规则这一例外原则，其目的是弥补罚缴分离规则在特殊情况下可能无法实施的缺陷。所谓当场收缴，是指执法人员在作出行政罚款决定后，依法当场收缴罚款。对境外人员的处罚并不意味着一定要现场收缴，因为其若有罚款未缴纳，就无法离境。根据《行政处罚法》的有关规定，只有在符合以下条件的前提下，才可以由执法人员当场收缴罚款：[②]

（1）罚款金额在 20 元以下的；

（2）若不当场收缴，事后难以执行的；

（3）在边远、水上、交通不便地区，当事人向指定的银行缴纳罚款确有困难，经当事人要求，公安机关及其执法人员可以当场收缴罚款。

为避免行政罚款的当场收缴规则被滥用，《行政处罚法》对当场收缴规则作出了详细的规定，[③] 具体如下：

---

① 参见《行政处罚法》第 46 条第一款。

② 参见《行政处罚法》第 47~48 条。

③ 参见《行政处罚法》第 49~50 条、第 52 条。

(1) 公安机关及其执法人员当场收缴罚款的，必须向当事人出具省、自治区、直辖市财政部门统一制发的罚款收据，否则当事人有权拒绝缴纳罚款。

(2) 执法人员应当将当场收缴的罚款在 2 日内（自收缴罚款之日起）交至公安机关。在水上当场收缴的罚款，应当自抵岸之日起 2 日内交至公安机关。公安机关应当在 2 日内将罚款缴付指定的银行。

(3) 如果当事人确有经济困难，申请延期或者分期缴纳罚款的，经公安机关批准，可以暂缓或者分期缴纳。

此外，在出入境管理中，由于行政相对人流动性很强，特别需要重视行政处罚的时效性。《出境入境管理法》第 87 条从出入境管理执法实际需要出发，在《行政处罚法》第 33、46~48 条，《治安管理处罚法》第 104 条等规定的基础上，作出了特别规定，即对违反出境入境管理行为处罚款的，要求被处罚人应当自收到处罚决定书之日起 15 日内，到指定的银行缴纳罚款。若被处罚人在所在地没有固定住所，不当场收缴罚款事后难以执行或者在口岸向指定银行缴纳罚款确有困难的，可以当场收缴。

(三) 其他行政处罚的强制执行措施

当事人如逾期不履行行政处罚决定，作出行政处罚决定的公安机关可以依法采取以下强制执行措施①：

(1) 当事人到期不缴纳罚款的，公安机关可以每日按罚款数额的百分之三加处罚款；

(2) 公安机关可以根据法律规定，将查封、扣押的财物拍卖或者将冻结的存款划拨抵缴罚款；

(3) 申请人民法院强制执行。

除依法应当销毁的物品外，依法没收的非法财物必须按照规定公开拍卖或者按照国家有关规定处理。罚款、没收违法所得或者没收非法财物拍卖的款项，必须全部上缴国库，任何行政机关或者个人不得以任何形式截留、私分或者变相私分。财政部门不得以任何形式向作出行政处罚决定的公安机关返还罚款、没收的违法所得或者返还没收非法财物的拍卖款项。②

(四) 处罚决定书的格式和内容

应依据《行政处罚法》第 39 条的规定，载明下列格式和内容：

---

① 参见《行政处罚法》第 51 条。

② 参见《行政处罚法》第 53 条。

（1）当事人的姓名或者名称、地址；

（2）违反法律、法规或者规章的事实和证据；

（3）行政处罚的种类和依据；

（4）行政处罚的履行方式和期限；

（5）不服行政处罚决定，申请行政复议或者提起行政诉讼的途径和期限；

（6）作出行政处罚决定的行政机关名称和作出决定的日期。

此外，行政处罚决定书上必须盖上作出行政处罚决定的公安机关的印章才能生效。并且行政处罚决定书应当在宣告后当场交付当事人。

从行政罚款的罚缴分离规则看，作出行政处罚决定的公安机关及其执法人员不得自行收缴罚款，当事人应当自收到行政处罚决定书之日起 15 日内，到指定的银行缴纳罚款。

（五）法律救济

如果行政相对人认为公安机关实施的涉外警务行政处罚侵犯了自己的合法权益，可以通过以下途径寻求法律救济：

（1）行政复议、行政诉讼或行政赔偿。行政相对人对公安机关所给予的行政处罚，享有陈述权、申辩权。对行政处罚不服的，有权依法申请行政复议或者提起行政诉讼。若因公安机关违法给予行政处罚受到损害的，行政相对人有权依法提出赔偿要求。[①]

（2）申诉或检举。行政相对人对公安机关作出的行政处罚，有权申诉或者检举。公安机关应当认真审查，发现行政处罚有错误的，应当主动改正。[②]

此外，《出境入境管理法》第 81 条规定，外国人违反本法规定，情节严重，尚不构成犯罪的，公安部可以处驱逐出境。公安部驱逐出境的处罚决定为最终决定，排除了救济途径。

【案例】

2011 年 3 月，一缅甸人杨某在我国境内李某家借宿，杨某、李某均未前往公安机关办理临时住宿登记，两人因违反外国人住宿登记规定而受到行政处罚。

问题：

1. 对于违反《出境入境管理法》而被处罚的，被处罚人提起行政诉讼的期

---

① 参见《行政处罚法》第 6 条。

② 参见《行政处罚法》第 54 条。

限是多长?

2. 如果先复议,对复议决定不服的,可否再诉讼?

【案例分析】

1. 根据《行政诉讼法》第46条规定,公民、法人或者其他组织直接向人民法院提起诉讼的,应当在知道作出具体行政行为之日起6个月内提出。法律另有规定的除外。对该条文应当理解为“15日内直接向当地人民法院提起诉讼”,可以看作《行政诉讼法》第46条“法律另有规定”的情形,因此对公安机关作出的罚款或拘留处罚不服,直接向人民法院提起诉讼的期限应当为接到通知之日起十五日内。

2. 根据《行政复议法》第5条“公民、法人或者其他组织对行政复议决定不服的,可以依照行政诉讼法的规定向人民法院提起行政诉讼,但是法律规定行政复议决定为最终裁决的除外”的规定,当事人对公安机关出入境违法行为依法作出的拘留处罚申请行政复议的,行政复议决定为最终裁决,对行政复议决定不服,不能提起行政诉讼。

本章小结

涉外行政处罚是公安机关对外国人或无国籍人实施的违法行为,依照有关行政法律、法规给予行政处罚。涉外行政处罚应遵循相应的原则和程序。在行政机关执法实践中,涉外行政处罚所依据的法律规范主要是以国务院、各行政部门出台的行政法规和部门规章为主,从而使我国在涉外行政处罚的实施中,特别是外国人管理工作中能够更加公平合理,保障人权。

涉外警务行政处罚由违法行为发生地的县级以上地方人民政府公安机关或者出入境边防检查机关管辖。这包含两层意思:一方面涉外警务行政处罚的管辖权遵循属地原则,归违法行为发生地的行政机关所有;另一方面涉外警务行政处罚从级别上要求县级以上人民政府公安机关才有资格处理相应的行政违法案件。其中警告或者5000元以下罚款,可以由县级以上地方人民政府公安机关出入境管理机构决定。

涉外警务行政处罚决定作出以后,当事人应当主动在规定的期限内履行处罚决定中所确定的义务,否则公安机关可以采取特定的强制手段来迫使其履行义务，而且即使当事人对涉外警务行政处罚决定不服，提起了行政复议或行政诉讼，行政处罚决定在此期间也不停止执行。

【关键术语】

行政处罚　罚缴分离　管辖和适用　法律救济

【推荐阅读与学习资料】

1. 应松年. 涉外行政法［M］. 北京：中国政法大学出版社，1993.

2. 范颖慧，李捷云，钟元茂. 涉外行政法概论［M］. 广州：中山大学出版社，1993.

3. 姜明安. 行政法与行政诉讼［M］. 北京：北京大学出版社，2000.

4. 向党. 涉外警务［M］. 北京：中国人民公安大学出版社，2004.

【案例】

2010年11月8日，滁州市公安局出入境管理科依法处理了一名签证逾期、非法居留的美籍华人。当日下午，出入境管理科前台民警在受理一外国人签证延期申请时发现其所持护照上的签证已过期32天，遂立案查处。经查，美籍华人艾瑞克，男，50岁，原籍福建省福州市，现任滁州市定远县某房地产开发公司总经理。持有美国护照和我驻美国纽约领事馆签发的旅游签证（L），于2010年4月7日从北京入境，停留效期为180天至2010年10月6日止。其自称看错签证有效期，2010年11月8日才到市公安局申请延期签证，导致签证逾期、非法居留32天。民警询问其在定远期间是否申报过住宿登记、填写外国人住宿登记表，艾瑞克自述没有申报过。依照法律规定，当地派出所决定对其处拘留15天，罚款5000元。艾瑞克认为公安机关对其处罚不公，要求进行听证程序。

问题：公安机关对艾瑞克的处罚是否合法？若进行听证程序应该遵循什么程序？

第九章　涉外警务行政听证

学习目标

通过本章的学习，明确行政听证制度的概念、特点、程序，把握听证程序在不同的行政程序中发挥的作用。

案例导入

美国人乔恩在北京市海淀区经营一家西餐厅，因卫生部门检查时发现其后厨卫生条件较差，存在食品安全隐患，责令其关闭3天进行整改，并罚款1000元。乔恩认为此惩罚过重，要求处罚部门举行听证，改变对其的处罚决定。

问题：当事人如何寻求法律救济？

第一节　涉外警务行政听证概述

一、听证的概念及特征

听证（hearing）的原初意义是“听取对方意见”，是指决定者在作出决定之前，通过一定方式听取利益受决定影响之人的意见。行政听证有广义和狭义两种。广义的行政听证，泛指行政主体在作出行政决定之前听取行政相对人意见的程序，包括正式听证和非正式听证两种。狭义的听证，是指行政主体在作出行政决定之前通过举行听证会的形式听取行政相对人意见的程序。我国行政立法中，对行政听证采用的是狭义理解，即在听证会的意义上界定行政听证。行政听证制度具有如下特征：

第一，法定性。行政听证制度是由法律明确规定的。应当进行听证而未经听证即作出行政行为的，属于违反法定程序，行政相对人可以此为由提请撤销行政行为。

第二，行政性。行政听证制度是行政程序的组成部分，不同于诉讼法中的审判程序。

第三，多方参与性。行政听证由主持人、行政主体的代表和行政相对人三方组成，主持人居中，行政主体的代表与行政相对人各居一方，相互质证和辩论。

二、行政听证程序的历史沿革

我国立法中最早确立行政听证制度的，是 1996 年 10 月 19 日开始实施的《行政处罚法》。由于《行政处罚法》的规定比较原则，操作性不强，一些部委和国务院直属机构如劳动部、国家工商总局、国家税务总局等纷纷制定部门规章，规定适用于本系统的行政处罚听证规则。安徽、北京、广西等省、市、自治区以及深圳、广州等较大的市也相继结合本地实际制定行政处罚听证规则。继《行政处罚法》之后，1998 年 5 月 1 日开始实施的《价格法》将行政听证制度引入到政府定价和政府指导价的商品和服务的价格决策领域。自 2002 年 1 月 1 日起施行的《行政法规制定程序条例》与《规章制定程序条例》，在行政立法领域确立了听证程序。2002 年 9 月 1 日开始实施的《环境影响评价法》，进一步将行政听证制度扩展到城市规划领域。2004 年 7 月 1 日开始实施的《行政许可法》，在行政许可领域确立了行政听证制度。截至 2010 年 9 月 1 日，我国已有 12 个地方性法规、44 个部门规章、324 个地方政府规章专门就行政听证作了较为详细的规定，行政听证制度日益健全，行政听证在规范行政权的运作方面发挥着越来越重要的作用。

涉外警务行政处罚的听证，是指在公安机关作出特定的行政处罚决定之前，由公安机关召集本案调查人员和拟被处罚当事人共同参加，给予当事人陈述、申辩以及与调查人员辩论机会的行政程序。听证程序其实是一般程序中的一个特殊阶段，不能与简易程序、一般程序相并列，由于并非所有一般行政程序都必须经历听证程序，因此才需要额外重视听证程序的特殊性。

（一）听证程序的适用条件

从《行政处罚法》第 42 条的规定可以看出，听证程序的执行必须同时满足两方面的条件：一是公安机关有作出责令停产停业、吊销许可证或者执照、较大数额罚款等较为严重的行政处罚的意图，并按规定告知当事人有要求举行听证的权利；二是当事人主动要求听证，而非公安机关主动组织听证。当这两个条件都具备时，公安机关则必须举行听证，且当事人无须承担公安机关组织听证的费用。

（二）听证程序的组织步骤和要求

听证的实施程序如下[①]：

（1）若当事人要求听证，应当在公安机关告知后3日内提出；

（2）在举行听证的7日之前，公安机关应当通知当事人举行听证的时间、地点；

（3）除非涉及国家秘密、商业秘密或者个人隐私，否则听证应当公开举行；

（4）听证由公安机关指定的非本案调查人员主持，当事人认为主持人与本案有直接利害关系的，有权申请回避；

（5）当事人可以亲自参加听证，也可以委托1~2人代理；

（6）举行听证时，调查人员提出当事人违法的事实、证据和行政处罚建议，当事人进行申辩和质证；

（7）听证应当制作笔录，笔录应当交当事人审核无误后签字或者盖章。

值得注意的是，如果当事人对限制人身自由的行政处罚有异议的，则应依照《治安管理处罚法》的有关规定执行，而《治安管理处罚法》中并没有规定行政拘留的行政处罚需要听证。

三、出入境边防检查中的听证

边防检查站在作出行政处罚决定前，应当告知当事人作出行政处罚决定的事实、理由及依据，并告知当事人依法享有的权利。当事人有权进行陈述和申辩。边防检查站必须充分听取当事人的意见，对当事人提出的事实、理由和证据，应当进行复核；当事人提出的事实、理由和证据成立的，边防检查站应当采纳。边防检查站不得因当事人申辩而加重处罚。

边防检查站在作出对个人6000元以上、对法人或者其他组织10000元以上罚款的行政处罚决定之前，应当告知当事人有要求举行听证的权利。

当事人要求听证的，应当在边防检查站告知后3日内以书面形式提出，并留下确定的联系地址；边防检查站应当在当事人提出要求后15日内组织听证。当事人3日内未提出听证要求的，视作自动放弃，边防检查站按所拟处罚意见处罚。当事人不承担边防检查站组织听证的费用。

---

① 参见《行政处罚法》第42条。

第二节　不同行政程序中的听证制度

一、行政立法中的听证

行政立法，是指立法机关通过法定形式将某些立法权授予行政机关，行政机关依据授权法（含宪法）创制行政法规和规章的行为。根据《行政法规制定程序条例》与《规章制定程序条例》的相关规定，行政立法中的听证按以下程序运作：

（一）制定行政法规中的听证

1. 听证的适用范围

根据《行政法规制定程序条例》第 13 条、第 22 条的规定，在起草行政法规以及对行政法规送审稿进行审查的过程中，需要举行听证。

2. 听证的适用条件

在行政法规制定过程中，存在应当听证与可以听证两种情形。

（1）应当听证的适用条件。行政法规起草以后，如果送审稿涉及重大、疑难问题，国务院法制机构应当召开由有关单位、专家参加的座谈会、论证会，听取意见，研究论证。

（2）可以听证的适用条件。在制定行政法规过程中，当行政法规送审稿直接涉及公民、法人或者其他组织的切身利益时，国务院法制机构可以举行听证会，听取有关机关、组织和公民的意见。

3. 听证的具体程序

《行政法规制定程序条例》并未规定具体的听证程序，在立法实践中，一般参照《规章制定程序条例》第 16 条的规定，按照以下程序举行听证：

（1）听证会公开举行，起草单位应当在举行听证会的 30 日前公布听证会的时间、地点和内容；

（2）参加听证会的有关机关、组织和公民对起草的规章，有权提问和发表意见；

（3）听证会应当制作笔录，如实记录发言人的主要观点和理由；

（4）起草单位应当认真研究听证会反映的各种意见，起草的规章在报送审查时，应当说明对听证会意见的处理情况及其理由。

（二）制定规章中的听证

1. 听证的适用范围

根据《规章制定程序条例》第15条、第23条的规定，制定规章过程中，在起草和审查两个阶段可以举行听证会。

2. 听证的适用条件

在制定规章过程中，举行听证有两种情况：一是应当听证，二是可以听证。其适用条件各不相同。

（1）应当举行听证的条件。在规章起草以后的审查过程中，如果规章送审稿涉及重大问题，法制机构应当召开由有关单位、专家参加的座谈会、论证会，听取意见，研究论证。

（2）可以举行听证的条件。可以适用行政听证程序的两个条件：一是起草的规章直接涉及公民、法人或者其他组织切身利益，有关机关、组织或者公民对其有重大意见分歧的；二是规章送审稿直接涉及公民、法人或者其他组织切身利益，有关机关、组织或者公民对其有重大意见分歧，起草单位在起草过程中未向社会公布，也未举行听证会的，法制机构经本部门或者本级人民政府批准，可以举行听证会。

3. 听证的具体程序

在制定规章过程中，听证会依照下列程序组织：

（1）听证会公开举行，起草单位应当在举行听证会的30日前公布听证会的时间、地点和内容。

（2）参加听证会的有关机关、组织和公民对起草的规章，有权提问和发表意见。

（3）听证会应当制作笔录，如实记录发言人的主要观点和理由。

（4）起草单位应当认真研究听证会反映的各种意见，起草的规章在报送审查时，应当说明对听证会意见的处理情况及其理由。

二、行政处罚中的听证

行政处罚，是指特定的行政主体依法对违反行政管理秩序而尚未构成犯罪的行政相对人所给予的行政制裁。根据《行政处罚法》的相关规定，行政处罚听证应按照以下程序进行：

（一）听证的适用条件

我国在行政处罚中设置听证程序，有利于更充分地听取当事人的意见，体现行政相对人参与行政程序的原则，但它同时增加了国家行政管理的成本。因此，《行政处罚法》为听证程序的适用设置了两个方面的条件，即实体方面的条件和程序方面的条件，只有符合这两个方面的条件方可适用听证。

1. 实体条件

根据《行政处罚法》第 42 条规定，听证只适用处罚较重的行政处罚案件，即责令停产停业、吊销许可证或执照、较大数额罚款等行政处罚。处罚较轻的行政处罚案件，不适用听证程序。有一点需要作特别说明，行政拘留是所有行政处罚中最重的处罚，理应适用听证程序。但《行政处罚法》第 42 条第 2 款规定，当事人对限制人身自由的行政处罚有异议的，依照治安管理处罚条例有关规定执行。而当年的《治安管理处罚条例》未对听证作出规定。2012 年修订的《治安管理处罚法》也未将听证适用于行政拘留。

2. 程序条件

根据《行政处罚法》第 42 条规定，只有在当事人要求听证的情况下，行政机关才可以组织听证。行政处罚主体在作出行政处罚决定之前，应当告知当事人有要求听证的权利。当事人要求听证的，行政机关应当组织听证。

（二）听证的具体程序

行政机关举行听证，应当依照以下程序组织：

（1）当事人要求听证的，应当在行政机关告知后 3 日内提出。

（2）行政机关应当在听证的 7 日前，通知当事人举行听证的时间、地点。

（3）除涉及国家秘密、商业秘密或个人隐私外，听证应公开举行。

（4）听证由行政机关指定的非本案调查人员主持，当事人认为主持人与本案有直接利害关系的，有权申请回避。

（5）当事人可以亲自参加听证，也可以委托 1~2 人代理。

（6）举行听证时，调查人员提出当事人违法的事实、证据和行政处罚建议，当事人进行申辩和质证。

（7）听证应当制作笔录，笔录应当交当事人审核无误后签字或盖章。

（8）听证结束后，行政机关应当依照《行政处罚法》第 38 条规定作出决定。

对于行政处罚听证程序，不少地方参照审判程序制定了较为详细的操作规则。例如，1996 年 10 月 1 日起开始实施的《北京市行政处罚听证程序实施办法》第 11 条规定，听证应当按下列程序进行：

（1）听证记录人宣布听证会场纪律、当事人的权利与义务。听证主持人介绍主持人和记录人，询问核实听证参加人的身份，宣布听证开始。

（2）案件调查人员提出当事人违法的事实、证据、处罚依据以及行政处罚建议。

（3）当事人就案件的事实进行陈述和辩解，提出有关证据，对调查人员提出的证据进行质证。

（4）听取当事人的最后陈述。

（5）主持人宣布听证结束。听证笔录交当事人审核无误后签字或者盖章。听证主持人在听证中有权对双方参加人不当的辩论予以制止，维护正常的听证秩序。这些行政处罚听证程序实施办法的制定，提高了行政处罚中听证程序的可操作性，使听证制度的作用得到了更好的发挥。

【导入案例分析】

在本案例中，若乔恩满足举行听证所要求的条件：从实体条件来看，听证申请需适用处罚较重的行政处罚案件，即责令停产停业、吊销许可证或执照、较大数额罚款等行政处罚。本案中，乔恩的餐厅被停业 3 天，达到了进行听证的实体条件要求，可以请求听证。在程序条件方面：只有在当事人要求听证的情况下，行政机关才可以提供听证。乔恩主动申请，满足程序条件。由于满足实体条件和程序条件，因此执法机关应该根据乔恩的申请举行听证程序。执法机关应该按照法律规定的时限通知、举行听证程序。

三、行政许可中的听证

行政许可，系指特定的行政主体，根据行政相对人的申请，经依法审查，作出准予或不准予其从事特定活动之决定的行政行为。根据《行政许可法》的规定，行政许可中的听证应遵循以下规范：

（一）听证事项

所谓听证事项，是指实施行政许可应当听证的事项，根据《行政许可法》第 46~47 条的规定，我国行政许可的听证事项包括如下几项：

（1）法定听证事项，即法律、法规、规章规定实施行政许可应当听证的事项。

（2）依职权听证事项，即涉及公共利益的重大事项且行政机关也认为需要听证的事项。

（3）依申请听证事项，即行政许可直接涉及申请人与他人之间重大利益关系的需要举行听证的事项。

（二）听证公告

听证之前，行政主体应依法进行公告。公告分以下两种情形：

（1）对于依法定听证事项和行政许可机关依职权启动的听证事项，行政机关应当在听证程序开始之前将听证程序的相关信息向全社会公告。公告内容包括：听证事项、拟授予行政许可的基本情况、听证时间和地点、听证人员、申请参加行政许可听证的申请人应当具备的条件和提出申请的方式等。公告期一般为10~30日。

（2）对于依申请听证事项，行政机关应当在作出行政许可决定之前告知申请人、利害关系人享有要求听证的权利；行政机关应当于举行听证的7日前将举行听证的时间、地点通知申请人、利害关系人，必要时予以公告。行政听证的公告内容还包括听证事由、有关委托代理人、申请回避等程序权利以及听证主持人、听证人员及记录员的姓名、身份。举行听证的公告期一般为30日，特殊情况下也可以延长。

（三）听证程序的启动

对于法定听证事项和依职权的听证事项，行政许可机关应当依法启动听证程序。对于依申请的听证事项，行政许可的申请人、利害关系人可以在行政机关作出行政许可决定之前要求行政许可机关进行听证；申请人、利害关系人在被告知听证权利之日起5日内提出听证申请的，行政机关应当在20日内组织听证。

（四）听证规则

在行政许可听证过程中，遵循以下规则：

1. 公开原则

听证原则上应当公开举行。作为公开的例外情况包括涉及国家秘密、商业秘密、个人隐私和行政机关工作秘密。公开听证的，听证过程中应当允许群众旁听。公民申请参加公开举行的听证，应当具有完全民事责任能力且未被剥夺政治权利。

2. 回避制度

行政机关应当指定审查该行政许可申请的工作人员以外的人员为听证主持人，申请人、利害关系人认为主持人与该行政许可事项有直接利害关系的，有权申请回避。一般而言，听证主持人的回避由行政许可听证实施部门负责人决定，听证主持人为听证实施部门负责人的，其回避由举行听证的行政机关负责人决定。听证人员和记录员的回避由听证主持人决定。

3. 申辩与质证制度

举行听证时，审查该行政许可申请的工作人员应当提供审查意见的证据、理由，申请人、利害关系人可以提出证据，并进行申辩和质证。

4. 笔录制度

行政许可听证的准司法性集中表现为：行政机关应当根据听证笔录，作出行政许可决定。对听证笔录中没有认证、记载的事实依据，或者申请人听证后提交的证据，可以不予采信，这就使得行政许可听证中行政许可申请人、利害关系人的申辩与质证情况对最后的行政许可决定具有实质性影响，有利于保护行政许可申请人、利害关系人合法权益。

5. 听证费用的承担

申请人、利害关系人不承担行政机关组织听证的费用。其所需的费用应当列入本行政机关的预算，由本级财政予以保障，按照批准的预算予以核拨。

四、法律救济

行政听证是行政程序的核心与灵魂，违反行政法中关于听证的规定，是违反法定程序非常严重的一种表现。因此，对行政听证的法律救济与行政程序的法律救济，其手段与方式是一样的。

按照《行政许可法》第72条、第74条的规定，行政机关及其工作人员有依法应当举行听证而不举行听证的，由其上级行政机关或者监察机关责令改正；情节严重的，对直接负责的主管人员和其他直接责任人员依法给予行政处分。

对于违反法定程序作出准予行政许可决定的，作出行政许可决定的行政机关或者其上级行政机关，根据利害关系人的请求或者依据职权，可以撤销行政许可。因上述原因撤销行政许可，被许可人的合法权益受到损害的，行政机关应当依法给予赔偿。

【导入案例分析】

1. 公安机关对乔恩的处罚是否合法?

根据我国法律规定,行政听证应该满足两个条件:实体条件和程序条件。《行政处罚法》第8条规定,实体条件是听证适用处罚较重的行政处罚案件,即责令停产停业、吊销许可证或执照、较大数额罚款等行政处罚;程序条件为在当事人要求听证的情况下,行政机关才可以提供听证。行政处罚主体在作出行政处罚决定之前,应当告知当事人有要求听证的权利。当事人要求听证的,行政机关应当组织听证。本案中,乔恩被处较大数额罚款且被拘留15天,符合申请听证的条件,公安机关应当组织听证。

2. 举行听证应该遵循什么程序?

《行政处罚法》第42条及第43条规定:(1)当事人要求听证的,应当在行政机关告知后3日内提出;(2)行政机关应当在听证的7日前,通知当事人举行听证的时间、地点;(3)除涉及国家秘密、商业秘密或个人隐私外,听证公开举行;(4)听证由行政机关指定的非本案调查人员主持,当事人认为主持人与本案有直接利害关系的,有权申请回避;(5)当事人可以亲自参加听证,也可以委托1~2人代理;(6)举行听证时,调查人员提出当事人违法的事实、证据和行政处罚建议,当事人进行申辩和质证;(7)听证应当制作笔录,笔录应当交当事人审核无误后签字或盖章;(8)听证结束后,行政机关应当依照《行政处罚法》第38条规定作出决定。

本案中,乔恩应该在处罚作出的3日内申请听证,遵循公开听证原则,听证应该公开进行;听证内容主要包括当事人违法的事实、证据和行政处罚,当事人可以进行申辩和质证;听证应当制作笔录,笔录应交当事人审核无误后签字或盖章。若听证程序有违法环节,应当告知当事人有申请行政复议的权利。

本章小结

听证的原初意义是"听取对方意见",是指决定者在作出决定之前,通过一定方式听取利益受决定影响之人的意见。行政听证有广义和狭义两种。

行政立法中的听证分为:制定行政法规中的听证,包括听证的适用范围、听证的适用条件、听证的具体程程序;制定规章中的听证,包括听证的适用范围、听证的适用条件（在制定规章过程中，举行听证有两种情况，一是应当听证，二是可以听证，其适用条件各不相同）、听证的具体程序。

【关键术语】

行政听证程序　法律救济　行政立法中的听证　行政许可中的听证　行政处罚中的听证

【推荐阅读与学习资料】

1.《中华人民共和国行政处罚法》

2.《中华人民共和国行政许可法》

3.《中华人民共和国行政强制法》

【案例】

因为一时义气，两位年过半百的老人唐某和张某糊涂地决定，帮如今定居国外的老友寄上20瓶安眠药——如今，他们为这个糊涂的举动付出了代价：2014年7月5日下午，合肥市中级人民法院宣布，两人因犯走私毒品罪和运输毒品罪，分别被判处有期徒刑1年和2年。

唐某和张某都曾在明光市的白米山农场工作，2014年春节前，他们的一位旧同事、美籍华人阮某打电话给张某，称自己现在患有严重的失眠症，美国的药对他没有作用，希望张某能帮他在国内购买自己曾经用惯的安眠药。老朋友开口，张某义不容辞，身为医生的他很快从明光一药厂经营部购买了国家管制的二类精神药品艾司唑仑、利眠宁各20瓶。

春节后，张某带着这40瓶药来到滁州，准备按阮某的吩咐将药交给其在滁州的侄儿李某。因李某不在，张某就将药留在昔日的老同事唐某家。虽然唐某事先已经知道这批安眠药属于精神药品，不能邮寄出境，但出于一时义气，当即表示：自己愿意出面将这些药寄到国外。

为了伪装，唐某特意找来一个“盖中盖”口服液的外包装盒，将20瓶艾司唑仑和20瓶利眠宁塞到里面，并找人赶制了一面锦旗也塞到里面。2014年2月25日，他以“锦旗”的名义将伪装好的药品报关邮寄，不久后，这批药被上海海关查获。3月20日，两位老人被公安部门刑拘，并于2014年6月27日被提起公诉。

7月5日，合肥中院认定，张某身为医务人员，明知利眠宁和艾司唑仑属于能使人吸食成瘾的国家管制精神药物，还非法购买并携带288.27克，从明光带到滁州，其行为已经构成运输毒品罪，法院决定判处其有期徒刑两年，并处罚金

2000元。唐某采取伪装、假报关等方式，企图逃避邮检和海关查验，非法邮寄145.27克出境，其行为已经构成走私毒品罪，被判处有期徒刑一年，并处罚金1000元。

问题：在此案例中，如果两位老人提出举行听证，有关机关应按照哪些程序办理？

第十章　涉外警务行政复议

学习目标

通过本章的学习，理解涉外行政复议的概念、特征及制度分类；了解涉外行政复议的制度沿革及法律救济；掌握涉外行政复议的范围；掌握涉外行政复议的机关及管辖、涉外行政复议的参加人、一般程序等要点。

案例导入

一外国男青年，28岁，2010年10月持有其本国发放的护照和一另纸签证欲从广东罗湖口岸入境。在我国边检机关检查的过程中，发现该男子所持有的另纸签证属于伪造证件，于是边检机关作出了收缴其另纸签证的决定，同时没收其护照。该男子不服，认为其护照是正规合法的，不应该没收，据此提出了行政复议。

问题：该男子是否有权提出行政复议？应该向哪个机关提出行政复议？

第一节　涉外警务行政复议概述

一、涉外警务行政复议的概念和特征

行政复议，是指行政主体作出行政行为后，行政相对人（主要包括公民、法人和其他组织）不服行政主体的行政行为，在一定期限内按照相关法律向有关行政复议机关提出重新审查并纠正原行政行为的请求，行政复议机关对原行政行为的合法性、适当性进行审查并作出决定的法律制度。在此基础上，可以将涉外警务行政复议理解为具有涉外因素的行政相对人不服公安出入境管理机关的行政行为，向上级公安机关提出重新审查并纠正原行政行为的请求，有权行政机关对原行政行为的合法性、适当性进行审查并作出决定的法律制度。这里的涉外因素，主要指的是法律关系、权利义务的主体中有外国人，含自然人、法人、国际人。①

① 向党．涉外警务［M］．北京：中国人民公安大学出版社，2008.

涉外警务行政复议具有的特征包括以下几点：

第一，行政复议范围的特殊性。行政复议的涉及范围以行政争议及部分民事争议为主，范围之外的争议只在法律授权的条件下才可以纳入处理的对象范围。

第二，行政复议审查对象的特定性。行政复议是一种行政审查制度，因此其仅以行政行为为直接审查对象。

第三，行政复议审查标准的双重性。根据《行政复议法》第4条规定，行政复议机关履行行政复议职责，应当遵循合法、公正、公开、及时、便民的原则，坚持有错必纠，保障法律、法规的正确实施。

第四，行政复议办理形式的侧重性。《行政复议法》第22条规定，除申请人提出要求或者行政复议机关负责法制工作的机构认为有必要采取其他审查方法时，行政复议原则上主要采用书面审查的方法。

第五，行政复议程序启动的被动性。行政复议是依申请行政行为，作为行政相对人的公民、法人和其他组织不主动提出申请，行政复议机关不能主动径自作出复议决定。

【案例】

美国人李某登在茂名市停留期间，被投诉侮辱、骚扰妇女及醉酒闹事。茂名市公安局经过调查，确认他有违反中国法律的行为，于2014年10月18日对其作出缩短停留期限的决定，并限其于10月23日前离境。李某登接到茂名市公安局《缩短停留期限决定书》后，于10月19日到茂名市人民政府行政复议办公室递交了行政复议申请书，要求对市公安局的决定进行复议，撤销公安局的决定。本案中，美国人李某登是否有权提出行政复议？

【案例分析】

《行政复议法》第41条规定了外国人、无国籍人、外国组织在我国境内申请行政复议的法律适用问题：“外国人、无国籍人、外国组织在中华人民共和国境内申请行政复议，适用本法。”这一规定中的“外国人”，即外国公民，指具有他国国籍的人。根据这一规定，外国人、无国籍人、外国组织认为中国的行政机关违法或不当的具体行政行为侵犯其合法权益，可以依法提起行政复议，对该项复议请求按照行政复议法的规定处理。外国人、无国籍人、外国组织依法享有《行政复议法》规定的申请人的各项权利。如其认为行政机关非法对其警告、罚款、没收违法所得、行政拘留，违法限制人身自由或者查封、扣押、冻结财产，侵犯其合法的经营自主权，违法对其作出许可证、执照、资质证、资格证等证书变更、中止、撤销的，可以提起行政复议。外国人、无国籍人、外国组织依法可以书面申请复议，也可以口头申请。经说明理由，可以撤回复议申请。可以委托代理人代为参加行政复议。同时，外国人、无国籍人、外国组织作为申请人必须履行《行政复议法》所规定的义务。例如，不得同时申请行政复议和向人民法院提起行政诉讼；逾期不起诉又不履行行政复议决定的，根据行政复议决定的内容，由作出具体行政行为的行政机关或者行政复议机关依法强制执行，或者申请人民法院强制执行。

因此，美国人李某登有权提出行政复议。本案中，市政府行政复议办公室受理此案后，立即进入审查程序，经依法审查，认为公安机关决定事实清楚，程序合法，适用法律正确，遂作出《行政复议决定书》，决定维持茂名市公安局的处理决定。

二、涉外行政复议的分类

按照行政复议的法律及社会属性，以行政复议的对象为划分标准，可以将涉外行政复议分为以下几类：公安行政复议、劳动人事行政复议、工商行政复议、交通行政复议、税务行政复议、海关行政复议、审计行政复议、财政行政复议、金融行政复议、商业行政复议、物价行政复议、统计行政复议、科技行政复议、公证行政复议。

以复议机关的组织为划分标准，可以将涉外行政复议分为以下几类：原行政机关复议，即当事人对行政行为不服，只能向作出该行为的机关本身申请复议；上级行政机关复议，当事人对行政行为不服，向作出该行为机关的上级行政机关申请复议；特定组织复议，当事人对行政行为不服，向由法律、法规特定的组织申请复议。

以行政复议申请人是否可以选择处理机关为标准，可以将涉外行政复议分为以下几类：选择复议，即复议申请人在两个（或两个以上）行政复议机关之间或者在行政复议机关和人民法院之间进行自由选择的复议形式；必经复议，行政复议申请人没有选择复议机关的权利，而是只能申请某行政复议机关复议的形式。

以行政复议的效力为划分标准，可以将涉外行政复议分为以下几类：终局性复议，即复议行为一经作出，即产生法律效力，行政相对人不能提出诉讼；非终局性复议，行政复议作出后，行政相对人若对复议决定不服，还可依法提起行政诉讼。

三、行政复议制度及涉外行政复议制度的历史沿革

行政复议是行政法上的救济制度之一，是有权机关对于行政主体的行政违法和行政不当行为实施控制的法律制度。我国的行政复议制度可追溯至1950年11月15日公布的《财政部设置财政检查机构办法》，其中第6条规定："被检查的部门，对检查机构之措施，认为不当时，向其上级检查机构，申请复核处理。"这一办法中虽未直接采用复议两字，但从审查形式及其特征来看，这一复核检查制度就为行政复议制度。此后，1950年12月15日政务院第63次政务会议通过的《税务复议委员会组织通则》，确立了税务复议制度。与此同时，政务院还通过了另一个有关行政复议的法规，即《印花税暂行条例》。经历这一探索阶段，我国的行政复议制度已经明确地建立起来了。

1951年4月18日，政务院公布《中华人民共和国暂行海关法》率先把行政复议扩大至海关行政领域。1954年的《国营企业内部劳动规则纲要》、1955年的《农村粮食统购统销暂行办法》、1957年的《中华人民共和国国境卫生检疫条例》、1958年的《农业税条例》以及1969年的《商品管理条例》，对于行政复议制度的完善都起了很大的推动作用。自1979年以来，行政复议制度作为我国建设高度的社会主义民主和完备的社会主义法制的一项重要内容得到了更进一步的重视和发展。1982年《宪法》的颁布实施，对于加强我国行政复议立法提供了最高法律依据。1989年4月4日，第七届全国人民代表大会第二次会议通过了《行政诉讼法》，其中第37条有关行政复议的条文规定促进了行政复议制度的完善。此后，1990年12月24日《行政复议条例》的公布，标志着我国行政复议立法和实践已进入一个崭新的阶段。1994年10月9日，国务院在总结《行政复议条例》实施四年来的实践基础上，对照其他法律、法规，特别是《行政诉讼法》和《国家赔偿法》，对《行政复议条例》作了修改，从而为国家行政机关的行政复议执法提供了更好的条件。1999年4月29日，第九届全国人民代表大会常务委员会第九次会议制定与通过了《行政复议法》，根据2009年8月27日第十一届全国代表大会常务委员会第十次会议《关于修改部分法律的决定》第一次修正，根据2017年9月1日第十二届全国人民代表大会常务委员会第二十九次会议《关于修改〈中华人民共和国法官法〉等八部法律的决定》第二次修正，从而把中国的行政复议制度推向了一个新阶段。

为进一步明确行政复议制度的实施规范与执行程序，2001年5月14日国务

院办公厅发布《关于国务院行政复议案件处理程序若干问题的通知》。2007 年 5 月 29 日国务院又颁布第 499 号令《中华人民共和国行政复议法实施条例》，并决定自 2007 年 8 月 1 日起施行。这两部文件在一定程度上促进了我国行政复议制度的完善与发展，为推动行政复议制度与时俱进起到了重要作用。

从其范围来看，涉外行政复议应当属于行政复议的一个组成部分，因而其发展也应当是伴随行政复议制度在不断地完善与发展中的。目前来看，我国并没有专门的涉外行政复议法律，其法条规定均包含于《行政复议法》之中。

第二节 涉外警务行政复议的理论基础

一、涉外行政复议主管机关

涉外行政复议主管机关，是指按照有关法律规定，有权受理复议申请，依法对具体的具有涉外因素的行政行为进行审查并作出裁决的行政机关。这种组织具有以下特征：首先，涉外行政复议的主管机关是行政机关。其次，涉外行政复议主管机关是有权行使行政复议权的行政机关。最后，涉外行政复议主管机关有权以自己的名义行使行政复议权，并对行为后果独立承担法律责任，如各级人民政府、各级政府的组成部门包括公安、司法、海关等。工商管理、教育、卫生等部门也可以作为涉外行政复议主管机关。

根据《行政复议法》第 3 条的规定，涉外行政复议机关的职责主要包括：

（1）受理行政复议申请。

（2）向有关组织和人员调查取证，查阅文件和资料。

（3）审查申请行政复议的具体行政行为是否合法与适当，拟订行政复议决定。

（4）处理或者转送对本法第 7 条所列有关规定的审查申请。

（5）对行政机关违反本法规定的行为依照规定的权限和程序提出处理建议。

（6）办理因不服行政复议决定提起行政诉讼的应诉事项。

（7）法律、法规规定的其他职责。

涉外行政复议机关通常会在内部设立行政复议机构，专门负责复议案件的受理、审查和裁决工作。

二、涉外行政复议的管辖

涉外行政复议管辖，是指行政复议机关受理复议申请的权限及分工，即当涉外行政复议发生后，不同层级及职能间行政机关受理行政案件的分工，其管辖的实质在于确定行政复议案件管辖的主体。

按照《行政复议法》的相关规定，涉外行政复议的管辖权限及分工分为以下几类：

（1）作出行政行为的部门所属的本级人民政府或上一级主管部门。根据《行政复议法》第12条规定，对县级以上地方各级人民政府工作部门的行政行为不服的，由申请人选择，可以向该部门的本级人民政府申请行政复议，也可以向上一级主管部门申请行政复议。对海关、金融、国税、外汇管理等实行垂直领导的行政机关和国家安全机关的行政行为不服的，向上一级主管部门申请行政复议。

（2）上一级地方人民政府。根据《行政复议法》第13条规定，对地方各级人民政府的行政行为不服的，向上一级地方人民政府申请行政复议。对省、自治区人民政府依法设立的派出机关所属的县级地方人民政府的行政行为不服的，向该派出机关申请行政复议。

（3）国务院部门或者省、自治区、直辖市人民政府。根据《行政复议法》第14条规定，对国务院部门或者省、自治区、直辖市人民政府的行政行为不服的，向作出该行政行为的国务院部门或者省、自治区、直辖市人民政府申请行政复议。对行政复议决定不服的，可以向人民法院提起行政诉讼；也可以向国务院申请裁决，国务院依照本法的规定作出最终裁决。

（4）其他机关。根据《行政复议法》第15条规定，对除以上三点以外的其他行政机关作出的行政行为不服的，按照下列规定申请行政复议：

①对县级以上地方人民政府依法设立的派出机关的行政行为不服的，向设立该派出机关的人民政府申请行政复议。

②对政府工作部门依法设立的派出机构依照法律、法规或者规章规定，以自己的名义作出的行政行为不服的，向设立该派出机构的部门或者该部门的本级地方人民政府申请行政复议。

③对法律、法规授权的组织的行政行为不服的，分别向直接管理该组织的地方人民政府、地方人民政府工作部门或者国务院部门申请行政复议。

④对两个或者两个以上行政机关以共同的名义作出的行政行为不服的，向其共同上一级行政机关申请行政复议。

⑤对被撤销的行政机关在撤销前所作出的行政行为不服的，向继续行使其职权的行政机关的上一级行政机关申请行政复议。

同时，有上述①至⑤所列情形之一的，申请人也可以向行政行为发生地的县级地方人民政府提出行政复议申请。

【导入案例分析】

人民法院经审查认定，上一级行政机关所作出的处罚决定为终局裁决，作出不予受理的裁定。根据《出境入境管理法》规定，非法出境、入境在中国境内非法居留或者停留的，未持有有效旅行证件的，县级以上公安机关可以处以罚款或者处10日以下的拘留处罚，对处罚不服的，在接到通知的15日之内，可以向上一级公安机关提出申诉，由上一级公安机关作出裁决，也可以向法院提出申诉。需注意的是，对外国公民出入境申请，属于复议前置或复议终局诉讼。因此，本案中，人民法院不应当受理，当事人已经选择提出复议申请，因而上一级公安机关所作出的处罚决定为终局裁决。

三、涉外行政复议的范围

涉外行政复议的范围，是指行政复议包含具有涉外因素的对象的范围，从行政相对人的角度来说，主要指的是涉外行政复议的申请范围，而从行政复议机关的角度来说，主要指的是受理涉外行政复议案件的范围。

（一）涉外行政复议的肯定范围

涉外行政复议的肯定范围，是指可以由行政相对人直接或单独对某一事项提请行政复议请求的范围。根据我国《行政复议法》第6条的规定，共列举了11项可以由行政相对人提出行政复议要求的内容：

（1）对行政机关作出的警告、罚款、没收违法所得、没收非法财物、责令停产停业、暂扣或者吊销许可证、暂扣或者吊销执照、行政拘留等行政处罚决定不服的。

（2）对行政机关作出的限制人身自由或者查封、扣押、冻结财产等行政强制措施决定不服的。

（3）对行政机关作出的有关许可证、执照、资质证、资格证等证书变更、中止、撤销等决定不服的。

(4) 对行政机关作出的关于确认土地、矿藏、水流、森林、山岭、草原、荒地、滩涂、海域等自然资源的所有权或者使用权等决定不服的。

(5) 认为行政机关侵犯合法的经营自主权的。

(6) 认为行政机关变更或者废止农业承包合同，侵犯其合法权益的。

(7) 认为行政机关违法集资、征收财物、摊派费用或者违法要求履行其他义务的。

(8) 认为符合法定条件，申请行政机关颁发许可证、执照、资质证、资格证等证书，或者申请行政机关审批、登记有关事项，行政机关没有依法办理的。

(9) 申请行政机关履行保护人身权利、财产权利、受教育权利的法定职责，行政机关没有依法履行的。

(10) 申请行政机关依法发放抚恤金、社会保险金或者最低生活保障费，行政机关没有依法发放的。

(11) 认为行政机关其他具体行政行为侵犯其合法权益的。

(二) 涉外行政复议的附带范围

与涉外行政复议的肯定范围这一概念相对的是涉外行政复议的附带范围，其主要是指具有涉外因素的行政相对人不能直接或单独对某一事项提出行政复议要求，而是对某一行政行为提起行政复议的同时对其一并提请行政复议。

我国《行政复议法》第7条对该复议事项的范围也作出了具体规定：公民、法人或者其他组织认为行政机关的行政行为所依据的下列规定不合法，在对行政行为申请行政复议时，可以一并向行政复议机关提出对该规定的审查申请：

(1) 国务院部门的规定。

(2) 县级以上地方各级人民政府及其工作部门的规定。

(3) 乡、镇人民政府的规定。

前款所列规定不含国务院部、委员会规章和地方人民政府规章。规章的审查依照法律、行政法规办理。

(三) 涉外行政复议的排除范围

涉外行政复议的排除范围与普通行政复议的排除范围一致，根据我国《行政复议法》的相关规定可以得知，并非所有行政行为都可以申请行政复议，《行政复议法》除正面列举复议范围之外，也把某些特殊行为排除在申请复议范围之外，这些行为主要包括：

(1) 内部人事关系的行政行为，包括行政机关作出的行政处分或其他的人事处理决定（如行政机关对工作人员的奖惩、任免等决定）。

（2）对民事纠纷的调处，包括行政机关对民事纠纷的仲裁或者调解，以及对《行政复议法》第6条第（四）、（五）、（六）项以外的民事关系的处理行为。

（3）抽象行政行为。

（4）国家行为。行政法学上讨论的国家行为，特指涉及重大国家利益，具有很强的政治性，因而被排除在司法审查对象之外的统治行为。其包括国防行为、外交行为、军事和紧急行政权行为。

第三节 涉外行政复议的法律适用

学习目标

了解涉外行政复议的基本理论，掌握涉外行政复议的管辖、程序以及涉外行政复议与涉外行政诉讼的关系。

案例导入

王某为某大学毕业生，多年来一直想到美国去打工挣钱。2013年10月，王某通过各种途径伪造了出国手续，从某市公安局出入境管理处获得护照，又获得了美国大使馆的签证，并于11月购买了直达洛杉矶的机票。但在11月登机时被机场公安局查出有伪造证件的嫌疑，后经审问和调查认定王某确属伪造出国证件。于是，某市公安局出入境管理处对王某作出了罚款人民币100元、拘留5天的行政处罚决定，王某不服，向上一级公安机关提出申诉，上一级公安机关经审查认定某市公安局出入境管理处处罚决定正确，并作出最终裁决，维持原处罚决定。王某不服，又向人民法院提出行政诉讼。

问题：人民法院是否应当受理本案？

涉外行政复议程序是涉外行政复议申请人向行政复议机关申请行政复议至行政复议机关作出复议决定的各项步骤、形式、顺序和时限的总和。涉外行政复议程序是行政复议行为的重要环节，也是行政复议合法、高效进行的重要保证。

涉外行政复议的具体程序分为申请、初审和受理、审理、决定四个步骤。

一、申请

行政复议是依申请行政行为。它以行政相对人主动提起为前提，即相对人不提请复议，行政复议机关不能主动管辖。相对人认为行政主体的行政行为侵犯其合法权益，可以依法向复议机关申请复议。

（1）申请时效。申请人申请行政复议，应当在知道被申请人行政行为作出之日起60日内提出（法律另有规定的除外）。因不可抗力或者其他正当理由耽误法定申请期限的，申请期限自障碍消除之日起继续计算。

（2）申请的条件。根据《行政复议法》第9条规定，申请人是认为行政行为直接侵犯其合法权益的公民、法人或者其他组织。

（3）有明确的被申请人。没有明确的被申请人复议机关无法进行审理，申请人的请求也无法实现。

（4）《行政复议法》第11条规定，有具体的复议请求和事实根据。复议请求，是指申请人申请复议时向复议机关提出的具体要求。事实根据包括主张行政行为违法的事实，主张行政行为明显不当的事实，主张行政行为直接侵犯自己合法权益造成损害的事实等。

（5）属于依法可申请行政复议的范围。

（6）属于受理复议机关管辖。

（7）法律、法规规定的其他条件。

同时还有一点必须注意的是，按照《行政复议法》第16条第2款的规定，申请人向人民法院起诉，人民法院已经受理的，不得申请行政复议。

申请人申请行政复议可以书面申请，也可以口头申请。

（1）书面申请。根据《行政复议法实施条例》第19条规定，申请人向行政机关申请复议应当递交复议申请书。复议申请书应当载明下列内容：

①申请人的基本情况，包括：公民的姓名、性别、年龄、身份证号码、工作单位、住所、邮政编码；法人或者其他组织的名称、住所、邮政编码和法定代表人或者主要负责人的姓名、职务。

②被申请人的名称。

③行政复议请求、申请行政复议的主要事实和理由。

④申请人的签名或者盖章。

⑤申请行政复议的日期。

(2) 口头申请。根据《行政复议法》第 11 条规定，申请人采用口头申请的，行政复议机关应当当场记录申请人的基本情况，行政复议请求，申请行政复议的主要事实、理由和时间。

二、初审和受理

行政复议机关接到行政复议申请后，应当在 5 日内对行政复议申请进行一个初审，以决定是否受理。行政复议机关对复议申请书的审查大致有以下四项内容：第一，申请是否符合法律、法规的条件；第二，申请是否属于重复申请，包括当事人对于复议机关已经作出终局决定的案件，又以同一事实和理由再次申请复议以及当事人对于其他复议机关已经受理的案件，又以同一事实和理由再次申请复议；第三，案件是否由人民法院受理；第四，申请手续是否完备。

在经过初审后，行政复议机关应当按照《行政复议法》第 17 条和第 18 条的规定对申请人提出的行政复议申请根据下列情况分别作出处理：

(1) 复议申请符合法定条件的，应予受理。

(2) 复议申请不符合申请实质条件的，裁决不予受理并告之理由。

(3) 复议申请书内容不齐全的，应当把复议申请书发还给申请人，限期补正。过期不补正的，视为未申请。

在此过程中，对于复议机关不予受理的案件，应当尽可能依法作出相应的处理：

(1) 对于当事人对行政法规、规章或具有普遍约束力的决定和命令不服的，应当告知其向原行政机关、上级行政机关或者同级权力机关提出。

(2) 对于行政机关工作人员对内部奖惩、任免等决定不服的，应当告知其向原行政机关、上级行政机关或者监察机关、人事机关申诉。

(3) 对于当事人对行政机关就民事争议的仲裁、调解或者处理不服的，应当告知其按民事诉讼程序向人民法院提起诉讼。

(4) 对于控告行政机关和行政机关工作人员有违法或者犯罪行为的，应当告知控告人向公安机关、检察机关或者其他行政机关提出。

(5) 对于不属于本机关管辖的案件，应当告知当事人向有管辖权的复议机关提出申请。

【案例】

一外国青年 2013 年 9 月到中国留学学习中医。留学期间，在一商店因为盗窃价值人民币800元的物品被扭送当地派出所，后又被移交到某市公安局。某市公安局调查核实案情后，根据我国《治安管理处罚法》第23条第（一）项的规定，对其作出治安拘留7天并罚款200元的行政处罚。该青年就学的医学院闻讯后，作为担保人向某市公安局缴纳了保证金，故某市公安局暂缓执行对外国青年的行政处罚。外国青年被暂时释放后，以自己是外国人，行政处罚过重为由，提出行政复议申请，要求减轻行政处罚。请问其应当向哪一级公安机关提出复议申请？

【案例分析】

根据《行政复议法》第12条规定，对县级以上地方各级人民政府工作部门的行政行为不服的，由申请人选择，可以向该部门的本级人民政府申请行政复议，也可以向上一级主管部门申请行政复议。同时，针对政府工作部门依法设立的派出机构依照法律、法规或者规章规定，以自己的名义作出的行政行为不服的，向设立该派出机构的部门或者该部门的本级地方人民政府申请行政复议。本案中，派出所属于依法设立的派出机构，因此，该外国青年可以向市公安局或者市政府提出复议申请。

三、审理

1. 审理前的准备

（1）送达行政复议书副本，并限期提出书面答复。行政复议机关应当自行政复议申请受理之日起7日内，将行政复议申请书副本或者行政复议申请笔录复印件发送被申请人。被申请人应当自收到申请书副本或者行政复议申请笔录复印件之日起10日内，向行政复议机关提出书面答复，并提交当初作出具体行政行为的证据、依据和其他有关材料。

（2）审阅复议案件有关材料。行政复议机关应当着重审阅复议申请书、被申请人作出具体行政行为的书面材料、被申请人作出具体行政行为所依据的事实和证据、被申请人的书面答复。

（3）调查取证，收集证据。

（4）更换或者追加当事人。

（5）确定复议案件的审理方式。行政复议案件原则上采取书面审理的办法，但是申请人提出要求或者行政复议机关认为有必要时，可以向有关组织和个人调查情况，听取申请人、被申请人和第三人的意见。

2. 审理内容

根据《行政复议法》的相关规定，行政复议机关应当依法对具体行政行为的合法性和适当性进行审查。从合法性的角度看，行政复议机关审查的内容主要有：第一，审查作出具体行政行为的行政主体是否合格；第二，审查行政行为的内容是否符合法律、法规、规章和具有普遍约束力的决定、命令；第三，审查行政行为是否超越权限；第四，审查行政行为的程序或者形式是否符合法定要求。从适当性的角度来看，行政行为的适当性是基于行政主体的自由裁量权发生的，因而有必要对行政主体在行使自由裁量权时的适当性进行审查。

3. 审理方式及依据

根据《行政复议法》的相关规定，涉外行政复议同普通行政复议相同，一般实行书面复议制度，但复议机关认为有必要时，可以采取其他方式审理复议案件，即采用书面审理的方式，不作公开审理，也无须双方当事人到庭辩论，只作书面审查，并在此基础上作出复议决定。书面审查的材料，包括申请人的复议申请书、被申请人提交的作出行政行为的材料和证据以及所提出的答辩书。

行政复议机关在审理申请人提出的复议请求时，以法律、行政法规、地方性法规、规章，以及上级行政机关依法制定和发布的具有普遍约束力的决定、命令为依据。同时，复议机关审理民族自治地方的复议案件，还应当以该民族自治地方的自治条例、单行条例为依据。

4. 审理期间原具体行政行为的效力

根据《行政复议法》的相关规定，涉外行政复议期间原具体行政行为不停止执行。这是符合双方效力先定原则的，行政行为一旦作出，即推定合法，对行政机关和相对人都有约束力。但为了防止和纠正因具体行政行为违法给相对人造成不可挽回的损失，在具备以下情形时，可以停止执行：

（1）被申请人认为需要停止执行的。

（2）行政复议机关认为需要停止执行的。

（3）申请人申请停止执行，行政复议机关认为其要求合理，决定停止执行的。

（4）法律规定停止执行的。

四、决定

1. 复议决定作出的时限

行政复议机关应当自受理行政复议申请之日起 60 日内作出行政复议决定，

但法律规定的行政复议期限少于 60 日的除外。情况复杂，不能在规定期限内作出行政复议决定的，经行政复议机关的负责人批准，可以适当延长，并告知申请人和被申请人；但延长期限最多不超过 30 日。

2. 复议决定的种类

在一定期限内，行政复议机关通过对复议案件的审理，最后应作出决定。

（1）决定维持具体行政行为。对于行政行为适用法律、法规、规章和具有普遍约束力的决定、事实清楚，证据确凿，适用依据正确，程序符合法定权限和程序的，复议机关应当决定维持。

（2）决定被申请人在一定期限内履行法定职责。如果被申请人拒不履行法定职责，无正当理由明确表示不履行或在法定期限内不履行，可视为拒不履行，应责令其在一定期限内履行；如果被申请人拖延履行法定职责，即在法律没有明确规定履行期限的情况下，行政主体经相对人多次申请，仍不予答复或者虽然表示愿意履行，但事实上拖延履行，应责令其在一定期限内履行。

（3）决定补正。如果行政行为适用法律、法规、规章和具有普遍约束力的决定、命令正确，事实清楚，符合法定权限，而只是程序上有某些不足，复议机关可作出责令被申请人补正的决定。

（4）重作决定。重作决定，是指复议机关责令被申请人重新作出行政行为的决定。行政复议机关作出复议决定，应当制作复议决定书。复议决定书应当载明下列事项：

第一，申请人的姓名、性别、年龄、职业、住址（法人或者其他组织的名称、地址，法定代表人的姓名）；

第二，被申请人的名称、地址、法定代表人的姓名、职务；

第三，申请复议的主要请求和理由；

第四，复议机关认定的事实、理由，适用的法律、法规、规章和具有普遍约束力的决定、命令；

第五，复议结论；

第六，不服复议决定向人民法院起诉的期限，或者终局的复议决定，当事人履行的期限；

第七，作出复议决定的年、月、日，复议决定书由复议机关的法定代表人署名，加盖复议机关的印章。

3. 决定撤销、变更或者确认原具体行政行为违法

撤销、变更决定，是指复议机关作出的撤销或者变更行政行为的决定。行政行为有下列情形之一的，复议机关可以决定撤销或变更：

（1）主要事实不清的、证据不足的。

（2）适用依据错误的。

（3）违反法定程序的。

（4）超越或者滥用职权的。

（5）行政行为明显不当的。

行政复议机关在依法决定撤销或者变更罚款、撤销违法集资、没收财物、征收财物、摊派费用以及对财产的查封、扣押、冻结等具体行政行为时，应当责令被申请人返还财产，解除对财产的查封、扣押、冻结措施，或者赔偿相应价款。

【导入案例分析】

1. 根据《行政复议法》第6条的规定，行政复议申请人如果认为行政机关实施了侵犯其合法权益的行为，可以提出行政复议。要判断案例中的复议申请人是否有权提出行政复议申请，具体应该分析其提出复议申请的请求是否在涉外行政复议申请的范围之内。本案中，外国男青年认为其护照属于其国籍国发放，是真实、合法的，而我国行政机关的没收行为在一定程度上侵犯了他的基本权益。从这一点来看，该名男子是有权提出行政复议请求的。

2. 向哪一个机关提出行政复议，应当依据国家有关法律条款规定进行。我国《行政复议法》第41条规定了外国人、无国籍人、外国组织在我国境内申请行政复议的法律适用问题："外国人、无国籍人、外国组织在中华人民共和国境内申请行政复议，适用本法。"也就是说，在涉外行政复议案件中，提起复议的机关应当按照《行政复议法》规定来选择。所以，根据《行政复议法》规定，对县级以上地方各级人民政府工作部门的行政行为不服的，由申请人选择，可以向该部门的本级人民政府申请行政复议，也可以向上一级主管部门申请行政复议。在导入案例中，如果该外国男子要提出行政复议，应当向没收其护照的罗湖口岸所属的同级人民政府或上一级主管部门申请。罗湖隶属于深圳，所以该男子可以向深圳市政府或者深圳市出入境管理部门申请复议。

五、法律救济

行政救济是法律救济的一种，是指相对人认为行政机关的具体行政行为造成

自己合法权益的损害，请求行政主体审查，有权的行政主体依照法定程序审查后对违法或不当的行政行为给予补救的法律制度。《行政诉讼法》第 44 条第 1 款规定：“对属于人民法院受案范围的行政案件，公民、法人或者其他组织可以先向行政机关申请复议，对复议决定不服的，再向人民法院提起诉讼；也可以直接向人民法院提起诉讼。”同时，根据《行政复议法》第 41 条规定：“外国人、无国籍人、外国组织在中华人民共和国境内申请行政复议，适用本法。”因此，涉外行政复议的申请人同样具有申请法律救济的权利。

行政救济制度对于及时排除行政不法行为，维护和补救行政相对人的合法权益，监督和保障行政主体行政职权的依法行使，维护社会的公正和安定，促进民主与法治的发展，有非常重要的作用。[①] 涉外行政复议作为一种有效的行政救济手段，具有公正、高效、便民等特点，创设这项制度的目的是解决行政争议，从而使公民、法人和其他组织受损的合法权益得到恢复和弥补。但由于行政复议仅作为一种“准司法行为”，因而必须与行政诉讼相衔接使用。目前，我国《行政复议法》和《行政诉讼法》等法规明确规定，公民、法人和其他组织对复议决定不服的，可以根据有关程序依法提起行政诉讼，从而体现以司法救济为最终救济精神的目的。

本章小结

涉外行政复议：涉外行政复议理解为具有涉外因素的行政相对人不服行政主体的行政行为，向有关行政复议机关提出重新审查并纠正原行政行为的请求，行政复议机关对原行政行为的合法性、适当性进行审查并作出决定的法律制度。这里的涉外因素，主要指的是法律关系、权利义务的主体中有外国人，含自然人、法人、国际人。[②] 其特点有：特殊性、特定性、被动性、侧重性、双重性。

涉外行政复议的管辖的主体包括：作出行政行为的部门所属的本级人民政府或上一级主管部门；其他机关；国务院部门或者省、自治区、直辖市人民政府；上一级地方人民政府。

涉外行政复议的参加人，是指为维护自己的合法权益而以自己的名义参加行

① 曾宪义，王利民．行政法与行政诉讼法［M］．北京：中国人民大学出版社，2007：348.
② 向党．涉外警务［M］．北京：中国人民公安大学出版社，2008.

政复议的当事人和与行政复议当事人地位相类似的人，包括行政复议申请人、被申请人、第三人以及行政复议代理人。此外，参与行政复议活动的还有证人、鉴定人。

涉外行政复议的具体程序分为申请、受理、审理、决定四个步骤。

涉外行政救济，是指相对人认为行政机关的具体行政行为造成自己的合法权益受到损害，请求行政主体审查，有权的行政主体依照法定程序审查后对违法或不当的行政行为给予补救的法律制度。

【关键术语】

涉外行政复议　涉外行政复议管辖范围　主体　一般程序　法律救济

【推荐阅读与学习资料】

1. 张豪. 对完善我国行政复议制度的几点思考 [J]. 当代法学理论新视野，2014 (3).

2. 青峰. 行政复议机关在行政诉讼中做被告的反思 [J]. 行政法学研究，2013 (1).

3. 崔敏捷. 试论行政复议的本质 [J]. 中国法学会，2011 (7).

4. 宋春国. 略论行政复议制度的新发展 [J]. 北方丛论，2009 (6).

【案例】

2004 年 1 月 29 日，侯某田、李某菊随大连航空国际旅行社有限公司组织的旅游团赴新马泰和港澳地区等地进行为期 15 天的旅游。2004 年 2 月 12 日旅游结束，侯某田、李某菊随旅游团一同回国在拱北入关时，因情急中没有立即找出在行李中的护照，拱北边检站认为侯某田、李某菊当日从拱北口岸入境时未持有效的出入境证件。对这一事实的认定依据有《违法情况简明调查处理记录》《边防检查行政处罚告知书》《公安行政处罚决定书》等法律文书佐证，其中原告多次签字确认护照丢失、无证要求入境的行为和事实。因此拱北边检站以侯某田、李某菊无合法证件而非法入境为由根据《出境入境边防检查条例》第 32 条第 1 款之规定，决定给予两人各罚款人民币 500 元。李某菊、侯某田不服拱北边检站的处罚决定，认为处罚决定无事实和法律依据，向中华人民共和国珠海出入境边防检查总站申请行政复议。

问题：侯某田、李某菊能否向中华人民共和国珠海出入境边防检查总站申请行政复议？

第十一章　涉外行政诉讼

学习目标

通过本章的学习，理解行政诉讼制度的概念、受案范围、管辖规则、证据和行政诉讼的审理和判决以及行政诉讼的执行概念，初步了解涉外行政诉讼程序。

案例导入

案情：

被告：江苏省南通市公安局。

法定代表人：刘××，局长。

马××于1991年12月申请去香港地区探亲，经批准于1992年3月21日领取了《中华人民共和国往来港澳通行证》。在香港地区探亲期间，马××通过其姐在多米尼加驻香港地区总领事馆购买了多米尼加护照，并持该护照多次出入境。南通市公安局于1994年12月26日对马××持有的多米尼加护照扣留审查，并在其所持多米尼加护照我国有关部门原签证页上做不承认标记，于1997年6月16日退还马××。1997年7月马××诉至南通市人民法院，要求判令撤销南通市公安局扣押护照及在护照上打叉注销的行为。1997年9月9日在马××同意变更被告为南通市公安局后，本案移送至崇川区人民法院审理。

原告诉称：其去香港地区时户口已被注销，原户籍地南通市公安局某派出所于1997年4月10日出具了他于1992年3月24日去香港地区户口已被注销的证明，其已丧失中国国籍。南通市公安局于1994年12月扣留护照，于1997年6月才予以退还，扣留审查护照未出具法律手续，且审查时间长，南通市公安局在程序上违法。

被告辩称：我局依照《中华人民共和国国籍法》及公安部、外交部《关于中国公民非法持用外国护照有关问题的通知》之规定，确认马××为中华人民共和国公民，不承认其多米尼加国籍，在其所持有多米尼加护照的原签证页上做不承认标记后退还马××的具体行政行为正确、合法，请求法院作出维持判决。

审判：

南通市崇川区人民法院经审理认为：马××在香港地区探亲期间购买外国护照，没有向我国内公安机关或国外的中国外交代表机关、领事机关申请办理退出中华人民共和国国籍手续，亦未前往多米尼加共和国定居，南通市公安局依照《中华人民共和国国籍法》第3条、第9条、第10条和第11条的规定，确认马××为中华人民共和国公民，不承认其多米尼加国籍，对于马××所持多米尼加护照，南通市公安局根据公安部、外交部《关于中国公民非法持用外国护照有关问题的通知》决定不予承认，在其所持多米尼加护照我国有关部门原签证页上做不承认标记后退还马××本人，合法有据；某派出所民警违规作出的“户口注销证明”与事实不符，不具有法律效力，马××认为其丧失中国国籍的理由，不能成立；关于马××代理人认为扣留审查护照未出具法律手续且审查时间长，南通市公安局在程序上违法的代理意见，经查，我国国籍管理方面的法律规范，没有这方面的法律规定，南通市公安局根据实际工作需要作出处理，并不影响在实体上依照法律、部门规章行使职权，故本院不予支持。综上所述，南通市公安局对马××所作出入境管理处理，所依据的事实清楚，适用法律正确，程序合法，本院应予支持。根据《中华人民共和国行政诉讼法》第54条第（一）项的规定，判决如下：

维持南通市公安局对马××所持多米尼加护照扣押审查和南通市公安局在马××所持多米尼加护照我国有关部门原签证页上做不承认标记后退还马××的具体行政行为。

一审判决后，马××不服，向南通市中级人民法院提起上诉。

南通市中级人民法院审理后认为上诉人的上诉理由不能成立，不予采纳。依照《中华人民共和国行政诉讼法》第61条第（一）项的规定，该院于1999年4月2日作出判决：

驳回上诉，维持原判判决。

问题：

1. 在多米尼加国护照上做不承认标记是不是国家行为？

2. 在多米尼加国护照上做不承认标记是不是可诉的具体行政行为？

3. 马××是否取得了多米尼加国国籍？

第一节　涉外行政诉讼概述

一、涉外行政诉讼的概念及特征

涉外行政诉讼是我国行政诉讼的一部分。它是指外国人、无国籍人、外国组织不服我国行政主体作出的具体行政行为，按照我国《行政诉讼法》向人民法院起诉，人民法院依照《行政诉讼法》的规定进行审理的一种活动。我国《行政诉讼法》第98条至第100条规定了涉外行政诉讼的程序问题。它包括外国人、无国籍人、外国组织在中华人民共和国境内进行行政诉讼的权利和义务，以及如何进行诉讼的程序问题。涉外行政诉讼具有以下特征：

（一）诉讼主体具有涉外性

诉讼主体的涉外性，即参加诉讼的当事人（原告或第三人）中有外国人。行政诉讼的原告是为了维护自己的合法权益而提起诉讼的人；第三人虽未起诉，但也同样是为了维护其合法权益而参加到诉讼中来的有利害关系的人，他们都处于当事人的地位。原告和第三人中，至少有一方是外国人，方能构成涉外诉讼，这也是涉外行政诉讼最基本的特征。这里所说的外国人，包括外国公民、无国籍人、国籍不明的人以及外国企业、外国组织等。当事人是香港特别行政区、澳门特别行政区，以及我国台湾地区的居民和组织的行政诉讼不属于涉外行政诉讼，但考虑到这三个地区的特殊性，人民法院在审理涉及它们的行政诉讼案件时，应参照涉外行政诉讼的规定办理。

（二）诉讼发生的地点具有特定性

有外国当事人参加的涉外行政诉讼，必须是发生在我国领域内的，并向我国法院起诉的，方可称为涉外行政诉讼。所以，构成涉外行政诉讼，还有两个重要的前提条件：第一，必须是在我国领域内，由我国的行政机关或法律、法规授权的组织在我国主权范围内行使职权的行为；第二，涉外的当事人到我国法院起诉或参加到诉讼中来（第三人）。以上两条件必须同时具备，方构成涉外行政诉讼。

（三）诉讼程序的特殊性

《行政诉讼法》第九章对涉外行政诉讼的程序和法律适用等问题作了专门规

定。如涉外行政诉讼应当遵循“同等原则”和“对等原则”；在法律适用上若我国参加或缔结的国际条约有不同规定的，除我国声明保留的条款外应优先适用国际条约的规定；外国人委托律师只能委托中国律师等。但是，涉外行政诉讼程序是根据涉外案件的特点制定的，具有“补充性”特点，它和行政诉讼法的其他规定的关系是部分与整体的关系。因此，在涉外行政诉讼中，除适用涉外行政诉讼的特别规定外，还需要适用行政诉讼程序的一般规定。

二、《行政诉讼法》的法律依据

我国《行政诉讼法》第 98 条至第 100 条对涉外行政诉讼作了具体的规定。

（1）外国人、无国籍人、外国组织在中华人民共和国进行行政诉讼，同中华人民共和国公民、组织有同等的诉讼权利和义务。外国法院对中华人民共和国公民、组织的行政诉讼权利加以限制的，人民法院对该国公民、组织的行政诉讼权利，实行对等原则。

（2）外国人、无国籍人、外国组织在中华人民共和国进行行政诉讼，委托律师代理诉讼的，应当委托中华人民共和国律师机构的律师。

这些规定，既维护了国家主权独立、国家尊严的原则，也兼顾了外国公民、组织的利益，并赋予外国人、无国籍人、外国组织在我国享有与我国公民平等的诉讼权利和法律地位。

三、涉外行政诉讼的一般原则

涉外行政诉讼的一般原则，是指人民法院审理涉外行政案件的基本准则。其主要有以下原则：

第一，适用原则。国家主权原则的具体体现。

第二，同等原则。又称国民待遇原则，国家平等原则的体现。

第三，对等原则。又称相互原则，包括积极对等和消极对等。

第四，适用有关国际条约原则。

第五，委托中国律师代理诉讼原则。

（一）对等原则

我国《行政诉讼法》第 99 条第 2 款规定：“外国法院对中华人民共和国公民、组织的行政诉讼权利加以限制的，人民法院对该国公民、组织的行政诉讼权利，实行对等原则。”

所谓对等原则，是指外国法院如果对中华人民共和国的公民、法人或其他组织的行政诉讼权利加以限制，我国人民法院对该国公民、法人或者其他组织的行政诉讼权利，也应采取相应的限制措施。如果外国法院对我国公民、法人或组织的行政诉讼权利，与对该国公民、法人或组织的诉讼权利同样不加以限制，我国法院也应该同样对待。

实行对等原则的意义表现在以下几个方面：

第一，在涉外行政诉讼中，坚持对等原则，是维护国家主权的需要，也有利于更好地保护我国公民和组织的合法权益。

第二，在涉外行政诉讼中，坚持对等原则，有利于国与国之间互相尊重主权和领土完整、互不侵犯、互不干涉内政、平等互利、和平共处五项原则的实现。

第三，在涉外行政诉讼中，坚持对等原则，有利于保持我国《行政诉讼法》的统一和连续。《行政诉讼法》作为国家诉讼制度重要组成部分，必须贯彻诉讼对等原则。

第四，在涉外行政诉讼中，坚持对等原则，有利于我国行政机关更好地依法行使职权。世界各国的社会制度不同，行政管理制度也不相同。诉讼中实行对等原则，有利于人民法院维护行政机关在涉外事务中的合法权威。

（二）同等原则

我国《行政诉讼法》第 99 条第 1 款规定，外国人、无国籍人、外国组织在中华人民共和国进行行政诉讼，同中华人民共和国公民、组织有同等的诉讼权利和义务。具体是指外国人和外国组织在我国进行涉外行政诉讼时，可以享有与我国公民和组织在行政诉讼中所享有的同样的诉讼权利，同时，应当承担与我国公民和组织在行政诉讼中所应当承担的同样的诉讼义务。

这个原则充分体现了外国人与我国当事人在行政诉讼上具有平等的法律地位。我国法律不能任意地增设或限制外国当事人的诉讼权利，也不能任意地加重或减轻外国当事人的诉讼义务，而是应当将外国当事人与我国的当事人一视同仁。

涉外行政诉讼的同等原则，只适用于诉讼法上的权利和义务的同等，不适用于实体法的权利和义务。

四、涉外行政诉讼与涉外民事诉讼的关系

《行政诉讼法》第 61 条规定："在涉及行政许可、登记、征收、征用和行政机关对民事争议所作的裁决的行政诉讼中，当事人申请一并解决相关民事争议

的，人民法院可以一并审理。在行政诉讼中，人民法院认为行政案件的审理需以民事诉讼的裁判为依据的，可以裁定中止行政诉讼。”第101条规定：“人民法院审理行政案件，关于期间、送达、财产保全、开庭审理、调解、中止诉讼、终结诉讼、简易程序、执行等，以及人民检察院对行政案件受理、审理、裁判、执行的监督，本法没有规定的，适用《中华人民共和国民事诉讼法》的相关规定。”《中华人民共和国民事诉讼法》（以下简称《民事诉讼法》）第124条规定：“人民法院对下列起诉，分别情形，予以处理：（一）依照行政诉讼法的规定，属于行政诉讼受案范围的，告知原告提起行政诉讼……”

涉外行政诉讼与涉外民事诉讼的区别主要表现在：

（1）涉外行政诉讼的涉外性，仅仅表现在诉讼当事人具有涉外性的因素，比较单一。而涉外民事诉讼的涉外性则表现为多样性，包括当事人的涉外、当事人之间的民事法律关系的设立、变更和有关的法律事实至少有一项发生在国外，或者民事诉讼的标的物在国外。

（2）涉外行政诉讼的当事人中，只有原告或者第三人可以是外国人，至于被告具有特定性，只能是我国的法律、法规授权的组织。而涉外民事诉讼的当事人中，原告、被告或者第三人任何一方都可以是外国人，有时甚至所有的当事人都是外国人。

（3）涉外行政诉讼中的行政争议，必须是发生在我国领域内，因为我国的行政权只能在我国的主权范围内行使，所以涉外行政争议不可能发生在国外。而涉外民事诉讼中的民事纠纷，则既可能发生在国内，也可能发生在国外，因为民事权益是可以随着人身和财产的变动而产生、变更和消灭的。

第二节 涉外行政诉讼的法律适用

学习目标

了解涉外行政诉讼的实体法和程序法的适用。

案例导入

张先生是个美籍华人，2011年11月应聘到湖州W公司从事翻译工作，月工资8000元，2012年3月中旬，张先生从W公司离职。这时W公司已经拖欠张先生两个半月的工资，而W公司认为张先生的就业许可证早已过期，他在W公司工作系非法就业，不受法律保护，不同意支付拖欠的工资以及张先生要求的一系列补偿金。

张先生和W公司的劳动争议纠纷一路从劳动争议仲裁委员会走到一审法院，劳动争议仲裁委员会与一审法院均支持了张先生要求W公司支付拖欠的工资及加付一倍工资的诉讼请求。

W公司上诉至中院，二审法院认为，张先生的国籍为美国，虽然其在2009年就获得了外国人就业许可证，但该就业许可证的有效期只有6个月，适用《最高人民法院关于审理劳动争议案件适用法律若干问题的解释（四）》（法释〔2013〕4号）规定，张先生与W公司的劳动关系不成立，亦不能要求W公司支付双倍工资、经济补偿金和加付经济补偿金。但是张先生和W公司成立劳务合同关系，W公司应当支付其拖欠的报酬。经过二审法院向双方释明法律后，双方达成调解协议，W公司支付张先生20000元。

一、实体法的适用

我国是一个独立的主权国家，凡是中华人民共和国缔结或者参加的国际条约，是以国家的名义承认的，我国法律确认其效力，承认其在我国的拘束力。根据《中华人民共和国缔结条约程序法》第2条规定：“本法适用于中华人民共和国同外国缔结的双边和多边条约、协定和其他具有条约、协定性质的文件。”第10条第1款规定：“缔约双方为使同一条约、协定生效需要履行的国内法律程序不同的，该条约、协定于缔约双方完成各自法律程序并以外交照会方式相互通知后生效。”第16条规定：“中华人民共和国缔结的条约和协定由外交部编入《中华人民共和国条约集》。”这是对我国缔结或者参加的国际条约与本法冲突时，应当如何解决的规定。人民法院在审理涉外行政诉讼案件时，应适用《行政诉讼法》的有关规定。但是，如果《行政诉讼法》与我国缔结或者参加的国际条约有不同规定的，应该适用该国际条约的规定。这就是涉外行政诉讼适用国际条约的原则。因此，在司法实践中是适用的、有效的。

我国在国际交往中一贯尊重国际条约，凡是我国缔结或参加的国际条约，我国法律确认其效力。我国《行政诉讼法》第72条对涉外行政诉讼中国际条约的适用作了规定，规定指出对我国缔结或者参加的国际条约与《行政诉讼法》有不同规定的，适用国际条约的规定，但我国声明保留的除外。这就要求我国人民法院在处理涉外行政诉讼案件时，应当遵从国际条约优先于国内立法的原则。但人民法院在适用国际条约优先于国内立法原则时，有一个限制：凡是我国声明保留的国际条约部分，也就是我国未予承认和参加的部分条款，则不得适用于涉外行政诉讼，不论其规定与我国国内立法有无冲突，人民法院一律只能适用我国《行政诉讼法》的有关规定审理涉外行政诉讼案件。

在一般情况下，我国在制定国内法时要考虑国际条约的要求，而在缔结或者参加国际条约时，也要考虑国内法的立场。我国在涉外行政诉讼的有关法律规定中，都确立了适用该国际条约的原则。不过，对于国际条约，各主权国家根据自己国家的利益行事，可以参加也可以不参加，即使参加也不一定必须同意条约的全部内容，对条约的某项或者某款，有权保留自己的意见。对于有保留意见的条款，只要参加国有明确的声明，就可以不受其约束。人民法院审理涉外行政案件时，对已声明保留的条款，不予适用，仍以本法的规定为准。这种规定也符合国际惯例。

二、程序法的适用

（一）委托律师代理诉讼

律师制度是一个国家司法制度的组成部分，任何主权国家都不准许外国律师在本国法院执行职务。我国作为一个主权国家，当然也不能允许外国律师代理当事人在我们国家的法庭上进行诉讼。这是维护我国司法主权独立所必需的。外国人、无国籍人、外国组织在我国人民法院进行行政诉讼，可以亲自起诉、应诉，也可以委托他人代理。如果需要委托律师代理诉讼时，只能委托中华人民共和国的律师，也就是在中国某一地方的法律顾问处或某一律师事务所执行职务的中国律师（包括专职律师、兼职律师和特邀律师），不能委托外国律师。如果外国当事人已经委托了外国律师，受委托的该律师可以作为法律顾问，作为中国律师的助手，协助中国律师进行工作，但不能出席法庭进行行政诉讼活动。

1. 委托代理人的范围

我国《行政诉讼法》第100条规定：“外国人、无国籍人、外国组织在中华人民共和国进行行政诉讼，委托律师代理诉讼的，应当委托中华人民共和国律师机构的律师。”本条是对外国人、无国籍人、外国组织聘请律师在人民法院代理起诉、应诉的规定。根据《行政诉讼法》第31条和《民事诉讼法》的相关规定，外国当事人可以委托的诉讼代理人的范围主要如下：

（1）律师。其必须是在中国律师事务所执业的律师，该外国人在本国的律师只能以该外国人本国公民的身份，而不能以律师的身份担任诉讼代理人。

（2）社会团体，如法学会等。

（3）人民法院许可的其他公民。

（4）提起行政诉讼的公民的近亲属或所在单位推荐的人。

（5）该外国当事人所在国驻中国使（领）馆外交官员，以个人名义出任诉讼代理人，在诉讼过程中不享有外交特权和外交豁免权。

（6）中国公民。中国公民作为外国当事人的诉讼代理人必须经我国人民法院许可。

2. 外国当事人委托诉讼代理人的程序

外国人、无国籍的人可以亲自在我国人民法院起诉或者应诉。由于各种原因，不能亲自来中国参加诉讼的，也可以委托他人代为进行。外国当事人委托诉讼代理人的一般程序，我国最高人民法院也作了明确的规定。《中华人民共和国民事诉讼法》第264条规定："在中华人民共和国领域内没有住所的外国人、无国籍人、外国企业和组织委托中华人民共和国律师或者其他人代理诉讼，从中华人民共和国领域外寄交或者托交的授权委托书，应当经所在国公证机关证明，并经中华人民共和国驻该国使领馆认证，或者履行中华人民共和国与该所在国订立的有关条约中规定的证明手续后，才具有效力。"《行政诉讼法》第99条第1款规定："外国人、无国籍人、外国组织在中华人民共和国进行行政诉讼，同中华人民共和国公民、组织有同等的诉讼权利和义务。"第100条规定："外国人、无国籍人、外国组织在中华人民共和国进行行政诉讼，委托律师代理诉讼的，应当委托中华人民共和国律师机构的律师。"《中华人民共和国民事诉讼法》第5条第2款规定："外国法院对中华人民共和国公民、法人和其他组织的民事诉讼权利加以限制的，中华人民共和国人民法院对该国公民、企业和组织的民事诉讼权利，实行对等原则。"

评析：本案原告为外国企业，中国的行政诉讼法对涉外案件提起行政诉讼应履行的手续没有作出直接规定，但根据最高人民法院法释〔2000〕8号《关于执行〈中华人民共和国行政诉讼法〉若干问题的解释》（已失效）第97条的规定："人民法院审理行政案件，除依照行政诉讼法和本解释外，可以参照民事诉讼法的有关规定。"而中国《民事诉讼法》第264条规定："在中华人民共和国领域内没有住所的外国人、无国籍人、外国企业和组织委托中华人民共和国律师或者其他人代理诉讼，从中华人民共和国领域外寄交或者托交的授权委托书，应当经所在国公证机关证明，并经中华人民共和国驻该国使领馆认证，或者履行中华人民共和国与该所在国订立的有关条约中规定的证明手续后，才具有效力。”本案在委托时宇某、霍某民为诉讼代理人的同时也应满足相关规定。

3. 涉外行政诉讼对律师的特别规定

根据《行政诉讼法》第 100 条的规定：“外国人、无国籍人、外国组织在中华人民共和国进行行政诉讼，应当委托中华人民共和国律师机构的律师”。《行政诉讼法》第 100 条规定表明，外国当事人在我国进行行政诉讼，有权委托律师代理诉讼。外国当事人既可以委托我国律师参加诉讼，又可以委托其他人代理诉讼，还可以不委托代理人自行进行各项诉讼行为。

但是，如果是委托律师代理诉讼，则必须委托中国律师机构的执业律师担任诉讼代理人。我国法律规定，只有中国律师机构下的律师才有权在人民法院主持下的各种诉讼活动中以律师身份代理当事人进行各项诉讼活动。外国律师可以参加中国的各项诉讼活动，但只能以普通公民的身份而不能以律师的身份参加到各项诉讼活动中来。

（二）涉外行政诉讼的期间

1. 涉外行政诉讼中关于上诉和答辩的期限的规定

《最高人民法院关于适用〈中华人民共和国行政诉讼法〉的解释》第 64 条规定：“行政机关作出行政行为时，未告知公民、法人或者其他组织起诉期限的，起诉期限从公民、法人或者其他组织知道或者应当知道起诉期限之日起计算，但从知道或者应当知道行政行为内容之日起最长不得超过一年。复议决定未告知公民、法人或者其他组织起诉期限的，适用前款规定。”第 65 条规定：“公民、法人或者其他组织不知道行政机关作出的行政行为内容的，其起诉期限从知道或者应当知道该行政行为内容之日起计算，但最长不得超过行政诉讼法第四十六条第二款规定的起诉期限。”第 66 条规定：“公民、法人或者其他组织依照行政诉讼法第四十七条第一款的规定，对行政机关不履行法定职责提起诉讼的，应当在行政机关履行法定职责期限届满之日起六个月内提出。”

《行政诉讼法》第 45 条规定：“公民、法人或者其他组织不服复议决定的，可以在收到复议决定书之日起十五日内向人民法院提起诉讼。复议机关逾期不作决定的，申请人可以在复议期满之日起十五日内向人民法院提起诉讼。法律另有规定的除外。”第 46 条规定：“公民、法人或者其他组织直接向人民法院提起诉讼的，应当自知道或者应当知道作出行政行为之日起六个月内提出。法律另有规定的除外。因不动产提起诉讼的案件自行政行为作出之日起超过二十年，其他案件自行政行为作出之日起超过五年提起诉讼的，人民法院不予受理。”第47条规定：“公民、法人或者其他组织申请行政机关履行保护其人身权、财产权等合法权益的法定职责，行政机关在接到申请之日起两个月内不履行的，公民、法人或者其他组织可以向人民法院提起诉讼。法律、法规对行政机关履行职责的期限另有规定的，从其规定。公民、法人或者其他组织在紧急情况下请求行政机关履行保护其人身权、财产权等合法权益的法定职责，行政机关不履行的，提起诉讼不受前款规定期限的限制。”第48条规定：“公民、法人或者其他组织因不可抗力或者其他不属于其自身的原因耽误起诉期限的，被耽误的时间不计算在起诉期限内。公民、法人或者其他组织因前款规定以外的其他特殊情况耽误起诉期限的，在障碍消除后十日内，可以申请延长期限，是否准许由人民法院决定。”

《民事诉讼法》第268条规定：“被告在中华人民共和国领域内没有住所的，人民法院应当将起诉状副本送达被告，并通知被告在收到起诉状副本后三十日内提出答辩状。被告申请延期的，是否准许，由人民法院决定。”第269条规定：“在中华人民共和国领域内没有住所的当事人，不服第一审人民法院判决、裁定的，有权在判决书、裁定书送达之日起三十日内提起上诉。被上诉人在收到上诉状副本后，应当在三十日内提出答辩状。当事人不能在法定期间提起上诉或者提出答辩状，申请延期的，是否准许，由人民法院决定。”

2. 涉外行政诉讼中关于邮寄送达和公告送达的期限

《民事诉讼法》第267条规定：“人民法院对在中华人民共和国领域内没有住所的当事人送达诉讼文书，可以采用下列方式：（一）依照受送达人所在国与中华人民共和国缔结或者共同参加的国际条约中规定的方式送达；（二）通过外交途径送达；（三）对具有中华人民共和国国籍的受送达人，可以委托中华人民共和国驻受送达人所在国的使领馆代为送达；（四）向受送达人委托的有权代其接受送达的诉讼代理人送达；（五）向受送达人在中华人民共和国领域内设立的代表机构或者有权接受送达的分支机构、业务代办人送达；（六）受送达人所在国的法律允许邮寄送达的，可以邮寄送达，自邮寄之日起满三个月，送达回证没有退回，但根据各种情况足以认定已经送达的，期间届满之日视为送达；（七）采用传真、电子邮件等能够确认受送达人收悉的方式送达；（八）不能用上述方式送达的，公告送达，自公告之日起满三个月，即视为送达。”

《最高人民法院关于适用〈中华人民共和国行政诉讼法〉的解释》第51条

规定："人民法院可以要求当事人签署送达地址确认书，当事人确认的送达地址为人民法院法律文书的送达地址。当事人同意电子送达的，应当提供并确认传真号、电子信箱等电子送达地址。当事人送达地址发生变更的，应当及时书面告知受理案件的人民法院；未及时告知的，人民法院按原地址送达，视为依法送达。人民法院可以通过国家邮政机构以法院专递方式进行送达。"第 52 条规定："人民法院可以在当事人住所地以外向当事人直接送达诉讼文书。当事人拒绝签署送达回证的，采用拍照、录像等方式记录送达过程即视为送达。审判人员、书记员应当在送达回证上注明送达情况并签名。"

3. 涉外行政诉讼中关于结案期限的规定

《民事诉讼法》第 270 条规定："人民法院审理涉外民事案件的期间，不受本法第一百四十九条、第一百七十六条规定的限制。"第 149 条规定："人民法院适用普通程序审理的案件，应当在立案之日起六个月内审结。有特殊情况需要延长的，由本院院长批准，可以延长六个月；还需要延长的，报请上级人民法院批准。"第 176 条规定："人民法院审理对判决的上诉案件，应当在第二审立案之日起三个月内审结。有特殊情况需要延长的，由本院院长批准。人民法院审理对裁定的上诉案件，应当在第二审立案之日起三十日内作出终审裁定。"

【案例分析】

《最高人民法院关于审理劳动争议案件适用法律若干问题的解释（四）》第 14 条规定，外国人、无国籍人未依法取得就业证件即与中国境内的用人单位签订劳动合同，以及香港特别行政区、澳门特别行政区和台湾地区居民未依法取得就业证件即与内地用人单位签订劳动合同，当事人请求确认与用人单位存在劳动关系的，人民法院不予支持。

（三）涉外行政诉讼的送达方式

1. 依条约规定的方式送达

依照受送达人所在国与我国缔结或者共同参加的国际条约中规定的方式送达。以条约规定的方式送达必须以受送达人所在国与我国有双边或多边的国际条约中明确规定了该送达方式。缔约双方应当严格按照条约规定的方式进行送达。

2. 通过外交途径送达

我国与受送达人所在国没有订立有关送达的条约的情况下，按互惠的关系，依照外交途径送达。适用这种送达方式的前提是该国与我国有建立外交关系。具体方法是，由我国省、自治区、直辖市高级人民法院将应当送达受送达人的诉讼法律文书，送交外交部，由外交部领事司代表我国人民法院送交受送达人所在国驻我国的外交机构，该外交机构再根据其国内规定的送达方式交受送达人。

3. 委托我国驻他国使（领）馆代为送达

这种方式适用于居住在国外的，具有我国国籍的受送达人。

4. 由受送达人的诉讼代理人送达

受送达人在诉讼中有诉讼代理人的，经过诉讼当事人的授权可以接受送达的，可以向该诉讼代理人送达。这种方式适用的前提是诉讼当事人有专门授权诉讼代理人接受送达。

5. 向受送达人在我国领域内设立的代表机构、分支机构、业务代办人送达

对于外国企业、组织在我国设有代表机构的，人民法院可以向其代表机构送达诉讼文书；对有权接受送达的外国企业、组织在我国设有分支机构或者业务代办人的，人民法院可以直接送达。

6. 邮寄送达

适用邮寄送达方式的前提是受送达人所在国的法律允许邮寄送达诉讼文书。邮寄送达的方式简便快捷，为大多数国家采用。

邮寄送达诉讼文书，自邮寄之日起满6个月，送达回执没有退回的，但根据各种情况足以认定已经送达的，6个月期间届满之日视为送达。

7. 公告送达

当上述所有送达的方式都无法适用时，可以采用公告这种特殊方法。公告送达是自公告之日起满6个月，即视为送达。公告的具体办法是人民法院将需要公告的诉讼法律文书的内容，刊登在向国内外发行的报刊上，或者在适当的场所予以公告，向当事人送达。公告送达不以受送达人是否知悉公告内容为前提，而是以公告超过一定期限（自公告之日起满6个月）来推定受送达人已经接受该公告的诉讼法律文书。受送达人是否确实知悉诉讼法律文书并不会影响该公告的诉讼的法律效力。

【导入案例分析】

1. 就本案而言，被诉行为显然不属国家行为。从主体上看，被告是以自己的名义而非国家的名义行使法定职权。由于国家是一个抽象的主体，因而国家行为总是由某个国家机关以国家的名义作出，这里当然不排除某些行政机关也可以国家的名义实施国家行为，但在行政机关的序列当中，有资格代表整体意义的国家的行政机关是极为有限的，且均为中央行政机关，地方行政机关原则上不具备

国家行为的主体资格。本案被告为市级公安机关，法律、法规和有关国家机关均没有授权其实施国家行为，其所实施的行为只是表明自己这一特定部门对职权范围内的特定对象进行行政管理。

从被诉行为的内容看，公安机关实施的行为并不涉及国际关系中的权利和义务，而是行使法定的护照管理职能。护照是一个主权国家发给本国公民出入境和在外国居留、旅行时使用的合法身份证明和国籍证明。公安机关扣押护照并在护照上做不承认标记，属于行使行政管理职能的行为，是不承认护照持有人具有护照发放国公民的合法身份，并非不承认护照发放国不具有国际法上的主体地位。

从被诉行为的对象看，公安机关所实施的行为是针对护照持有人马××作出的，其产生的是护照行政管理法律关系。我们不能因为马××持有外国护照，就想当然地认为扣押护照并做不承认标记针对的对象是护照发放国，就产生了国与国之间的国际法上的权利义务关系，否则，行使护照管理职权的各级公安机关都具备了国家行为的主体资格。

从被诉行为的法律依据看，公安机关行为的依据是《国籍法》及公安部、外交部制定的《关于中国公民非法持用外国护照有关问题的通知》的规定，确认马××为中国公民，不承认其多米尼加国籍，符合具体行政行为针对特定公民、法人或者其他组织并处理具体事项的法律特征，是以国内法中的行政法律及行政规章作为直接依据的。

2. 衡量一个行政行为是否可诉，必须看它是否符合具体行政行为可诉性的法律要件。可诉性具体行政行为的法律要件包括两个方面：首先，必须是行政诉讼法意义上的具体行政行为，这是实体要件。具体行政行为，是指国家行政机关和行政机关工作人员、法律法规授权的组织、行政机关委托的组织和个人在行政管理活动中，行使行政管理职权，针对特定的公民、法人或者其他组织，就特定的具体事项，作出有关该公民、法人或其他组织权利义务的单方面行为。本案中，公安机关扣押马××护照并做不承认标记，是公安机关在出入境管理活动中，根据法律的规定，针对马××所持护照是否有效这一特定的具体事项所作出的单方面行为。其次，可诉性具体行政行为是程序法律规范明确规定，可以进入行政诉讼程序的具体行政行为，这是程序要件。本案被告所作出的行为不属国家行为，现行法律也没有规定这一行为是公安机关最终裁判的具体行政行为。因此，被诉行为属于行政诉讼法规定的受案范围之列。

3.《国籍法》规定，中华人民共和国不承认中国公民具有双重国籍。该法同时还规定，定居外国的中国公民，自愿加入或取得外国国籍的，即自动丧失中国国籍；中国公民具有是外国人的近亲属、定居在外国或有其他正当理由三种情形之一的，可以经申请批准退出中国国籍。加入、退出或恢复中国国籍的申请由中华人民共和国公安部审批，经批准的，由公安部发给证书。这就说明，具有中国国籍的公民丧失中国国籍只有两种情形：一是自动丧失，条件是定居外国，自愿加入或取得外国国籍；二是批准丧失，条件是具备上述三种情形之一。就本案而言，马××是居住在大陆的中国公民，公安部门根据其申请批准其赴香港地区探亲，因而马××不具备定居外国的事实，自然也就不符合自动丧失中国国籍的条件。马××在香港地区探亲期间，通过私自购买护照的方式在形式上取得了多米尼加国国籍，然而由于其不具备上述三种情形，更重要的是未履行审批手续，根据中国不承认双重国籍的法律原则，马××仍然是具有中国国籍的公民。

本章小结

涉外行政诉讼，是指当事人一方为非本国公民、法人或者其组织的行政诉讼，即外国人、无国籍人、外国组织因不服我国行政机关作出的行政行为而提起诉讼，我国人民法院依照行政诉讼程序规定予以审判的活动。

涉外行政诉讼有：(1) 诉讼主体具有涉外性；(2) 诉讼发生的地点具有特定性；(3) 诉讼程序的特殊性。

涉外行政诉讼遵循：（1）适用原则；（2）同等原则；（3）对等原则；（4）适用有关国际条约原则；(5) 委托中国律师代理诉讼原则。

涉外行政诉讼送达方式：依条约规定的方式送达、通过外交途径送达；委托我国驻他国使（领）馆代为送达；由受送达人的诉讼代理人送达；向受送达人在我国领域内设立的代表机构、分支机构、业务代办人送达；邮寄送达；公告送达。

涉外行政诉讼的法律适用指出对我国缔结或者参加的国际条约与行政诉讼法有不同规定的，适用国际条约的规定，但我国声明保留的除外。

涉外行政诉讼与涉外民事诉讼的区别：（1）涉外行政诉讼的涉外性，仅仅表现在诉讼当事人具有涉外性的因素，比较单一。而涉外民事诉讼的涉外性则表现为多样性。(2) 涉外行政诉讼的当事人中，只有原告或者第三人可以是外国人，至于被告具有特定性，只能是我国的法律、法规授权的组织。而涉外民事诉讼的当事人中，原告、被告或者第三人任何一方都可以是外国人，有时甚至所有的当事人都是外国人。(3) 涉外行政诉讼中的行政争议，必须是发生在我国领域内，因为我国的行政权只能在我国的主权范围内行使，所以涉外行政争议不可能发生在国外。

【关键术语】

涉外行政诉讼　原则　送达　期间　法律适用

【推荐阅读与学习资料】

1. 王振宇. 行政诉讼制度研究［M］. 北京：中国人民大学出版社，2012.

2. 徐明江. 新编行政诉讼法理论与实务［M］. 北京：高等教育出版社，2009.

【案例】

原告：郑某

被告：中华人民共和国沙头角卫生检疫局

2012年9月16日下午4时50分，郑某驾驶广东02-×××××私家车，经中华人民共和国沙头角口岸准备出境时，与中华人民共和国沙头角卫生检疫局（以下简称为沙头角检疫局）值班人员发生争吵。此后，原告即到其他部门办理出境手续，回来后见沙头角检疫局仍未给其进行卫生检疫签证，又与沙头角检疫局值班人员发生争吵，并拿走未经检疫的《车辆进出境卫生检疫签证本》，擅自离开检疫地点，经边检站出境。郑某出境后觉得不妥，在同日下午5时20分再次入境，找沙头角检疫局值班人员反映刚才发生的情况，值班人员当即收回其签证本要其补办临时卡待后处理，但郑某拒绝办理。当日下午5时40分，郑某再次未经检疫强行出境。同年9月18日，郑某到沙头角检疫局办公室，向沙头角检疫局领导指出9月16日发生的事是该局值班人员要求与其兑换港币遭拒绝后被刁难所致。因郑某未能提供任何证据证明，又查无实据，沙头角检疫局领导写了一张纸条，要郑某购买了《临时签证卡》后等待处理。10月7日，沙头角检疫局立案受理此案，10月9日承办人提出处理意见，于10月10日组成合议组进行合议并于同日作出沙卫检罚字（92）0012号行政处罚决定书，对郑某作出罚款人民币3000元的处罚决定。郑某不服，遂于10月23日向罗湖区人民法院起诉。

问题：

1. 被告的行政处罚决定是否合法？

2. 本案诉讼费应由谁承担？

第十二章　涉外警务行政赔偿

学习目标

通过本章的学习，理解行政赔偿制度的概念、构成，行政赔偿的范围、主体、客体、程序和行政赔偿的方式以及法律救济。

案例导入

A国公民罗某在中国务工期间，由于其中国好友被某派出所民警殴打，而前去派出所评理，反而被该派出所关押了11天零18小时。自始至终，该派出所对罗某都未下达任何法律文书，既无刑事拘留通知书，也无监视居住通知书，也未通知A国驻我国的领事馆，纯属非法拘禁。罗某要求确认该派出所对其采取的关押拘禁的行政行为违法，并要求赔偿损失，赔礼道歉。

经审理查明事实如下：2012年10月1日晚，罗某因妨碍公务被派出所带回审查，其间并未下达拘留通知书，也并未通知A国的领事馆。罗某被关押11天零18小时后释放，无释放证。法院判决如下：（1）确认该派出所对其关押拘禁行为违法；（2）由该派出所退还扣押的现金228.10元；（3）赔偿罗某11天误工工资1789.15元。（4）该所向罗某赔礼道歉。

问题：

1. 罗某的诉讼行为是否有效？

2. 法院的判决依据的法律是什么？

第一节　行政赔偿概述

一、行政赔偿的概念和特征

行政赔偿，是指行政机关及其工作人员行使行政职权，侵犯行政相对人的合法权益造成损害，依法必须承担的赔偿责任。行政赔偿具有下列特征：

第一，行政赔偿以侵犯行政相对人的合法权益并造成损害为条件。这一特征有两个含义：

（1）行政机关及其工作人员的职权行为侵犯了行政相对人的合法权益。如果行政机关及其工作人员的职权行为所侵犯的是行政相对人的违法权益，而不是合法权益，就不会发生行政赔偿问题。

（2）行政机关及其工作人员不仅行使职权侵犯了行政相对人的合法权益，而且还必须造成了行政相对人人身权或者财产权的实际损害。

第二，行政赔偿以依法赔偿为原则。这是说，行政赔偿责任的承担遵循依法承担原则。所谓依法赔偿，是指国家行政机关是否承担赔偿责任，以及如何承担赔偿责任，完全依照《国家赔偿法》和《行政诉讼法》本身及其他法律、法规为依据，而不以学理或判例为尺度。

第三，行政赔偿以行使职权造成损害的国家行政机关为赔偿义务机关。虽然国家行政机关的职权行为是通过行政工作人员进行的，但工作人员不是独立的侵权主体，他们只能是所属国家行政机关的代表，因而不直接对行政相对人承担赔偿责任。

二、行政赔偿的分类

按照行政赔偿范围的不同，行政赔偿可以分为对人身损害的行政赔偿、对财产损害的行政赔偿和对精神损害的行政赔偿。从《国家赔偿法》第 3 条和第 4 条规定看，行政赔偿限于国家行政机关对侵犯相对人“人身权”和“财产权”的赔偿，不包括对侵犯其他权利如劳动权、教育权、政治权等的赔偿。同时，根据《国家赔偿法》第 35 条的规定，对精神损害的赔偿也属于国家赔偿的范畴。

按照行政赔偿程序的不同，行政赔偿可以分为两种类型：第一，单独请求行政赔偿；第二，附带请求行政赔偿。前者是指赔偿请求人没有提出其他行政诉讼的请求，单就行政赔偿提出请求和诉讼。后者是指行政相对人在提起行政复议和行政诉讼的同时一并提出行政赔偿请求。

三、行政赔偿的历史沿革

新中国第一个规定行政赔偿制度的法规是政务院（已变更）于 1954 年 1 月 21 日通过的《中华人民共和国海港管理暂行条例》。该条例第 20 条“港务局如无任何法令根据，擅自下令禁止船舶离港，船舶得向港务局要求赔偿由于禁止离港所受之直接损失，并得保留对港务局之起诉权”的规定开了有关行政赔偿法律制度之先河。1954 年 9 月 20 日《中华人民共和国宪法》第 97 条明确规定：“……由于国家机关工作人员侵犯公民权利而受到损失的人，有取得赔偿的权利。”这是宪法第一次把行政赔偿的请求权确定为公民的基本权利之一。1982 年《中华人民共和国民事诉讼法（试行）》与 1989 年《中华人民共和国行政诉讼法》的相继出台，为公民行使行政赔偿请求权提供了有力的司法程序保障。

1995 年 1 月 1 日《国家赔偿法》在历经反复商议和论证后正式施行。它构成了我国行政赔偿责任制度方面的基本法律。而之后最高人民法院颁发的《最高人民法院关于审理行政赔偿案件若干问题的规定》等一系列司法解释，对于完善行政赔偿案件的司法审判程序起了很大的作用。2010 年 4 月 29 日，第十一届全国人民代表大会常务委员会第十四次会议《关于修改〈中华人民共和国国家赔偿法〉的决定》第一次修正，根据 2012 年 10 月 26 日第十一届全国人民代表大会常务委员会第二十九次会议《关于修改〈中华人民共和国国家赔偿法〉的决定》第二次修正。

四、行政赔偿的范围

我国现行行政赔偿的范围包括对人身损害、财产损害以及精神损害的赔偿。此外，行政赔偿的范围不仅包括行政职务行为，而且还包括与职务相关的行为，后者是指与行政机关及其工作人员行使行政职权有关的，给公民、法人或者其他组织造成损害的，违反行政职责的行为。

除行政机关的作为行为外，一部分行政不作为导致损害的行为也被纳入行政赔偿范围之中。根据《最高人民法院关于公安机关不履行法定行政职责是否承担行政赔偿责任问题的批复》，“由于公安机关不履行法定行政职责，致使公民、法人和其他组织的合法权益遭受损害的，应当承担行政赔偿责任。”

（一）人身损害的行政赔偿范围

根据《国家赔偿法》第 3 条的规定，行政机关及其工作人员在行使行政职权时有下列侵犯人身权情形之一的，受害人有取得赔偿的权利：

（1）违法拘留或者违法采取限制公民人身自由的行政强制措施的；

（2）非法拘禁或者以其他方法非法剥夺公民人身自由的；

（3）以殴打、虐待等行为或者唆使、放纵他人以殴打、虐待等行为造成公民身体伤害或者死亡的；

（4）违法使用武器、警械造成公民身体伤害或者死亡的；

（5）造成公民身体伤害或者死亡的其他违法行为。

这里的其他违法行为，是指包括具体行政行为和与行政机关及其工作人员行使行政职权有关的，给公民、法人或者其他组织造成损害的，违反行政职责的行为。

【案例】

2006 年 7 月 30 日下午 4 时许，A 国公民杨某接到崔某电话称，其借用杨某摩托车行驶到渤海大街东段建丰路口时与一位骑自行车的青年相撞。杨某闻讯后赶到现场，查看车辆是否有损伤。此时，一白色面包车路经现场停车，从车上走下两人，其中一人身着警服，查询车辆相撞情况，片刻又来了位民警测绘现场，丈量中，杨某向身着便装的年长者提出疑义，未被采纳。便接着发问，你是干什么的，不料此语一出，触怒了对方。其自称就是干这个的，边说边拽住杨某，并令两位民警将杨某带上汽车。车行驶途中，杨某从车内仰面摔下地面，头破血流，当即休克。经住院三次颅骨手术才保住了性命，而现今脑积水，并留有脑疝后遗症。住院治疗花费医疗费用等 7 万余元。嗣后，多次与交通警察支队协商未有结果。现杨某已终身致残，依据《国家赔偿法》的规定，向法院提起赔偿要求，要求被告交通警察支队赔偿杨某一次性经济损失 22 万元。

法院认为：被告某市公安局所属交通警察支队民警路遇交通纠纷事件进行处理是法律、法规赋予的职权，但应依法行使。杨某在不明被告工作人员身份的情况下提出质疑，无可非议。被告以此认定杨某妨碍公务，采取强制带离现场的举措是滥用职权。被告称杨某自行跳车无证可举。杨某落成终身残疾的结果应由被告负责。根据《国家赔偿法》（未修订前）第 27 条第 1 款第 2 项、第 2 款，《最高人民法院关于审理行政赔偿案件若干问题的规定》（未修订前）第 34 条的规定，判决如下：被告某市公安局赔偿杨某住院期间的医疗费等 37505. 71 元；承担伤残赔偿金 129400 元（1997 年全国职工年平均工资 6470 元的 20 倍）。

【案例分析】

行政机关及其工作人员在行使行政职权时给公民、法人或者其他组织造成损害的，违反行政职责的行为时，可以向法院提起行政赔偿诉讼，以确保自身的合法权益。根据《国家赔偿法》第 3 条规定，行政机关及其工作人员在行使行政职权时，违法拘留或者违法采取限制公民人身自由的行政强制措施的，受害人有取得赔偿的权利。

（二）财产损害的行政赔偿范围

根据《国家赔偿法》第4条的规定，行政机关及其工作人员在行使行政职权时有下列侵犯财产权情形之一的，受害人有取得赔偿的权利：

（1）违法实施罚款、吊销许可证和执照、责令停产停业、没收财物等行政处罚的。

（2）违法对财产采取查封、扣押、冻结等行政强制措施的。例如，海关对扣留的货物、物品、运输工具或者其他财产不履行保管职责，严重不负责任，造成财物毁损、灭失的应承担行政赔偿责任。

（3）违法征收、征用财产的。例如，工商行政管理机关违反国家规定征收财物、摊派费用的。

（4）造成财产损害的其他违法行为。例如，鉴证机关没有严格依法审查合同，对主体不合格或没有履约能力的经济合同予以鉴证，致使一方当事人受到经济损失的，受到损失的当事人可以向人民法院提起行政诉讼，并要求鉴证机关予以赔偿。鉴证机关除退还收取的鉴证费用外，还应承担与其过错相应的赔偿责任。

（三）精神损害的行政赔偿范围

《国家赔偿法》第35条规定，行政机关及其工作人员在行使行政职权时有侵犯财产权情形致人精神损害的，应当在侵权行为影响的范围内，为受害人消除影响，恢复名誉，赔礼道歉；造成严重后果的，应当支付相应的精神损害抚慰金。

（四）行政赔偿范围的排除

根据《国家赔偿法》第5条，属于下列情形之一的国家不承担赔偿责任：

（1）行政机关工作人员与行使职权无关的个人行为。

（2）因公民、法人和其他组织自己的行为致使损害发生的。

（3）法律规定的其他情形。例如，在海关行政中，由不可抗力造成损害后果的，海关不承担行政赔偿责任。同时，也有法律明确规定对于因公民、法人和其他组织的过错致使损失扩大的，对扩大部分行政机关不承担赔偿责任。此外，国防、外交等国家行为或者行政机关制定发布的行政法规、规章或者具有普遍约束力的决定、命令也不属于行政赔偿的范围。

第二节　行政赔偿的基本理论

学习目标

通过本节的学习，了解行政赔偿的法律关系主体及相对人的主体资格及条件，掌握行政赔偿的提起、审理、赔偿等程序。

案例导入

邓某鸣、秦某、邓某华为一家三口，系我国香港居民，2007年6月14日来云南旅游期间，与某派出所警员李某发生争执。李某欲强行将秦某带回派出所继续盘问。争执倒车时无意将秦某6岁的女儿邓某华撞伤，经送医院抢救无效于当日死亡。事故发生后，经交警部门对现场进行勘查、检验和调查，认定李某驾车行驶时不注意行车安全，未采取预见性的安全措施，是造成事故的主要原因。

邓某鸣、秦某两人于2008年3月2日向昆明市官渡区人民法院起诉提出行政赔偿申请。昆明市官渡区人民法院受理了此案并于2008年6月4日进行开庭审理。

法院认为：李某采取强制带离现场的举措是滥用职权，其倒车时将邓某华撞倒属于重大过失。根据《国家赔偿法》第34条第1款第1项、第2项，《最高人民法院关于审理行政赔偿案件若干问题的规定》第34条的规定，判决如下：以受诉法院所在地即云南省上一年度城镇居民人均可支配收入为标准计算，支付两人赔偿金288480元（14424×20）。并且给予两人年仅6岁的女儿死亡对原本幸福美满的家庭造成了无法弥补的精神伤害，要求赔偿50000元的精神损害抚慰金支持。法院判决被告承担事故造成的丧葬费10008元，交通费1480元，死亡赔偿金288480元，精神损害抚慰金50000元，共计人民币349968元。

【案例评析】

本案为一起典型的行政赔偿诉讼案件。根据我国《国家赔偿法》第3条的规定，行政机关及其工作人员在行使行政职权时，造成公民身体伤害或者死亡的其他违法行为，受害人有取得赔偿的权利。本案中当事人提起的行政赔偿符合《最高人民法院关于审理行政赔偿案件若干问题的规定》第21条关于赔偿请求人单独提起行政赔偿诉讼的条件之规定，诉讼的程序正确，法院的判决合理合法，确保了受害人的合法权益不受侵害。

一、行政赔偿请求人

行政赔偿请求人，是指因其合法权益受到行政主体及其工作人员的不法侵害而依法要求赔偿的当事人。我国《行政诉讼法》对赔偿请求人作出了明确规定，公民、法人或者其他组织的合法权益受到行政机关或者行政机关工作人员作出的行政行为侵犯造成损害的，有权请求赔偿。与此同时，《国家赔偿法》也规定，受害的公民、法人和其他组织有权要求赔偿。这都是对行政赔偿请求人一般资格的基本规定。案例中，邓某鸣、秦某便是行政赔偿的请求人。

在出现受害公民死亡的情况下，其他有抚养关系的亲属以及死者生前抚养的无劳动能力的人有权以赔偿请求人身份要求赔偿。

（一）行政赔偿义务机关

行政赔偿义务机关，是指因其本身或者由其委托的其他组织及其所属的工作人员，违法行使职权侵犯行政相对人的合法权益，而依法必须承担赔偿责任的行政机关。行政赔偿义务机关的具体认定应当区分不同情况而定。具体而言，根据《国家赔偿法》第7~8条规定，行政赔偿义务机关认定规则如下：

（1）国家行政机关本身行使行政职权侵犯公民、法人和其他组织的合法权益造成损害的，该行政机关为赔偿义务机关；在导入案例中是派出所的行政行为造成了A国公民罗某的合法权益受到了侵害，该派出所为行政赔偿的义务机关。

（2）国家行政机关所属的工作人员行使行政职权侵犯公民、法人和其他组织的合法权益造成损害的，其所属的行政机关为赔偿义务机关。

（3）两个以上行政机关共同行使行政职权时侵犯公民、法人和其他组织的合法权益造成损害的，由共同行使行政职权的行政机关为共同赔偿义务机关。具体而言，当两个以上行政机关共同侵权，赔偿请求人对其中一个或者数个侵权机关提起行政赔偿诉讼，若诉讼请求系可分之诉，被诉的一个或者数个侵权机关为被告；若诉讼请求系不可分之诉，由人民法院依法追加其他侵权机关为共同被告。

（4）法律、法规授权的组织在行使授予的行政权力时侵犯公民、法人和其他组织的合法权益造成损害的，被授权的组织为赔偿义务机关。

（5）受行政机关委托的组织或者个人在行使受委托的行政权力时侵犯公民、法人和其他组织的合法权益造成损害的，委托的行政机关为赔偿义务机关。

（6）行政赔偿义务机关被撤销的，继续行使其职权的行政机关为赔偿义务机关；没有继续行使其职权的行政机关，撤销该赔偿义务机关的行政机关为赔偿义务机关。

(7) 经行政复议机关复议的，最初造成侵权行为的行政机关为赔偿义务机关，但复议机关的复议决定加重损害的，复议机关对加重部分履行赔偿义务。但如果赔偿请求人只对作出原行政决定的行政机关提起行政赔偿诉讼，作出原决定的行政机关为被告；如果赔偿请求人只对复议机关提起行政赔偿诉讼的，仅以行政复议机关为赔偿义务机关。

(8) 行政机关依据《行政诉讼法》第97条规定申请人民法院强制执行行政行为，由于据以强制执行的根据错误而发生行政赔偿诉讼的，申请强制执行的行政机关为被告。

【案例评析】

根据《国家赔偿法》第7~8条规定，行政赔偿义务机关认定规则是：国家行政机关本身行使行政职权侵犯公民、法人和其他组织的合法权益造成损害的，该行政机关为赔偿义务机关。该案中行政赔偿请求人为邓某鸣和秦某。其女儿因李某倒车时不注意行车安全，未采取预见性安全措施造成事故致其死亡，作为父母，有权向法院提出赔偿请求。该案中李某因其滥用职权，致使原告邓某鸣和秦某的女儿被撞伤后，抢救无效死亡，李某为行政机关工作人员，所以该行政机关为行政赔偿义务机关，对此应负有责任，必须依法承担赔偿责任。

(二) 行政赔偿第三人

行政赔偿第三人，系指同行政赔偿案件处理结果有法律上的利害关系的，除行政赔偿请求人以外的，其他公民、法人和其他组织。与行政赔偿案件处理结果有法律上的利害关系的其他公民、法人或者其他组织有权作为第三人参加行政赔偿诉讼。

二、行政赔偿的程序

行政赔偿程序，系指赔偿请求人请求行政机关和人民法院处理赔偿案件的整个过程。它是公民、法人和其他组织依法获得行政赔偿这一实体权利的程序保障。行政赔偿的程序从总体上说，由这几个环节所组成：行政赔偿请求的提出—行政机关的处理—提起行政赔偿诉讼—受理行政赔偿案—审理行政赔偿案—裁判行政赔偿案—执行行政赔偿裁判。以下将分别予以说明。

（一）行政赔偿请求的提出与行政处理

1. 行政赔偿请求的提出

行政赔偿请求人自行政侵权事件发生之日起两年内，向行政赔偿义务机关书面提出赔偿请求。时效的计算，自行政赔偿请求人知道或者应当知道国家机关及其工作人员行使职权时的行为侵犯其人身权、财产权之日起计算，但被羁押等限制人身自由期间不计算在内；在申请行政复议或者提起行政诉讼时一并提出赔偿请求的，适用《行政复议法》《行政诉讼法》有关时效的规定。

行政赔偿请求人向行政赔偿义务机关请求赔偿，必须提交书面申请书。《行政赔偿申请书》必须载明下列事项：

（1）受害人的姓名、性别、年龄、工作单位和住所，法人或者其他组织的名称、住所和法定代表人或者主要负责人的姓名、职务。

（2）具体的要求、事实根据和理由。

（3）申请的年、月、日。

赔偿请求人书写申请确有困难的，可以委托他人代书；也可以口头申请，由赔偿义务机关记入笔录。赔偿请求人不是受害人本人的，应当说明与受害人的关系，并提供相应证明。

2. 对赔偿请求的行政处理

赔偿请求人当面递交申请书的，赔偿义务机关应当当场出具加盖本行政机关专用印章并注明收讫日期的书面凭证。以海关行政赔偿为例，海关在受理行政赔偿申请后，会出具《行政赔偿申请受理决定书》。申请材料不齐全的，赔偿义务机关应当当场或者在5日内一次性告知赔偿请求人需要补正的全部内容。

行政赔偿义务机关应当自收到赔偿请求人提交的《行政赔偿申请书》之日起两个月内依法给予处理。处理结果一般有两种：

（1）依法给予行政赔偿的，应当制作赔偿决定书，并自作出决定之日起10日内送达赔偿请求人。

（2）依法拒绝行政赔偿的，应当自作出决定之日起10日内书面通知赔偿请求人，并说明不予赔偿的理由。

行政赔偿义务机关作出这方面的行政赔偿处理决定时，应当制作《行政赔偿决定书》。

（二）行政赔偿诉讼的提起和受理

1. 行政赔偿诉讼的提起

赔偿请求人对于赔偿义务机关的决定不服的，可以在赔偿义务机关作出赔偿决定或者不予赔偿决定之日起 3 个月内向人民法院提起诉讼；赔偿义务机关在规定期限内未作出是否赔偿的决定的，赔偿请求人可以自期限届满之日起 3 个月内，向人民法院提起诉讼。

赔偿请求人认为行政机关及其工作人员实施了《国家赔偿法》第 3 条第（三）至（五）项和第 4 条第（四）项规定的非具体行政行为的行为侵犯其人身权、财产权并造成损失，赔偿义务机关拒不确认致害行为违法，赔偿请求人可直接向人民法院提起行政赔偿诉讼。

根据《最高人民法院关于审理行政赔偿案件若干问题的规定》第 21 条，赔偿请求人单独提起行政赔偿诉讼的应当符合下列条件：

（1）原告具有请求资格；

（2）有明确的被告；

（3）有具体的赔偿请求和受损害的事实根据；

（4）加害行为为具体行政行为的，该行为已被确认为违法；

（5）赔偿义务机关已先行处理或超过法定期限不予处理；

（6）属于人民法院行政赔偿诉讼的受案范围和受诉人民法院管辖；

（7）符合法律规定的起诉期限。

赔偿请求人的起诉期限可分以下几种情况确定：

（1）赔偿请求人对赔偿的方式、项目、数额有异议的，或者赔偿义务机关作出不予赔偿决定的，赔偿请求人可以自赔偿义务机关作出赔偿或者不予赔偿决定之日起 3 个月内，向人民法院提起诉讼。

（2）赔偿义务机关逾期不作赔偿处理决定的，赔偿请求人可以在向赔偿义务机关递交赔偿申请后的两个月届满之日起 3 个月内起诉。

（3）公民、法人或者其他组织在提起行政诉讼的同时一并提出行政赔偿请求的，其起诉期限按照行政诉讼起诉期限的规定执行。行政案件的原告可以在提起行政诉讼后至人民法院一审庭审结束前，提出行政赔偿请求。

（4）赔偿义务机关作出赔偿决定时，未告知赔偿请求人的诉权或者起诉期限，致使赔偿请求人逾期向人民法院起诉的，其起诉期限从赔偿请求人实际知道诉权或者起诉期限时计算，但逾期的期间自赔偿请求人收到赔偿决定之日起不得超过1年。

（5）赔偿请求人请求国家赔偿的时效为2年，自其知道或者应当知道国家机关及其工作人员行使职权时的行为侵犯其人身权、财产权之日起计算，但被羁押等限制人身自由期间不计算在内。赔偿请求人在赔偿请求时效的最后6个月内，因不可抗力或者其他障碍不能行使请求权的，时效中止。从中止时效的原因消除之日起，赔偿请求时效期间继续计算。

2. 行政赔偿诉讼的受理

人民法院接到赔偿请求人单独提起的行政赔偿起诉状，应当进行审查，并在7日内立案或者作出不予受理的裁定。人民法院接到行政赔偿起诉状后，在7日内不能确定可否受理的，应当先予受理。审理中发现不符合受理条件的，裁定驳回起诉。当事人对不予受理或者驳回起诉的裁定不服的，可以在裁定书送达之日起10日内向上一级人民法院提起上诉。

赔偿请求人对行政机关确认具体行政行为违法但又决定不予赔偿，或者对确定的赔偿数额有异议提起行政赔偿诉讼的，人民法院应予受理。

公民、法人或者其他组织以国防、外交等国家行为或者行政机关制定发布行政法规、规章或者具有普遍约束力的决定、命令侵犯其合法权益造成损害为由，向人民法院提起行政赔偿诉讼的，人民法院不予受理。

行政机关工作人员在执行职务中致人伤亡已构成犯罪，受害人或其亲属提起刑事附带民事赔偿诉讼的，人民法院对民事赔偿诉讼请求不予受理。但应当告知其可以依据《国家赔偿法》的有关规定向人民法院提起行政赔偿诉讼。

（三）行政赔偿的审理、判决与执行

1. 举证责任

人民法院审理行政赔偿案件，赔偿请求人和赔偿义务机关对自己提出的主张，应当提供证据。赔偿义务机关采取行政拘留或者限制人身自由的强制措施期间，被限制人身自由的人死亡或者丧失行为能力的，赔偿义务机关的行为与被限制人身自由的人的死亡或者丧失行为能力是否存在因果关系，赔偿义务机关应当提供证据。

2. 行政赔偿的审理与判决

当事人在提起行政诉讼的同时一并提出行政赔偿请求，或者因行政行为和与行使职权有关的其他行为侵权造成损害一并提出行政赔偿请求的，人民法院应当分别立案，根据具体情况可以合并审理，也可以单独审理。人民法院审理行政赔偿案件，就当事人之间的行政赔偿争议进行审理与裁判。

人民法院在审理行政赔偿案件中可以适用调解，人民法院审理行政赔偿案件在坚持合法、自愿的前提下，可以就赔偿范围、赔偿方式和赔偿数额进行调解。调解成立的，应当制作行政赔偿调解书。

被告在一审判决前同原告达成赔偿协议，原告申请撤诉的，人民法院应当依法予以审查并裁定是否准许。被告在行政赔偿诉讼中对自己的主张承担举证责任。被告有权提供不予赔偿或者减少赔偿数额方面的证据。被告的行政行为违法但尚未对原告合法权益造成损害的，或者原告的请求没有事实根据或法律根据的，人民法院应当判决驳回原告的赔偿请求。人民法院对赔偿请求人未经确认程序而直接提起行政赔偿诉讼的案件，在判决时应当对赔偿义务机关致害行为是否违法予以确认。

因行政机关的事实行为引起的行政赔偿，赔偿请求人单独提起行政赔偿的，也应当在判决时对赔偿义务机关致害行为是否违法予以确认。

3. 行政赔偿的执行与审理期限

发生法律效力的行政赔偿判决、裁定或调解协议，当事人必须履行。一方拒绝履行的，对方当事人可以向第一审人民法院申请强制执行。申请执行的期限，申请人是公民的为 1 年，申请人是法人或者其他组织的为 6 个月。

单独受理的第一审行政赔偿案件的审理期限为 3 个月，第二审为 2 个月；一并受理行政赔偿请求案件的审理期限与该行政案件的审理期限相同。如因特殊情况不能按期结案，需要延长审理期限的，应按《行政诉讼法》的有关规定报请批准。

除此之外，部分行政机关还实行报备制度。例如，交通行政管理部门作出的行政赔偿案件和人民法院判决其作出的行政赔偿案件，应在交通行政管理部门作出行政赔偿决定或者人民法院判决其作出行政赔偿的次日起 15 日内向上一级交通行政管理部门报备。

三、行政赔偿中的求偿

（一）行政赔偿中的求偿权

行政赔偿中的求偿制度，是国家赔偿中的求偿制度的一个重要组成部分，是指国家行政机关对赔偿请求人承担赔偿责任以后，有权要求负有责任的实施机关和人员承担全部或部分赔偿费用的法律制度。求偿所得的国家赔偿费用应当依照财政收入收缴的规定上缴。

我国行政赔偿中的求偿制度，是由《行政诉讼法》和《国家赔偿法》直接规定的。根据该两法规定，中国行政赔偿有四种求偿法律关系，从而形成了行政求偿的四种类别。

（二）行政求偿的种类

行政求偿制度内容极为丰富，一般由以下四种求偿关系组成：

1. 行政赔偿义务机关对工作人员的求偿

行政赔偿义务机关对工作人员的求偿，是指行政赔偿义务机关依法对受害的当事人实施赔偿后，对有责任的工作人员实施追偿，由后者承担的一定费用。

赔偿义务机关赔偿损失后，应当责令有故意或者重大过失的工作人员或者受委托的组织或者个人承担部分或者全部赔偿费用。但是对于具体的追偿金额，现有法律并没有明确规定，相关规定分散于各部门规章和地方政府规章中。

有关责任人员对其是否应当承担责任具有申辩权。

2. 行政委托组织对受委托的组织或个人的求偿

这种求偿，系指在行政委托法律关系中，被委托人越权行使委托权限，造成行政相对人合法权益的损害，委托方主体对赔偿请求人实施赔偿以后，有权对有责任的被委托组织或者个人行使追偿权。

根据《国家赔偿法》第16条第1款规定："赔偿义务机关赔偿损失后，应当责令有故意或者重大过失的工作人员或者受委托的组织或者个人承担部分或者全部赔偿费用。"受行政机关委托的组织或者个人在行使受委托的行政权力时侵犯公民、法人和其他组织的合法权益造成损害的，委托的行政机关为赔偿义务机关；在行政委托关系中，受委托的组织或个人侵犯他人权利，应由作为委托方的组织为赔偿义务机关；委托方组织对外承担赔偿责任后，有权责令有责任的受委托的组织或个人承担部分或全部赔偿费用。对于追偿金额的规定，散见于各法规和规章中。

3. 共同赔偿义务机关之间的求偿

如果行政侵权由两个以上的行政主体作出，那么这是一种共同行政侵权行为；共同侵权的主体理应是共同赔偿义务机关，它们负有共同赔偿的责任。如果其中的一个行政主体先行对赔偿请求人履行了赔偿义务，那么它有权事后对其他共同侵权机关行使求偿权。

赔偿请求人可以向共同赔偿义务机关中的任何一个赔偿义务机关要求赔偿，

该赔偿义务机关应当先予赔偿。

4. 各级人民政府对有关行政机关的求偿

《最高人民法院关于适用〈中华人民共和国行政诉讼法〉的解释》第 95 条规定："人民法院经审理认为被诉行政行为违法或者无效，可能给原告造成损失，经释明，原告请求一并解决行政赔偿争议的，人民法院可以就赔偿事项进行调解；调解不成的，应当一并判决。人民法院也可以告知其就赔偿事项另行提起诉讼。"第 98 条规定："因行政机关不履行、拖延履行法定职责，致使公民、法人或者其他组织的合法权益遭受损害的，人民法院应当判决行政机关承担行政赔偿责任。在确定赔偿数额时，应当考虑该不履行、拖延履行法定职责的行为在损害发生过程和结果中所起的作用等因素。"《行政诉讼法》第 76 条规定："人民法院判决确认违法或者无效的，可以同时判决责令被告采取补救措施；给原告造成损失的，依法判决被告承担赔偿责任。"第 78 条第 1 款规定："被告不依法履行、未按照约定履行或者违法变更、解除本法第十二条第一款第十一项规定的协议的，人民法院判决被告承担继续履行、采取补救措施或者赔偿损失等责任。"

四、行政赔偿的方式、计算标准和费用

（一）行政赔偿的方式

根据《国家赔偿法》第 32 条和第 35 条的规定，行政赔偿的方式有五种：

（1）支付赔偿金。

（2）返还财产。

（3）恢复原状。

（4）消除影响，恢复名誉，赔礼道歉。

（5）精神损害抚慰金。

国家赔偿以支付赔偿金为主要方式。但是值得注意的是，在上述行政赔偿方式中，支付赔偿金为"主要方式"，但它不是"优先方式"。因为《国家赔偿法》第 32 条第 2 款规定："能够返还财产或者恢复原状的，予以返还财产或者恢复原状。"这同时意味着，只有在不能够返还财产或者恢复原状的，才支付赔偿金。

（二）行政赔偿的计算标准

关于行政赔偿的计算标准，《国家赔偿法》针对不同情况作了不同规定：

1. 造成人身自由权损害的赔偿标准

侵犯人身自由权的行为，是指违法的行政拘留和限制人身自由的行政强制措

施等行为。侵犯公民人身自由的，每日的赔偿金按照国家上年度职工日平均工资计算。

2. 造成身体损害的赔偿标准

造成身体损害的，赔偿项目和标准如下：

（1）造成身体伤害的，应当支付医疗费、护理费，以及赔偿因误工减少的收入。减少的收入每日的赔偿金按照国家上年度职工日平均工资计算，最高额为国家上年度职工年平均工资的 5 倍，即因误工减少的收入的赔偿金应按“国家上年度职工日平均工资×实际误工工日”的公式计算，所乘之积超过国家上年度职工年平均工资 5 倍的，亦只能按国家上年度职工年平均工资的 5 倍计算。

（2）造成部分或者全部丧失劳动能力的，应当支付医疗费、护理费、残疾生活辅助器具费、康复费等因残疾而增加的必要支出和继续治疗所必需的费用，以及残疾赔偿金。残疾赔偿金根据丧失劳动能力的程度，按照国家规定的伤残等级确定，最高不超过国家上年度职工年平均工资的 20 倍。造成全部丧失劳动能力的，对其扶养的无劳动能力的人，还应当支付生活费。生活费的发放标准，参照当地最低生活保障标准执行。被扶养的人是未成年人的，生活费给付至 18 周岁止；其他无劳动能力的人，生活费给付至死亡时止。

3. 造成人死亡的赔偿标准

侵犯生命权的赔偿，是指造成人死亡的赔偿。造成死亡的，应当支付死亡赔偿金、丧葬费，总额为国家上年度职工年平均工资的 20 倍。对死者生前扶养的无劳动能力的人，还应当支付生活费。

4. 造成精神损害的赔偿标准

致人精神损害的，应当在侵权行为影响的范围内，为受害人消除影响，恢复名誉，赔礼道歉；造成严重后果的，应当支付相应的精神损害抚慰金。

5. 造成财产权损害的赔偿标准

根据《国家赔偿法》第 36 条，侵犯公民、法人和其他组织的财产权造成损害的，按照下列规定处理：

（1）处罚款、罚金、追缴、没收财产或者违法征收、征用财产的，返还财产。

（2）查封、扣押、冻结财产的，解除对财产的查封、扣押、冻结，造成财产损坏或者灭失的，按以下（3）（4）两种规则办理赔偿。

（3）应当返还的财产损坏的，能够恢复原状的恢复原状，不能恢复原状的，按照损害程度给付相应的赔偿金。

（4）应当返还的财产灭失的，给付相应的赔偿金。

（5）财产已经拍卖或者变卖的，给付拍卖或者变卖所得的价款；变卖的价款明显低于财产价值的，应当支付相应的赔偿金。

（6）吊销许可证和执照、责令停产停业的，赔偿停产停业期间必要的经常性费用开支。

（7）返还执行的罚款或者罚金、追缴或者没收的金钱，解除冻结的存款或者汇款的，应当支付银行同期存款利息。

（8）对财产权造成其他损害的，按照直接损失给予赔偿。例如，海关的行政行为导致相对人仓储费、运费等费用增加的，海关应对增加部分予以赔偿。

（三）行政赔偿的费用

行政赔偿的费用，包括国家行政机关支付赔偿金的经费和有权机关处理行政赔偿案件程序中的有关费用。

行政赔偿属于国家赔偿，因而行政赔偿的费用由国家承担，列入预算。费用由各级人民政府按照财政管理体制分级负担。各级人民政府应当根据实际情况，安排一定数额的国家赔偿费用，列入本级年度财政预算。去年需要支付的国家赔偿费用超过本级年度财政预算安排的，应当按照规定及时安排资金。为保障行政相对人的实际利益，行政机关和人民法院在处理行政赔偿案件时不得收取任何费用。但鉴定、审计等费用则由败诉方承担。同时，国家对赔偿请求人取得的赔偿金不予征税。

五、法律救济

从广义上而言，行政赔偿本身就已经纳入了法律救济的范畴，因此本节所言法律救济是指行政赔偿的救济程序。按照行政赔偿程序的不同，行政赔偿可以分为单独请求行政赔偿和附带请求行政赔偿，两者在法律救济时采取的程序有所不同。附带请求行政赔偿的救济，完全适用行政复议和行政诉讼程序。而单独请求行政赔偿在救济程序中却存在一些特有之处，以下作简要说明。

（一）行政处理

在行政复议和行政诉讼程序中，有关法律、法规并不要求行政相对人在申请行政复议或者提起行政诉讼之前必须经过有关行政机关的先行处理，因此附带请求的行政赔偿不要求行政先行处理程序为其必经程序。但对于行政相对人单独要求行政赔偿的，却以行政处理为先行程序。《行政诉讼法》第 60 条规定：“人民法院审理行政案件，不适用调解。但是，行政赔偿、补偿以及行政机关行使法律、法规规定的自由裁量权的案件可以调解。调解应当遵循自愿、合法原则，不得损害国家利益、社会公共利益和他人合法权益。”第 76 条规定：“人民法院判决确认违法或者无效的，可以同时判决责令被告采取补救措施；给原告造成损失的，依法判决被告承担赔偿责任。”

《最高人民法院关于适用〈中华人民共和国行政诉讼法〉的解释》第 66 条规定：“公民、法人或者其他组织依照行政诉讼法第四十七条第一款的规定，对行政机关不履行法定职责提起诉讼的，应当在行政机关履行法定职责期限届满之日起六个月内提出。”第 67 条规定：“原告提供被告的名称等信息足以使被告与其他行政机关相区别的，可以认定为行政诉讼法第四十九条第二项规定的‘有明确的被告’。起诉状列写被告信息不足以认定明确的被告的，人民法院可以告知原告补正；原告补正后仍不能确定明确的被告的，人民法院裁定不予立案。”第 68 条规定：“行政诉讼法第四十九条第三项规定的‘有具体的诉讼请求’是指：（一）请求判决撤销或者变更行政行为；（二）请求判决行政机关履行特定法定职责或者给付义务；（三）请求判决确认行政行为违法；（四）请求判决确认行政行为无效；（五）请求判决行政机关予以赔偿或者补偿；（六）请求解决行政协议争议；（七）请求一并审查规章以下规范性文件；（八）请求一并解决相关民事争议；（九）其他诉讼请求。当事人单独或者一并提起行政赔偿、补偿诉讼的，应当有具体的赔偿、补偿事项以及数额；请求一并审查规章以下规范性文件的，应当提供明确的文件名称或者审查对象；请求一并解决相关民事争议的，应当有具体的民事诉讼请求。当事人未能正确表达诉讼请求的，人民法院应当要求其明确诉讼请求。”

（二）行政复议

申请人在申请行政复议时可以一并提出行政赔偿请求，行政复议机关对符合《国家赔偿法》的有关规定应当给予赔偿的，在决定撤销、变更行政行为或者确认行政行为违法时，应当同时决定被申请人依法给予赔偿。这表明，附带提出赔偿请求的可适用行政复议，而关于单独的赔偿请求是否也适用行政复议，却没有规定。《行政诉讼法》相关规定有第 2 条：“公民、法人或者其他组织认为行政机关和行政机关工作人员的行政行为侵犯其合法权益，有权依照本法向人民法院提起诉讼。前款所称行政行为，包括法律、法规、规章授权的组织作出的行政行为。”第44条：“对属于人民法院受案范围的行政案件，公民、法人或者其他组织可以先向行政机关申请复议，对复议决定不服的，再向人民法院提起诉讼；也可以直接向人民法院提起诉讼。法律、法规规定应当先向行政机关申请复议，对复议决定不服再向人民法院提起诉讼的，依照法律、法规的规定。”第45条：“公民、法人或者其他组织不服复议决定的，可以在收到复议决定书之日起十五日内向人民法院提起诉讼。复议机关逾期不作决定的，申请人可以在复议期满之日起十五日内向人民法院提起诉讼。法律另有规定的除外。”第46条：“公民、法人或者其他组织直接向人民法院提起诉讼的，应当自知道或者应当知道作出行政行为之日起六个月内提出。法律另有规定的除外。因不动产提起诉讼的案件自行政行为作出之日起超过二十年，其他案件自行政行为作出之日起超过五年提起诉讼的，人民法院不予受理。”第60条：“人民法院审理行政案件，不适用调解。但是，行政赔偿、补偿以及行政机关行使法律、法规规定的自由裁量权的案件可以调解。调解应当遵循自愿、合法原则，不得损害国家利益、社会公共利益和他人合法权益。”

（三）行政诉讼

无论是附带提起的行政赔偿还是单独提起的行政赔偿，其行政赔偿诉讼程序基本可以适用行政诉讼的审理模式，唯一区别就在于行政赔偿诉讼可以适用调解。行政诉讼不适用调解，这是行政诉讼不同于民事诉讼的一项原则。《行政诉讼法》第60条规定：“人民法院审理行政案件，不适用调解……”

【导入案例分析】

1.《关于处理涉外案件若干问题的规定》中规定，在外国驻华领事馆领区内发生的涉外案件，应通知有关外国驻该地区的领事馆；在外国领事馆领区外发生的涉外案件应通知有关外国驻华大使馆。与我国有外交关系，但未设使、领馆的国家，可通知其代管国家驻华使、领馆。无代管国家或代管国家不明的，可不通知。当事人本人要求不通知的，可不通知，但应当由其本人提出书面要求。《出境入境管理法》第60条规定，实施拘留审查，应当出示拘留审查决定书，并在24小时内进行询问。发现不应当拘留审查的，应当立即解除拘留审查。派出所对A国罗某进行超期羁押，其间也并未出示任何的法律文书，也没有通知A国驻我国的领事馆，派出所执行程序违反了涉外案件处置过程中特殊程序中的要求，罗某可对派出所的违法行为向法院提起诉讼。

2. 对外国人采取限制人身自由的法律手段后，应及时告知该人享有与本领事馆联系会面的权利，并及时通知所属国家的领事馆尽快安排其双方会面的人权保障机能的要求。派出所的行为违反了此条规定，因此派出所的行为被确认违法。《国家赔偿法》中明确规定侵犯人身自由权的行为，是指违法的行政拘留和限制人身自由的行政强制措施等行为。侵犯公民人身自由的，每日的赔偿金按照国家上年度职工日平均工资计算。所以对罗某的务工赔偿金额为：2011 年的国家年度职工日平均工资 162.65×11＝1789.15 元。并且根据《国家赔偿法》第 32 条和第 35 条的规定，行政赔偿的方式有五种：（1）支付赔偿金；（2）返还财产；（3）恢复原状；（4）消除影响，恢复名誉，赔礼道歉；（5）精神损害抚慰金。致人精神损害的，应当在侵权行为影响的范围内，为受害人消除影响，恢复名誉，赔礼道歉。

本章小结

行政赔偿，是指行政主体违法实施行政行为，侵犯相对人合法权益造成损害时由国家承担的一种赔偿责任。

只有行政主体才享有行政权，才能实施行政行为，才能构成行政赔偿。当然，行政主体是由行政人员组成的，行政行为是经行政人员作出的。因此，行政主体往往具体化为有关的行政人员。没有行政主体，就不能构成行政赔偿。司法机关作为司法权主体、行政机关作为机关法人、行政人员作为公民等而引起的赔偿，都不是行政赔偿。

行政赔偿因行政主体违法行政侵犯相对人合法权益并造成损害而引起。首先，违法行政行为侵犯了相对人的合法权益。违法行政行为只有在侵犯了相对人合法权益即属于行政侵权行为时，才能构成行政赔偿。如果侵犯的不是相对人的合法权益，则不能构成行政赔偿；如果没有侵犯相对人的合法权益，如有利于相对人的违法减免税，就不能构成行政赔偿；如果剥夺的是相对人的非法利益，也不能构成行政赔偿。其次，行政侵权造成了实际损害，如果违法行政行为未造成实际损害，如不举行听证但未影响相对人实体权利义务的行政行为，或者该行政损害不是由该行政行为造成的，如由于相对人本人过错造成，则不能构成行政赔偿。最后，行政赔偿责任由国家承担。行政主体由国家设立，其职能属国家职能，行政权也属国家权力，行政主体及其行政工作人员行使职权所实施的职务活动，是代表国家进行的，本质上是一种国家活动。因此，行政主体违法实施行政行为，侵犯相对人合法权益并造成损害的，应由国家承担赔偿责任，并不是由行政主体及其工作人员承担赔偿责任。但正如行政主体代表国家行政职权一样，行政主体也是国家向受害人承担赔偿责任的代表即赔偿义务人。

【关键术语】

行政赔偿　赔偿主体　赔偿范围　赔偿程序

【推荐阅读与学习资料】

1. 江必新．解读最高人民法院司法解释指导案例（行政国家赔偿卷）［M］．北京：人民法院出版社，2014.

2. 曾刚．行政赔偿归责原则研究［M］．北京：法律出版社，2012.

【案例】

原告才某义于2002年4月17日受中国沈阳国际经济技术合作公司派遣由北京经厦门前往塞舌尔共和国执行中国政府的对外援助项目。在厦门高崎国际机场出境时，由于原告才某义只持有中国因私普通护照和塞舌尔共和国土地与住房部出具的邀请函件，所持护照没有前往国的入境签证，根据《中华人民共和国出境入境边防检查条例》第8条的规定，高崎边检站遂作出了阻止其出境的行政行为。由于高崎边检站以所持因私护照没有签证为由拒绝让才某义出境，致使其无法按期出境，给其造成了严重的经济损失，故原告才某义不服边防检查站决定，诉至厦门市湖里区人民法院要求法院判令确认被告阻止其出境的行为违法，并赔偿经济损失人民币10000元。

问题：

1. 原告才某义的诉讼请求能否成立？

2. 高崎边检站是否需要承担行政赔偿责任？

第十三章　涉外警务刑事管辖
——妨害国（边）境管理罪

学习目标

通过本章的学习，了解妨害国（边）境管理罪的立法历史，掌握相关罪名的犯罪构成要件以及罪与非罪、此罪与彼罪的关系。能够熟练应用相关知识分析妨害国（边）境管理罪的具体案件。

案例导入

张某于2011年3月至5月，在北京市东城区东总布胡同45号等地，违反国家对外劳务合作经营管理的规定，在未取得对外劳务合作经营资格的情况下，伙同续某非法招收冉某、石某等17名工人赴俄罗斯联邦务工，张某隐瞒上述人员的真实出境意图，以虚假的出境事由骗取签证，组织上述人员偷越国境赴俄罗斯务工，并收取每人人民币1000元押金，共计17000元。张某于2013年3月12日向公安机关投案。

问题：组织他人偷越国（边）境罪的认定标准是什么？

第一节　妨害国（边）境管理罪概述

涉外警务刑事管辖权调整的对象主要是违反我国《刑法》和《出境入境管理法》，破坏国（边）境管理秩序，依法应当受到刑罚的行为。

一、妨害国（边）境犯罪的概念及特征

偷越国（边）境罪，是指违反出入国（边）境管理法规，偷越国（边）境，情节严重的行为。

偷越国（边）境罪构成要件包括：

1. 偷越国（边）境罪客体要件

犯罪侵犯的客体是国家对社会公共生活秩序以及环境自然资源的管理活动。根据《出境入境管理法》有关规定，一切中国公民或外国人出入境时，都应向有关主管部门提出出境或入境的申请，并办理一切有关手续，违反上述法律规定，非法出入国（边）境者，都是对我国出入国（边）境管理秩序的侵犯，这是法律所不允许的。

2. 偷越国（边）境罪客观要件

本罪在客观方面表现为偷越国（边）境，具有危害国家机关的管理活动，破坏社会秩序、环境自然资源的行为。这类犯罪的客观方面大多以情节严重或者造成较为严重的结果为必要条件。

所谓“偷越国（边）境”，是指违反国（边）境管理法规，非法出入国（边）境的行为。其偷越国（边）境的手段和方法可以是多种多样的，一般表现为在不准通过的地点秘密出入境，有用船偷渡的，也有靠车马或步行偷越的；有的虽然是在指定的地点通过，但伪造、涂改、冒用出入境证件或用其他蒙骗手段蒙混过关的，如有人藏在进出国（边）境的飞机、船只、汽车里，也有人藏在入境装货的集装箱或行李箱中。无论采取什么方法，只要是实施了非法出入境等行为的，都是偷越国（边）境行为。这里需要注意的是，行为人仅只是涂改、伪造了出入境文件，还没有进一步实施偷越国（边）境行为的，就不能构成本罪，而可能触犯其他罪名，如伪造公文、证件、印章罪，对外国人入境后在我国非法居留、停留的，或者到不对外国人开放地区旅行的，都不能视为偷越国（边）境的行为，不能以本罪论处。

根据本条的规定，偷越国（边）境的行为，只有“情节严重的”才构成犯罪。根据最高人民法院 1993 年 9 月 24 日发布的《关于严厉打击偷渡犯罪活动的通知》第 4 条的规定，具有下列情节之一的，即为“情节严重”：（1）在境外实施损害国家利益行为的；（2）为逃避法律制裁偷越国（边）境的；（3）偷渡时对边防、公安人员等使用暴力或以暴力相威胁的；（4）介绍、引诱多人一起偷渡的；（5）在偷越国（边）境过程中有其他违法行为造成严重后果的；（6）有其他严重情节的。此规定，在实践中认定该罪时仍可参照。具体地，应结合犯罪动机、犯罪目的、犯罪行为的方式及造成的后果、偷越国（边）境的次数等因素予以全面分析，综合认定。对那些边民、渔民为探亲访友、赶集、过境作业等原因偶尔非法出入国（边）境，或者是为贪图省事而非法出入国（边）境，情节不严重的，以及因听信他人唆使、不知道偷越国（边）境是违法行为而偷越国（边）境等情况，一般不以犯罪论处。在国（边）境地区误出误入的，更不应作为偷越国（边）境罪处理。偷越国（边）境的一般违法行为，可给予治安行政处罚或者批评教育，使其改正。

3. 偷越国边境罪主体要件

这类犯罪的主体，多数犯罪为一般主体，中国公民和外国人均可构成本罪。少数犯罪为特殊主体，其中一些犯罪的主体既可以是自然人也可以是单位。

4. 偷越国边境罪主观要件

本罪在主观方向是故意，大多数犯罪必须是故意，过失不能构成本罪，即明知是国（边）境线却仍决意偷越的。如果行为人不明确或不知道是国（边）境界，而误出或误入的，不能构成本罪。实施本罪的动机是多种多样的，有的是违反了纪律，为了逃避处分；有的是犯了罪，为逃避刑事处罚；有的是为了走私贩毒等。不同的动机可以作为处罚情节考虑，但不影响犯罪的成立。但对一般居民为了探亲访友、赶集、过境耕种或出国谋生，一般不宜以犯罪论处，可按我国出入境管理法规，给予一定的行政处罚。

二、妨害国（边）境犯罪的危害

本类罪名的特征主要有：犯罪的客体是国（边）境管理秩序；在客观方面表现为违反国（边）境管理法规，破坏国（边）境管理秩序，依法应当受到刑罚的行为；犯罪主体是一般主体；犯罪的主观方面都是故意，过失不能构成该类犯罪。

偷渡行为对原籍国的危害主要有：破坏出入境管理秩序，影响国际关系，诱发犯罪，影响一些案件的破获。对目的地国的危害主要有：破坏了目的地国正常的经济秩序，引发严重的社会问题，同样也破坏了目的地国的出入境管理秩序。对于偷渡者本人的影响主要体现在：偷渡者本人的人身权利和财产权利得不到保障，偷渡的过程通常也就意味着生命冒险的过程。即使偷渡者平安到达目的地国，由于没有合法证件，只能东躲西藏，受到蛇头的盘剥，难以过上正常的生活；对偷渡者的家人来讲，不但有失去亲人的风险，而且偷渡费用对这些家庭来说是一大笔债务，偿还这些债务往往会使得他们背负很大的压力。因此，偷渡者既是违法者也是受害者，在偷渡过程中他们付出了牺牲人身权利、财产权利、民主权利甚至是生命的惨重代价。因此，对于妨害国（边）境犯罪应当予以严惩。

三、历史沿革

1979年《刑法》并没有专章专节规定妨害国（边）境管理罪，只是在第六章“妨害社会管理秩序罪”第176条规定了偷越国（边）境罪和第177条规定了组织、运送他人偷越国（边）境罪这两个罪名。这两个罪名在往后的十几年里，对维护国（边）境管理秩序，打击偷渡起到了积极的作用，在一定程度上遏制了偷渡犯罪的势头。

1994年，为适应新的国（边）境管理需要，全国人大常委会通过《关于严惩组织、运送他人偷越国（边）境犯罪的补充规定》，根据法律适用经验，对1979年《刑法》中存在的问题进行了大幅修改、补充和调整。这些调整主要表现在：首先，增加了骗取出境证件罪，提供伪造、变造出入境证件罪，倒卖出入境证件罪，非法办理出入境证件罪和非法放行偷越国（边）境人员罪五个罪名。其次，将组织、运送他人偷越国（边）境罪这一选择性罪名修改为组织他人偷越国（边）境罪和运送他人偷越国（边）境罪两个确定性罪名。再次，对组织他人偷越国（边）境罪的7种加重处罚情节作了明确规定。对证件类犯罪分两条作出了明确的规定。最后，对国家工作人员参与的偷渡犯罪单独作了规定：“负责办理护照、签证以及其他出入境证件的国家工作人员，对明知是企图偷越国（边）境的人员予以办理出入境证件的；边防、海关等国家工作人员，对明知是偷越国（边）境的人员，予以放行的，处三年以下有期徒刑、拘役或者管制；情节严重的，处三年以上十年以下有期徒刑。与组织、送运他人偷越国（边）境的犯罪分子相勾结，实施前款规定的行为的，依照本规定第一条、第四条的规定处罚。”

1997年《刑法》基本上沿袭了《关于严惩组织、运送他人偷越国（边）境犯罪的补充规定》（以下简称《补充规定》）的有关规定，并在此基础上作了系统化规定，增加了一些新的罪名，组成了一系列妨害国（边）境管理罪的类罪名。与《补充规定》相比，1997年《刑法》有关规定主要是在立法技术上进行了完善，如专门设置妨害国（边）境管理罪一节，使法律条文在排列上更加有序；采取依照数罪并罚的规定处罚之立法模式，减少《刑法》的死刑规定；降低偷越国（边）境罪法定刑，体现了罪刑相适应原则等。

1997年《刑法》颁布实施以来，妨害国（边）境管理罪这一章节就没有作出过任何调整，八个修正案对此都没有涉及。2002年2月6日，最高人民法院发布了《关于审理组织、运送他人偷越国（边）境等刑事案件适用法律若干问题的解释》；2012年8月20日，最高人民法院、最高人民检察院发布了《关于办理妨害国（边）境管理刑事案件应用法律若干问题的解释》，新的解释实施之后，2002年的解释随之作废。

从1997年至今，我国政治、经济、文化、社会等各个方面都随着改革开放的深入开展而发生了翻天覆地的变化。我国与其他国家的政治、经济实力对比也发生了很大的变化。国家综合实力的增强、社会基础设施的完善、人民生活水平的提高，使得我们国家公民对于其他国家以及外国人的看法也发生了变化，对待外国人、对待出国的态度变得越来越理性。而其他国家的公民对于我们国家的看法也发生了很大的变化，对外国人的吸引力也与日俱增，很多外国人到我们国家来投资、学习交流、旅游，甚至有很多外国人在我们国家长期定居。我们国家由人口净流出国，逐渐转变为双向对流。1997年在制定《刑法》的时候，我们国家在偷渡方面属于典型的人员流出国，但是进入21世纪，特别是最近几年，偷渡入我们国家的外国人呈激增态势，特别是经济比较活跃和发达的珠三角和长三角地区，“三非”问题越来越成为需要政府加以重视的棘手问题。

为了适应新的出入境管理形势，我们国家于2012年6月30日通过并公布了新的《中华人民共和国出境入境管理法》，并于2013年7月1日起开始实施。新法取代了之前的《中华人民共和国公民出境入境管理法》《中华人民共和国外国人入境出境管理法》，将这两部出入境管理法整合成为一部统一的出入境管理法。新的《出境入境管理法》对近些年出入境管理方面的新问题作出了调整和规制，加强了对于外国人入境、出境问题的管理，对于违反规定的行为制定了明确、严厉的行政处罚措施，对于解决当前出入境管理方面存在的问题具有积极的意义。比如，新的《出境入境管理法》不但规定对非法入境的外国人的行政处罚措施，还对容留、藏匿非法入境、非法居留的外国人的行为进行处罚，第79条规定：“容留、藏匿非法入境、非法居留的外国人，协助非法入境、非法居留的外国人逃避检查，或者为非法居留的外国人违法提供出境入境证件的，处二千元以上一万元以下罚款；情节严重的，处五日以上十五日以下拘留，并处五千元以上二万元以下罚款，有违法所得的，没收违法所得。单位有前款行为的，处一万元以上五万元以下罚款，有违法所得的，没收违法所得，并对其直接负责的主管人员和其他直接责任人员依照前款规定予以处罚。”第80条对外国人非法就业、介绍外国人非法就业和非法聘用外国人的行为也规定了相应的行政处罚措施。

刑事立法方面对于妨害国（边）境的行为的处罚在立法理念上存在一定的滞后性，将处罚的重点放在对我们本国国民的监控方面，潜意识里是将我们国家看成一个完全的偷渡人员流出国。出现这样的问题并不是说我们的立法技术落后，而是1997年《刑法》制定的时候，受制于当时的国内政治经济形势，20世纪70~90年代，我们国家确实是一个纯偷渡人员流出国，外国人偷渡到我们国家的情况极为罕见。组织偷渡的“以偷渡犯罪为例，长期以来，中国《刑法》中偷渡犯罪的假想犯罪人为本国人，立法和司法均不关注外国人的非法入境行为。虽然《刑法》第六章第三节的‘妨害国（边）境管理罪’的罪名从解释学上可以理解为兼顾非法入境和非法出境，但司法实践一直以制裁本国人偷渡出境为主。”①

四、有关法律依据

1. 最为重要，对其他罪有统摄作用的罪名：组织他人偷越国（边）境罪

《刑法》第318条【组织他人偷越国（边）境罪】组织他人偷越国（边）境的，处2年以上7年以下有期徒刑，并处罚金；有下列情形之一的，处7年以上有期徒刑或者无期徒刑，并处罚金或者没收财产：（1）组织他人偷越国（边）境集团的首要分子；（2）多次组织他人偷越国（边）境或者组织他人偷越国（边）境人数众多的；（3）造成被组织人重伤、死亡的；（4）剥夺或者限制被组织人人身自由的；（5）以暴力、威胁方法抗拒检查的；（6）违法所得数额巨大的；（7）有其他特别严重情节的。

犯前款罪，对被组织人有杀害、伤害、强奸、拐卖等犯罪行为，或者对检查人员有杀害、伤害等犯罪行为的，依照数罪并罚的规定处罚。

2. 提供便利类犯罪：运送他人偷越国（边）境罪；骗取出境证件罪；提供伪造、变造的出入境证件罪；出售出入境证件罪

《刑法》第319条【骗取出境证件罪】以劳务输出、经贸往来或者其他名义，弄虚作假，骗取护照、签证等出境证件，为组织他人偷越国（边）境使用的，处3年以下有期徒刑，并处罚金；情节严重的，处3年以上10年以下有期徒刑，并处罚金。

单位犯前款罪的，对单位判处罚金，并对其直接负责的主管人员和其他直接

① 于志刚．在华外国人犯罪的刑事法律应对［J］．中国社会科学，2012（6）．

责任人员，依照前款的规定处罚。

《刑法》第 320 条【提供伪造、变造的出入境证件罪；出售出入境证件罪】为他人提供伪造、变造的护照、签证等出入境证件，或者出售护照、签证等出入境证件的，处 5 年以下有期徒刑，并处罚金；情节严重的，处 5 年以上有期徒刑，并处罚金。

《刑法》第 321 条【运送他人偷越国（边）境罪】运送他人偷越国（边）境的，处 5 年以下有期徒刑、拘役或者管制，并处罚金；有下列情形之一的，处 5 年以上 10 年以下有期徒刑，并处罚金：（1）多次实施运送行为或者运送人数众多的；（2）所使用的船只、车辆等交通工具不具备必要的安全条件，足以造成严重后果的；（3）违法所得数额巨大的；（4）有其他特别严重情节的。

在运送他人偷越国（边）境中造成被运送人重伤、死亡，或者以暴力、威胁方法抗拒检查的，处 7 年以上有期徒刑，并处罚金。

犯前两款罪，对被运送人有杀害、伤害、强奸、拐卖等犯罪行为，或者对检查人员有杀害、伤害等犯罪行为的，依照数罪并罚的规定处罚。

3. 结果类犯罪：偷越国（边）境罪

《刑法》第 322 条【偷越国（边）境罪】违反国（边）境管理法规，偷越国（边）境，情节严重的，处一年以下有期徒刑、拘役或者管制，并处罚金。

4. 对国界标志的犯罪：破坏界碑、界桩罪；破坏永久性测量标志罪

《刑法》第 323 条【破坏界碑、界桩罪；破坏永久性测量标志罪】故意破坏国家边境的界碑、界桩或者永久性测量标志的，处 3 年以下有期徒刑或者拘役。

第二节　妨害国（边）境管理罪的法律适用

一、组织他人偷越国（边）境罪

组织他人偷越国（边）境罪，是指违反《中华人民共和国出境入境管理法》及其他相关行政法规，组织他人偷越国（边）境的行为。

（一）本罪的构成要件

（1）组织他人偷越国（边）境罪侵犯的客体（或者法益）是国（边）境的管理秩序。国（边）境的管理秩序是一国国家主权的具体体现，国（边）境管

理秩序受到破坏，会危害国家主权、领土完整和整个国（边）境的安全。

（2）在客观方面表现为违反《中华人民共和国出境入境管理法》及其他相关行政法规，组织他人偷越国（边）境的行为。“组织他人偷越国（边）境”，是指策划、动员、拉拢、组织、联络、指挥他人在未取得合法出境入境手续和证件的情况下，非法秘密出入我国国境、边境的行为，包括组织他人非法出境和组织他人非法入境两种情况。这里所谓国境，是指我国与相邻外国的国界；所谓边境，是指我国内地与香港、澳门、台湾地区的交界。偷越国（边）境的地点，既可以是国（边）境口岸，也可以是非国（边）境口岸；既可以是从陆路偷越，也可以是从海上或空中偷越。

（3）本罪的主体是一般主体，凡年满16周岁的具有刑事责任能力的自然人，都可以成为本罪的主体。作为本罪主体的组织者，既可以是中国公民，也可以是外国人；既可以是一个人，也可以是多人，甚至可以是专门从事偷越国（边）境的犯罪组织。

（4）在主观方面必须出于故意，即明知自己的行为违反了国（边）境管理法规而故意实施非法组织他人偷越国（边）境的行为。

（二）关于“组织行为”

组织他人偷越国（边）境罪中的“组织”行为，是指领导、策划、指挥他人偷越国边境或者在首要分子指挥下，实施拉拢、引诱、介绍他人偷越国边境等的行为。需要指出的是，拉拢、引诱、介绍是非典型的组织行为的三种主要表现形式，而不是仅有的表现形式。除此以外，沟通、串联、安排等行为，也可以成为组织行为的表现形式。但无论哪一种表现形式，均必须是在组织他人偷越国（边）境的首要分子的指挥下实施的，否则不能认定为组织行为。2012年，《最高人民法院、最高人民检察院关于办理妨害国（边）境管理刑事案件应用法律若干问题的解释》（以下简称《办理妨害国（边）境管理刑事案件应用法律若干问题的解释》）第1条第1款规定：“领导、策划、指挥他人偷越国（边）境或者在首要分子指挥下，实施拉拢、引诱、介绍他人偷越国（边）境等行为的，应当认定为刑法第三百一十八条规定的‘组织他人偷越国（边）境’。”

（三）罪与非罪问题

偷越国边境人员积极主动地寻找到一些曾出过国的人员，请求其帮助偷越国（边）境。此类人员利用自身对出国手续等的熟悉，帮助有关人员偷越国（边）境的，能否认定为组织他人偷越国（边）境？如果此类人员仅仅为他人偷越国

(边)境提供物质或者精神鼓励的行为，即单纯的帮助行为，不能认定为“组织”行为，并不构成组织他人偷越国（边）境罪。如果帮助行为情节比较恶劣的，可以作为偷越国（边）境罪的共同犯罪处理。如果此类人员参与策划他人偷越国（边）境的路线或者提供具体实施的方法的，应当认定为组织他人偷越国（边）境罪。

另外，关于此罪与彼罪的问题，2012年，《办理妨害国（边）境管理刑事案件应用法律若干问题的解释》第8条规定：“实施组织他人偷越国（边）境犯罪，同时构成骗取出境证件罪、提供伪造变造的出入境证件罪、出售出入境证件罪、运送他人偷越国（边）境罪的，依照处罚较重的规定定罪处罚。”这一解释是此种情况作为犯罪的手段行为与目的行为的牵连犯来处理，手段行为与目的行为分别触犯不同的罪名，依照处罚较重的规定来定罪处罚。

(四) 既遂与未遂问题

对于组织他人偷越国（边）境罪的既遂与未遂问题，学界没有一个明确的结论。总结起来主要有以下几种学说：一是偷越国（边）境成功说；二是组织行为完成说；三是分段说，认为应当分别解决组织他人偷越国（边）境罪前后两段的既遂与未遂问题。在现行《刑法》第318条第1款前半段所规定的组织他人偷越国（边）境罪的基本犯罪构成的情况下，应以被组织者在组织者的安排下偷越国（边）境是否成功作为区分组织他人偷越国（边）境罪既遂与未遂的标准。而在现行《刑法》第318条第1款后半段所规定的组织他人偷越国（边）境罪的加重构成的情况下，不论被组织者在组织者的安排下偷越国（边）境是否成功，只要行为人组织他人偷越国（边）境的行为实施完毕，即应以组织他人偷越国（边）境罪的既遂论处。

2012年的《办理妨害国（边）境管理刑事案件应用法律若干问题的解释》第1条第3款规定：“以组织他人偷越国（边）境为目的，招募、拉拢、引诱、介绍、培训偷越国（边）境人员，策划、安排偷越国（边）境行为，在他人偷越国（边）境之前或者偷越国（边）境过程中被查获的，应当以组织他人偷越国（边）境罪（未遂）论处；具有刑法第三百一十八条第一款规定的情形之一的，应当在相应的法定刑幅度基础上，结合未遂犯的处罚原则量刑。”

(五) 处罚问题

根据《刑法》第318条的规定，组织他人偷越国（边）境的，处2年以上7年以下有期徒刑，并处罚金；有下列情形之一的，处7年以上有期徒刑或者无期徒刑，并处罚金或者没收财产：（1）组织他人偷越国（边）境集团的首要分子；（2）多次组织他人偷越国（边）境或者组织他人偷越国（边）境人数众多的；（3）造成被组织人重伤、死亡的；（4）剥夺或者限制被组织人人身自由的；（5）以暴力、威胁方法抗拒检查的；（6）违法所得数额巨大的；（7）有其他特别严重情节的。

运送他人偷越国（边）境人数在10人以上的，应当认定为《刑法》第321条第1款第（1）项规定的“人数众多”；违法所得数额在20万元以上的，应当认定为《刑法》第321条第1款第（3）项规定的“违法所得数额巨大”。

《刑法》第318条同时规定，犯本罪，对被组织人有杀害、伤害、强奸、拐卖等犯罪行为，或者对检查人员有杀害、伤害等犯罪行为的，应当依照数罪并罚的规定进行处罚。

二、运送他人偷越国（边）境罪

运送他人偷越国（边）境罪，是指违反国（边）境管理法规，运送他人偷越国（边）境的行为。本罪的构成要件是：

（1）侵犯客体是国家对出入国（边）境的管理秩序。

（2）客观方面为违反国（边）境管理法规，运送他人偷越国（边）境的行为。

（3）主观方面必须出于故意，过失不构成本罪。

【案例】

2013年7月16日22时许，秦某某在“大洪”（另案处理）的指使下，驾驶粤JH××××号牌面包车，运送四名孟加拉国籍男子欲到珠海市横琴深井码头乘船偷渡前往香港地区。7月17日零时，被告人秦某某及上述人员在横琴深井村旁的小路被抓获，公安民警从被告人秦某某身上缴获用于犯罪联络的手机一部。另查明，被告人秦某某因犯运送他人偷越边境罪，于2008年12月25日被原审法院判处有期徒刑1年，并处罚金人民币10000元，刑期至2009年9月12日。一审法院认为：被告人秦某某运送他人偷越边境，其行为已构成运送他人偷越边境罪。秦某某提出上诉称，其犯罪未遂，归案后如实供述所犯罪行，虽曾因运送他人偷越边境被判处有期徒刑1年，但至今已过5年，不应构成累犯，原判决对其量刑过重，请求从轻处罚。其辩护人亦提出原判决对上诉人秦某某量刑过重的辩护意见，并认为其有以下量刑情节：（1）本案属犯罪未遂；（2）秦某某在本案中起次要、辅助作用，属从犯；（3）秦某某的犯罪动机是赚钱给家人治病，主观恶性较小；（4）秦某某并未实际获利；（5）当庭自愿认罪。请求对上诉人秦某某从轻处罚。二审法院经过审理认为一审判决认定事实和适用法律正确，量刑适当，审判程序合法，驳回上诉，维持原判。

【案例分析】

运送他人偷越国（边）境通常是指使用船只、车辆等交通工具将偷越国（边）境的人运送出、入国（边）境。在本案中，秦某某驾驶面包车，运送4名孟加拉国籍男子欲到珠海市横琴深井码头乘船偷渡前往香港地区的行为已经构成运送他人偷越国（边）境罪。

秦某某的辩护人提出：秦某某是从犯，其犯罪动机是赚钱给家人治病，主观恶性较小以及秦某某并未实际获利，作为从轻处罚的依据。秦某某虽受他人雇请参与犯罪，非偷越（边）境的组织者，但其直接带领偷渡人员偷越边境，是实行犯，在运送他人偷越国（边）境罪犯罪中起主要作用，不宜认定为从犯。获利与否不影响对行为人运送他人偷越边境的评价，况且上诉人秦某某已与他人约定报酬，只是因犯罪未遂而未实际取得而已。秦某某之前已因运送他人偷越边境被判过刑，应知法律的威严，但其并未悔改，反而铤而走险又犯此罪，可见其主观恶性之深，家庭情况不能成为对其从轻处罚的理由。因此，一审、二审判决都是正确的。

根据《刑法》第321条的规定，犯本罪的，处5年以下有期徒刑、拘役或者管制，并处罚金；有下列情形之一的，处5年以上10年以下有期徒刑，并处罚金：(1) 多次实施运送行为或者运送人数众多的；(2) 所使用的船只、车辆等交通工具不具备必要的安全条件，足以造成严重后果的；(3) 违法所得数额巨大的；(4) 有其他特别严重情节的。在运送他人偷越国（边）境中造成被运送人重伤、死亡，或者以暴力、威胁方法抗拒检查的，处7年以上有期徒刑，并处罚金。犯本罪而对被运送人有杀害、伤害、强奸、拐卖等犯罪行为，或者对检查人员有杀害、伤害等犯罪行为的，依照数罪并罚的规定处罚。

在具体的司法实践中，“运送”不仅仅体现在使用船只、车辆等交通工具运输，行为人采取偷换登机牌等方式，也被认定为运送他人偷越国（边）境罪。

运送他人偷越国（边）境人数在10人以上的，应当认定为《刑法》第321条第1款第（一）项规定的“人数众多”；违法所得数额在20万元以上的，应当认定为《刑法》第321条第1款第（3）项规定的“违法所得数额巨大”。

三、骗取出境证件罪

骗取出境证件罪，是指以劳务输出、经贸往来或者其他名义，弄虚作假，骗取护照、签证等出境证件，为组织他人偷越国（边）境使用的行为。

本罪的构成要件是：

（1）侵犯的客体是国家对出境证件和出境秩序的管理，犯罪对象是护照、签证等出境证件。“出境证件”，包括护照或者代替护照使用的国际旅行证件，中华人民共和国海员证，中华人民共和国出入境通行证，中华人民共和国旅行证，中国公民往来香港、澳门、台湾地区证件，边境地区出入境通行证，签证、签注，出国（境）证明、名单，以及其他出境时需要查验的资料。

（2）客观方面表现为以劳务输出、经贸往来或者其他名义，弄虚作假，骗取护照、签证等出境证件的行为。《办理妨害国（边）境管理刑事案件应用法律若干问题的解释》第2条第1款规定：“为组织他人偷越国（边）境，编造出境事由、身份信息或者相关的境外关系证明的，应当认定为刑法第三百一十九条第一款规定的‘弄虚作假’。”

（3）主体是一般主体，自然人和单位都可以成为本罪的主体。外国人不存在骗取出境证件罪的问题，因此，可以说这个罪名是专门为我国公民设置的。

（4）主观方面必须出于故意，而且具有骗取出境证件为组织他人偷越国（边）境使用的目的。

根据《刑法》第319条的规定，犯本罪的，处3年以下有期徒刑，并处罚金；情节严重的，处3年以上10年以下有期徒刑，并处罚金。单位犯本罪的，对单位判处罚金，并对其直接负责的主管人员和其他直接责任人员，依照个人犯罪处罚。

【案例】

杨某于2005年3月，挂靠上海和平国际旅行社有限公司，在上海市宁海东路200号2009室成立了申鑫大厦营业部，全面负责该营业部工作，并非法经营出境游业务。2006年7月至8月，杨某为非法牟利，指使下属被告人李某，采用弄虚作假的手法伪造境外邀请函，由李、徐两人将有关事项、内容通过计算机编辑，自制了俄罗斯联邦“杰特股份有限公司”“亚太国家协作中心”的邀请函版本，并填入相应内容，打印后杨某授意李某伪造俄方人员签名，再由杨某加盖了所谓“杰特公司”“亚太中心”的公章。随后，被告人杨某又授意李某填写签证申请表时虚构相关事实。两被告人采用上述虚假手法，先后分四次接受他人委托，为浙江省文成县农民王某等23人骗取了赴俄罗斯联邦的签证，致使其中17人偷渡出境，另黄某、朱某、兰某三人在机场偷渡出境时被当场抓获。

一审法院认为：杨某、李某以旅游为名弄虚作假，骗取签证，为组织他人偷越国境使用，其行为均已触犯了《中华人民共和国刑法》第319条之规定，构成骗取出境证件罪，应依法追究刑事责任。杨某上诉辩称，对本案涉嫌23人偷渡并不知情，其通过制造境外邀请函的方式为客户办理签证，邀请函的内容是真实的，是为了缩短业务操作时间和节省业务成本，并非是用于组织他人偷渡出境。二审法院：驳回上诉，维持原判。

【案例分析】

在案件中，行为人以旅游为名弄虚作假，骗取签证，为组织他人偷越国境使用，该行为构成骗取出境证件罪是没有争议的。案件关键问题在于：杨、李二人是否构成骗取出境证件罪的共同犯罪？

杨某、李某并非第一次从事骗取出入境证件行为，其行为属于连续犯。而所谓连续犯，是指基于同一的或概括的犯罪故意，连续数次实施犯罪行为，触犯同一罪名的情形。杨某虽然对涉嫌23人偷渡并不知情，但是与李某有同一的或者概括的犯罪故意，应该成立骗取出境证件罪的共同犯罪。

杨某和李某的行为还属于"情节严重"的情形，根据《办理妨害国（边）境管理刑事案件应用法律若干问题的解释》的规定，具有下列情形之一的，应当认定为《刑法》第319条第1款规定的"情节严重"：(1) 骗取出境证件五份以上的；(2) 非法收取费用30万元以上的；(3) 明知是国家规定的不准出境的人员而为其骗取出境证件的；(4) 其他情节严重的情形。

四、提供伪造、变造的出入境证件罪

提供伪造、变造的出入境证件罪，是指行为人为他人提供伪造、变造的护照、签证等出入境证件的行为。

本罪的构成要件是：

(1) 侵犯客体是国家对出入境证件和出入境管理秩序。

(2) 客观方面表现为为他人提供伪造、变造的护照、签证等出入境证件的行为。

(3) 主观方面必须出于故意。

(4) 犯罪主体为一般主体。

根据《刑法》第320条的规定，犯本罪的，处5年以下有期徒刑，并处罚金；情节严重的，处5年以上有期徒刑，并处罚金。

【案例】

2006年前后，被告人蒋某某、何某经密谋后，先后由蒋某某负责招揽黄某某、郑某、胡某某、王某、蔡某某5名国内学生，并将五人的资料提供给何某，由何某通过不法分子为上述5人伪造菲律宾护照、中国签证、出入境签讫章等出入境证件及菲律宾社保卡、学籍证明、成绩单等虚假资料共5套，并对上述5人进行相关的菲律宾国情、语言培训，然后通过中介公司为上述5人办理入读国内大学的留学手续，并从中收取每人12~13万元不等的费用。2007年11月1日，被告人蒋某某被抓获；同年11月30日，被告人何某被抓获；并缴获伪造的菲律宾护照（号码：TT016××××）一本。一审法院审判认为：蒋某某、何某结伙为他人提供伪造的出入境证件，情节严重，其行为均已构成提供伪造的出入境证件罪。判处蒋某某犯提供伪造的出入境证件罪，判处有期徒刑五年八个月，并处罚金人民币20000元。判处何某犯提供伪造出入境证件罪，判处有期徒刑五年六个月，并处罚金人民币20000元。蒋某某上诉提出：其并不知道涉案的出入境证件是伪造的；其如实供述同案人何某的犯罪行为，应从轻处罚。原判量刑过重，请求从轻处罚。二审法院认为：蒋某某、何某结伙为他人提供伪造的出入境证件，情节严重，其行为均已构成提供伪造的出入境证件罪。上述事实和证据足以认定上诉人蒋某某明确知道涉案出入境证件为伪造。原审判决认定的事实清楚，证据确实、充分，定罪和适用法律正确，量刑适当，审判程序合法。

【案例分析】

本案是比较典型的提供伪造、变造的出入境证件行为，行为人通过伪造菲律宾护照、中国签证、出入境签讫章等出入境证件及菲律宾社保卡、学籍证明、成绩单等虚假资料的方式牟利，属于比较典型的提供伪造、变造的出入境证件罪。构成提供伪造、变造的出入境证件罪需要主观方面出于故意，蒋某某在上诉理由中提到，其不知道涉案的出入境证件是伪造的，不具有主观故意。但是，黄某某、郑某、胡某某、王某、蔡某某五名国内学生是中国公民，并未办理移民手续，蒋某某明知上述事实仍为上述人员提供包括菲律宾护照、菲律宾高中毕业证书、学籍证明、成绩单、社保卡在内的出入境证件，并对上述人员进行菲律宾国情知识、外语等方面的培训，要求五人以虚构的身份资料应付出入境管理部门的审查，而且五人所持的菲律宾护照均系伪造。因此，其所称的缺乏主观故意的上诉理由是不成立的。

另外，根据《办理妨害国（边）境管理刑事案件应用法律若干问题的解释》第3条规定：具有下列情形之一的，应当认定为《刑法》第320条规定的“情节严重”：(1) 为他人提供伪造、变造的出入境证件或者出售出入境证件五份以上的；(2) 非法收取费用30万元以上的；(3) 明知是国家规定的不准出入境的人员而为其提供伪造、变造的出入境证件或者向其出售出入境证件的；(4) 其他情节严重的情形。蒋某为黄某某、郑某、胡某某、王某、蔡某某五人提供伪造的出入境证件，属于《刑法》第320条规定的“情节严重”，因此，一审判决并没有“量刑过重”。

五、出售出入境证件罪

出售出入境证件罪，是指出售护照、签证等出入境证件的行为。

本罪的构成要件是：

(1) 侵犯客体是国家对出入境证件和出入境秩序的管理。

(2) 客观方面表现为出售护照、签证等出入境证件的行为。

(3) 主观方面必须出于故意，并且具有牟利的目的。

根据《刑法》第320条的规定，犯本罪的，处5年以下有期徒刑，并处罚金；情节严重的，处5年以上有期徒刑，并处罚金。

【案例】

廖某某、黄某于2011年12月至2012年11月通过借用上海如鑫服饰有限公司的港澳商务签注登记备案证，采用提供虚假的派遣函、单位参加养老保险情况、综合保险缴费单等材料的方式，分别为王某某、吕某某、王某（均另案处理）申领了港澳商务签注并出售牟利，非法获利人民币10万余元。一审法院认为：廖某某、黄某以牟利为目的出售出入境证件三份，其行为均已触犯《刑法》第320条之规定，构成出售出入境证件罪，系共同犯罪且不宜区分主、从犯，二人皆构成出售出入境证件罪。

【案例分析】

廖某某、黄某二人的行为属于典型的出售出入境证件行为，行为人采用提供虚假的派遣函、单位参加养老保险情况、综合保险缴费单等材料的方式，为他人申领了港澳商务签注并出售牟利。构成出售出入境证件罪，需要行为人出于故意，并且是以牟利为目的，如果没有牟利的目的，不构成本罪。

六、偷越国（边）境罪

偷越国（边）境罪，是指违反国（边）境管理法规，偷越国（边）境，情节严重的行为。

（一）本罪的构成要件

（1）侵犯的客体是国（边）境的管理秩序。

（2）客观方面表现为违反国（边）境管理法规，偷越国（边）境的行为。偷越国（边）境的表现形式，既可以是在不设边境口岸、边防检查站的海上或陆路秘密出入境，也可以表现为持伪造、变造、冒用的出入境证件欺骗海关检查人员，蒙混过关。

偷越国（边）境，情节严重的，才能构成本罪。根据司法解释的规定，偷越国（边）境犯罪中的“情节严重”是指：①在境外实施损害国家利益行为的；②偷越国（边）境三次以上或者三人以上结伙偷越国（边）境的；③拉拢、引诱他人一起偷越国（边）境的；④勾结境外组织、人员偷越国（边）境的；⑤因偷越国（边）境被行政处罚后一年内又偷越国（边）境的；⑥其他情节严重的情形。不具有上述严重情节的，或者边境地区居民出于探亲、访友、赶集或过境耕种等目的而擅自出入境的，一般不能以本罪论处。

（3）本罪的主体是一般主体，中国公民和外国人都可以成为本罪的主体。但是，如果是国家机关工作人员或者掌握国家秘密的国家工作人员偷越国（边）境叛逃的，则不能以本罪论处，而应当以叛逃罪论处。

【案例】

2012年11月21日22时许，刘某某携带汽车内胎、新台币等财物，在厦门市翔安区大嶝街道阳塘社区与东埕社区交界处的海堤下海，企图通过游泳偷渡至台湾地区金门。次日7时许，被告人刘某某在厦门白哈礁北面海域（北纬24度32点1分、东经118度21点9分）被当地渔民发现，随后被福建省公安边防总队海警第三支队民警抓获。法院审理认为：刘某某违反国（边）境管理法规，偷越国（边）境，情节严重，其行为已构成偷越国（边）境罪。

【案例分析】

刘某某案是比较典型的偷越国（边）境案，刘某某欲使用汽车内胎作为工具，通过游泳偷渡至台湾地区金门，案情相对比较简单。行为人在客观方面实施了通过海上秘密出境的行为，侵犯了国（边）境管理秩序，通过随身携带的物品可以看出，其有偷越国（边）境的主观故意，且属于一般主体，法院认定成立偷越国（边）境罪是没有问题的。根据《办理妨害国（边）境管理刑事案件应用法律若干问题的解释》第6条的规定："具有下列情形之一的，应当认定为刑法第六章第三节规定的'偷越国（边）境'行为：（一）没有出入境证件出入国（边）境或者逃避接受边防检查的；（二）使用伪造、变造、无效的出入境证件出入国（边）境的；（三）使用他人出入境证件出入国（边）境的；（四）使用以虚假的出入境事由、隐瞒真实身份、冒用他人身份证件等方式骗取的出入境证件出入国（边）境的；（五）采用其他方式非法出入国（边）境的。"在本案中，行为人刘某某的行为应当属于第一种情形，即"没有出入境证件出入国（边）境或者逃避接受边防检查的"。

（二）此罪与彼罪

组织他人偷越国（边）境的行为人自身也偷越国（边）境的，应当如何处理？

一种观点认为，组织他人偷越国（边）境与偷越国（边）境交织在一起的，两者之间便形成牵连关系，应依一重罪即组织他人偷越国（边）境罪论处，而不实行数罪并罚。另一种观点认为，这是两种不同的犯罪行为，同时成立犯罪的，应当实行数罪并罚。

【导入案例分析】

本案的关键是张某的行为是构成非法经营罪还是构成组织他人偷越国（边）境罪？

一审法院认定张某的行为构成非法经营罪，北京市东城区人民检察院的抗诉中认定张某的行为构成非法经营罪与组织他人偷越国（边）境罪竞合。东城区人民检察院抗诉认为："原审被告人张某违反国家规定，在不具备对外劳务输出资质的情况下，伙同续某（另案处理）以招工为名招募冉某等17人运送至俄罗斯务工的行为，系非法经营行为。在此过程中，张某采取了隐瞒真实出境事由，通过中介公司骗取旅游签证，并收取相关费用，为冉某等人购买机票，安排他人将务工人员带至俄罗斯与续某交接后，安排至莫斯科某建筑工地非法务工，造成务工人员签证到期后滞留俄罗斯，后在中国驻俄罗斯大使馆和重庆市酉阳县政府的帮助下回国，其行为给国家声誉造成不良影响，严重妨害了国境管理秩序，系组织他人偷越国境行为。被告人张某为达到非法经营目的，采取了组织务工人员持骗取的签证赴俄罗斯的方式，其手段行为与目的行为分别触犯组织他人偷越国境罪和非法经营罪，成立牵连犯，应从一重罪处罚。”

但是，非法经营罪的客体是市场秩序，张某的组织他人去俄罗斯的行为造成的严重影响并不在于市场秩序，危害的是国（边）境管理秩序。因此，张某的行为构成组织他人偷越国（边）境罪，而不构成非法经营罪。北京市人民检察院第二分院的出庭意见是：“原审被告人张某伙同他人招募、使用骗取出境证件组织他人偷越国境，造成十余名工人非法滞留国外，其行为严重侵害我国国境的管理秩序。其明知被组织者没有取得出入国境的合法证件，仍然实施组织他人偷越国境的行为，具有组织他人偷越国境罪的主观故意。张某以组织冉某等人出国务工为目的，实施具体的招募、洽商、隐瞒真实出境目的骗取签证等组织他人偷越国境的行为，其行为符合组织他人偷越国境罪的客观方面特征。张某的行为已构成组织他人偷越国境罪，且人数众多。一审判决认定事实有误，定性错误，导致量刑失当，支持抗诉，建议二审法院予以改判。”从中也可以看出，北京市人民检察院第二分院的出庭意见就没有再提起非法经营的问题。二审法院认为：“张某并不以向境外输出从国内招收的劳务人员为生，其没有非法经营的主观故意，其行为的危害后果亦未达到严重扰乱对外劳务合作市场秩序的程度，故其行为不符合非法经营罪的构成要件。”也说明了这一点。

张某辩护人认为张某没有组织他人偷越国境的主观故意，偷越国（边）境罪要求行为人在主观上是出于故意，即明知自己的行为违反了国（边）境管理法规而故意实施非法组织他人偷越国（边）境的行为。但是，在本案中，张某明明知道17名赴俄罗斯的工人没有合法出入境证件，仍然将这些人送往俄罗斯，就已经说明其具有组织他人偷越国境的主观故意，这种主观故意并不需要明确表示出来。

因此，二审法院判决认定张某构成组织他人偷越国境罪是正确的。

本章小结

妨害国（边）境管理罪是《刑法》分则第六章第三节规定的犯罪，是指违反国（边）境管理法规，破坏国（边）境管理秩序，依法应当受到刑罚的行为。

本类罪名的特征主要有：犯罪的客体是国（边）境管理秩序；在客观方面表现为违反国（边）境管理法规，破坏国（边）境管理秩序，依法应当受到刑罚的行为；犯罪主体是一般主体；犯罪的主观方面都是故意，过失不能构成该类犯罪。

需要掌握的六个罪名：组织他人偷越国（边）境罪，偷越国（边）境罪，运送他人偷越国（边）境罪，骗取出境证件罪，提供伪造、变造的出入境证件罪，出售出入境证件罪。

【关键术语】

妨害国（边）境管理罪　组织犯　帮助犯　偷渡

【推荐阅读与学习资料】

1. 田红杰. 组织他人偷越国（边）境罪法律适用疑难问题研究［J］. 法律适用，2003（7）.

2. 林亚刚. 组织他人偷越国（边）境罪若干问题的探讨［J］. 法学评论，2010（4）.

3. 田宏杰. 妨害国（边）境管理罪［M］. 北京：中国人民公安大学出版社，2003.

4. 李希慧. 妨害社会管理秩序罪新论［M］. 武汉：武汉大学出版社，2001.

【案例】

朴某为牟取非法利益，经与他人共谋后决定采用调换登机牌的方式运送偷渡人员偷越中华人民共和国国境，并于2008年9月29日至上海，与偷渡人员李某某（另行处理）见面。同年9月30日，朴某、李某某分别至上海浦东国际机场，由朴某持上海至加拿大多伦多的AC088航班机票及其护照，李某某持上海至香港地区的KA875航班的机票及其护照分别办理了边检手续。随后，两人按事先约定在D73登机口处的咖啡吧内相互交换了登机牌、飞机票，李某某还将本人护照及人民币1.4万元交给朴某。嗣后，两人在分别登机时被边检民警查获。一审判决认为：朴某违反我国出入境管理法规，非法运送他人偷越国境，其行为已触犯《中华人民共和国刑法》第321条第1款之规定，构成运送他人偷越国境罪，应处5年以下有期徒刑、拘役或者管制，并处罚金。

问题：

1. 行为人朴某是通过更换登机牌和机票的方式，帮助他人偷渡出境，这种行为能否认定为运送他人偷越国（边）境罪呢？

2. 互换登机牌和机票属于“策划、动员、拉拢、组织、联络、指挥”中的一种吗？